정의로운 노동: 대전환기 노동의 재구성

| 차례 |

추천인의 글
여는 글

1부 불평등 시대와 노동

제1장 전환의 시대에 새로운 노동 전략을 준비하는 이유 • 정흥준 ··· 10
제2장 임금 불평등과 이중구조 • 황선웅 ··· 28
제3장 불평등과 사각지대 노동 • 주진우 ··· 44

2부 평등한 노동을 위하여

제4장 노동자 건강권의 쟁점과 과제 • 유성규 ··· 62
제5장 초고령사회, 정년연장을 넘어 지속가능한 고용으로 • 이상호 ··· 84
제6장 노동시장의 변화와 여성 노동 • 조현민 ··· 110
제7장 정의로운 전환에서 노동의 전환으로 • 김현우 ··· 136
제8장 디지털 변화와 프리랜서 노동 • 김영민 ··· 160
제9장 시간의 불평등, 잃어버린 노동의 시간을 찾아서 • 김종진 ··· 186
제10장 변화하는 일의 세계와 노동자 대표권 • 이정희 ··· 204
제11장 지역 사회적 대화에서 답을 찾다 • 채준호 ··· 230
제12장 불안정 노동자 이해대변을 위한 사회적 대화의 역할 • 권혜원 ··· 258
제13장 이주노동자와 공존하며 살아가기 • 정흥준 ··· 288

3부 정의로운 노동을 위한 미래 과제

제14장 노동의 미래를 위한 전략 • 조건준 ··· 302
제15장 노동권 사각지대의 법적 과제 • 박귀천 ··· 326
제16장 노동의 미래 • 정흥준 ··· 358

참고문헌 ··· 375

| 추천의 글 |

노동을 고민하는 사람들이 꼭 읽어야 할 책

'정의'와 '노동'은 흔한 말이지만, 이 둘을 합친 '정의로운 노동'은 낯설다. 이런 낯선 느낌 덕분에 역설적으로 이 책은 궁금증을 불러일으키고, 책의 목적도 선명하다. 저자들은 "정의로운 노동이 위기의 대한민국을 구할 유력한 방법"이라고 말한다. 절박한 상황을 뚫고 나갈 말이자 이정표를 전하기 위해 한국에서 손꼽히는 전문가들이 힘을 모았다.

'열 가지 노동'을 중점적으로 다룬다고 하지만, 이 책은 노동과 관련된 모든 주제를 망라한다. 일하는 삶을 규정하는 크고 작은 측면을 모두 찬찬히 따진다. 이미 잘 알려진 해묵은 숙제를 잊지 않고, 일터의 변화무쌍한 현실을 응시하면서 새로운 과제를 찾아낸다. 낡은 것과 새로운 것의 연계고리를 찾아내어 정책이 해야 할 일을 정확히 지시한다. 현실을 살피는 방식도 다양하다. 이론적이고 역사적이고 실증적이다. 다소 복잡한 통계도 제시하는가 하면 숫자에 묻힌 개별적 삶도 응시한다. 통계분석과 사례분석을 풍성히 솜씨 좋게 버무려, 한국 일터의 복잡성을 생생하게 구현해 내고 있다.

이 책의 또 다른 큰 미덕은 저자들의 적극적이고 다양한 대안 제시다. 정책 방향의 큰 밑그림을 그리기도 하고, 구체적인 정책을 나열하기도 하며, 아주 구체적인 실행방안도 제시한다. 지역 단위에서 "정의로운 노동"이 어떤 식으로 구현될 수 있을지도 고민한다. 그러면서도 어려운 주제도 피하지 않는다. 기후위기와 이주노동의 문제도 과감히 짚었고, 사회적 대화와 노동법이 직면한 어려움도 가감 없이 지적한다.

"정의로운 노동"은 우리 시대의 노동을 고민하는 사람들이라면 꼭 읽어야 할 책이다. 특히 일하는 사람을 위해 정치한다는 사람들에게는 악수 대신에 꼭 손에 쥐어주고 싶은 책이다.

이상헌 국제노동기구(ILO) 고용정책국장

평등하고 정의로운 세상은 그냥 오지 않는다

『정의로운 노동』은 복합 위기 시대에 노동이 직면한 도전들을 검토하고 해법을 모색하는 책이다. 상황 진단과 과제 도출에 동의해도 목표와 전략에 대한 합의는 쉽지 않다. 이 책은 그 논쟁을 시작하자고 제안한다.

위기의 피해는 보편적이지 않다. 위기 상황의 최대 피해자, 가장 열악한 조건에 처한 노동자들의 노동조건 개선과 주체 형성이 보편 계급이익이며 보편 사회이익이다. 이 책이 산재사고와 중대재해에 취약하고, 규제 없는 야간노동을 하고, 같은 일을 해도 차별대우를 받고, 근로기준법이나 노조법의 보호도 받지 못하는 취약 노동자들에 주목하는 이유가 거기에 있다.

필자들은 노동기본권 사각지대를 해소하고 불평등을 완화하는 다양한 해법들을 제시한다. 중대재해처벌법 전면 적용, 5명 미만 사업장 근로기준법 적용, 모든 노동자에 노동3권 보장, 경력단절 없는 출산·육아 지원, 야간노동자 건강권 보장, 초기업 수준 단체교섭과 단체협약 효력 확장, 사회적 대화를 통한 일자리 창출과 취약 노동 보호 등. 그것이 '평등하고 정의로운 노동'을 실현하는 길이다.

그런 세상은 그냥 오지 않는다. 노사관계와 노동시장 질서의 패러다임부터 바꿔야 한다. 자본이 노동을 도구화하고 일방적으로 지배하는 현실을 벗어나서 노동과 자본이 상생하고, 차별 처우 없는 평등하고 공정한 세상으로 나아가려면 법·제도뿐만 아니라 노동도 바뀌어야 한다.

노동이 사회적 책임을 적극적으로 수행하면서 당당하게 계급적 요구와 사회적 요구를 제시할 때 우리 사회도 북유럽처럼 노동이 존중받는, 더 평등한 사회로 나아갈 수 있을 것이다.

조돈문 한국비정규노동센터 이사장(『불평등 이데올로기』 저자)

| 여는 글 |

 불평등, 인구구조 변화, 기후위기 등 복합적 위기에 노동이 어떤 비전을 가져야 하는지 혼란스러운 시대다. AI로 대표되는 디지털 전환은 노동하는 이들에게 기회로 인식되기보다 두려움으로 다가온다. 그 이유는 노동하는 사람들이 변화 시기에 동등한 기회를 보장받지 않았고 결과적으로 공정과 평등이 저절로 주어지지 않았기 때문이다.
 변화의 시기를 맞이하여 노동의 위기는 곳곳에서 관찰되고 있다. 위기는 일자리에서 시작되었다. 노동시장 내 불평등과 차별은 보호의 사각지대를 만들어 일자리 간 임금격차를 확대하였고 그 결과 일하지만 가난한 노동자가 늘고 있다. 노동시장 내 불평등과 차별로 형성된 노동시장 이중구조는 해결 방법이 명쾌하지만 정작 정부와 국회 등 책임져야 할 사람들은 해결이 아닌 다른 길을 선택한다. 노동시장은 진일보할 방법이 있지만 기득권 세력에 가로막혀 기형적인 구조로 굳어지고 있는 모양새다.

2부는 노동안전, 초고령화, 여성 노동, 정의로운 전환, 프리랜서 노동, 노동시간, 노동자 대표권, 지역일자리, 사회적 대화, 그리고 이주노동 등 열 가지 노동의 주제를 다룬다.

선진국이 되어도 억울한 죽음이 멈추지 않는다. 생산인구 감소와 노인빈곤 등으로 정년연장이 현실화되었으며 출산 이후 여성의 노동시장 재진입이 절실해졌다. 해결해야 할 과제들은 산적해 있는데 노동시장은 실질적인 진전을 거의 못 이루고 있다. 정의로운 전환도 숙제만 쌓여간다. 기술 발달로 인한 프리랜서 노동은 미래의 불안정 노동을 대표한다. 시간 불평등도 점점 커져 노동시장의 약자는 노동시간 불평등도 감수해야 한다. 노동자 대표권을 확대해야 하지만 쉬운 일이 아니다. 지역일자리와 사회적 대화 그리고 이주노동의 중요성을 언급하지만 정책방향이 모호하다. 무엇보다 윤석열 정부가 만들어 놓은 반노동의 폐해가 크다. 이 책의 2부에서는 열 가지 노동 주제에 대해 어떤 문제가 있는지를 분석하고 해답을 제시하기 위해 노력하였다.

위기의 노동을 구할 구체적인 방법으로 노동조합의 전략과 법·제도 개선 방향을 3부에서 살펴보았다. 노동조합이 현재의 위기를 극복하기 위해서는 사회성이라는 근육을 길러야 함을 강조하였다. 전통적인 노동조합 전략이 아닌 새로운 서사를 가진 노동조합은 새 전략이 필요하고 원천은 조합원만이 아닌 사회 전체를 생각하는 것임을 강조하였다.

또 다른 대안은 노동의 위기를 극복하고 공존하는 사회로 나아가기 위해 미루어 둔 법·제도 개선이다. 5명 미만 사업장의 노동자에 대한 노동관계법 적용, 일하는 사람의 노동기본권 보장, 사업이전 시 노동자의 고용승계 보장, 노동조합 및 노동관계조정법(노조법) 2·3조 개정, 초기업적 임금결정 시스템 구축, 최저임금위원 선정 개선, 차별에 대한 노동조합의 신청권 인정, 비정규직 차별시정을 위한 비교 대상자 범위 확대 등 여덟 가지를 제안하였다.

기업 수준의 문제를 뛰어넘는 복합위기 관련 의제들은 개별 노동조합이 감당하기 어렵다. 변화는 기업이라는 울타리 밖에서 나타나기 때문에 대응도 기업을 넘어 산업이나 업종 또는 전국적인 수준에서 할 때 노사를 넘어 사회 전체적으로 바람직한 결과를 기대할 수 있다.

윤석열 정권의 폭정이 막을 내렸다. 권력에 취해 헤매던 윤석열 정권이 스스로 정신 줄을 놓고 시대를 역행하는 반역을 꾀했고, 결과는 민주주의가 승리했다. 무능하면서도 폭력적인 정권이 가고 새로운 정부가 새로운 노동정책을 추진할 것으로 기대되는 즈음, 이 책이 우리 시대 변화하는 노동에 대해 질문하고 답하면서, 노동을 고민하는 사람들이 길을 잃지 않도록 돕는 작은 등불이 되었으면 한다.

저자 일동

1부

불평등 시대와 노동

01

전환의 시대에 새로운 노동 전략을 준비하는 이유

정흥준
서울과학기술대학교 경영학과 부교수

복합위기

위기의 시대라고 한다. 지구 한편에서는 전쟁이 계속되고 있으며 인공지능이 어디까지 발전하여 인류를 위협할지 알 수 없는 시대다. 지구 온난화로 인한 기후위기도 가볍게 여길 수 없다. 변화는 불확실성을 낳고, 불확실성은 일자리를 포함하여 인간의 삶에 부정적인 영향을 미칠 것으로 예상되지만 뾰족한 대안이 없다는 것이 불안감을 더 키운다. 불안한 시대다.

변화의 선두에는 기술 발전이 자리 잡고 있다. 빅 데이터를 활용한 인공지능이 산업 전반에 활용되기 시작하면서 노동의 미래가 어디로 향할지 가늠하기 어려운 상황이 되고 있다. 새로운 기술이 과거처럼 노동자를 보조하는 역할을 넘어 노동자를 대체할 가능성이 높다는 진단도 적지 않다. 소수의 숙련된 정규직 일자리를 제외하고 다수의 일자리가 인공지능에 의한 자동화로, 로봇으로 대체될 수 있다는 우려. 이러한 상황에서는 정부가 기본소득 보장 등 적극적인 역할을 할 것이라는 예측이 나온다.

인구변화에 대한 우려도 크다. 2020년 생산인구가 정점을 찍고 감소하면서 한국 경제는 크고 작은 어려움을 겪게 될 것으로 보인다. 국가소멸이란 말이 나올 정도로 인구감소가 심각하지만 정부는 아직 원인조차 파악하지 못하고 있다. 낮은 출생률은 노동시장의 과도한 경쟁과 관련되어 있음에도 정부는 양육비 지원 같은 곁가지 정책으로 노동시장 내 불평등 문제를 외면하고 있다. 정부가 해야 할 일들을 외면하고 있는 사이 노동력 부족이 현실화되자 일부에서는 외국인 노동자를 데려다 최저임금 이하의 임금이나 근로기준법에서 정한 노동시간 이상으로 차별해서 쓰면 안 될까 하는 반인권적인 대안을 제기하고 있다.

한편, 기술 발전에 따른 급속한 자동화로 노동력 수요가 이전보다 줄어들 가능성이 크다. 또한 전체적으로 노동력 수요가 줄더라도 고숙련 전문인력 수요는 늘 존재하는데 인구 자체가 급속하게 줄어들게 되면 양질의 노동력 또한 줄어들 가능성이 높다. 산업 위기와 노동 위기는 동전의 양면과도 같다.

빠른 변화는 노동유연화로 이어진다. 비정규직 활용 등 노동유연화는 인건비 절감이나 관리비용을 아끼기 위한 사용자의 전략적 의도가 반영된 것이었는데, 최근의 노동유연화는 사용자의 전략적인 의도만이 아니라 디지털화 등 기술 발전이 미친 영향이 적지 않다. 예를 들어 플랫폼 노동은 기술 발전이 없었다면 나타나기 힘든 일자리로 볼 수 있다.

노동에 대한 보호가 제한적이지만 노동운동의 활동은 기존의 관행에 매몰되어 있으며 정부 역시 변화하는 고용형태에 따라 달라지는 노동자의 권리를 폭넓게 보호하지 못하고 있다. 어찌 보면 노동운동과 정부를 제외한 자본만이 변화에 가장 민첩하게, 그리고 능동적으로 대응하고 있는 것인지도 모른다.

예를 들어 디지털 기술 변화는 새로운 방식으로 노동유연화를 이끌고 있지만 정부는 디지털 기업에 대한 규제나 일자리 대책을 논의조차 시작하지 못하고 있는 상황이다.

그런데 모든 국가가 동일하게 노동에 대한 보호가 더딘 것은 아니다. 유럽연합 등 일부 국가에서는 「인공지능법」에 이어 「플랫폼기업법」을 제정했지만 한국을 포함하여 다수의 국가는 기술진보에 따른 사회적 규제에 대한 방향성을 갖지 못한 상황이다.

기술 변화와 고용관계의 변화만이 아니라 기후위기에 대응하는 산업전환도 노동에 미치는 영향이 크다. 산업의 전환은 필연적으로 일자리와 지역사회에 영향을 미치기 마련이다. 기후위기를 극복하기 위한 탄소중립선언은 2015년 유엔기후변화협약을 통해 195개국이 합의한 국제적인 약속이다. 2030년과 2050년 두 단계로 나누어 구체적인 탄소 감축안을 내놓았다.

우리나라는 탄소배출 10위권 안팎의 나라로 탄소를 줄이기 위해서는 친환경 자동차산업 양성 및 석탄발전산업 폐지 및 신재생에너지로의 전환이 불가피하다. 노동조합은 산업전환에 따른 희생을 최소화하는 정의로운 전환을 주장하고 있지만 이에 대한 사회적 논의는 더딘 상황이다. 산업과 노동이 공존하지 못하고 노동을 산업전환의 희생양으로 삼으려는 기조가 여전히 우세하다.

불평등의 역사

노동은 공동체 생활을 시작한 원시사회부터 현대사회에 이르기까지 사회를 유지하는 핵심적 역할을 했지만 역설적이게도 노동에 따른 불평등은 확대되어 왔다. 원시사회 노동이 사냥, 농작물 키우기, 음식 하기 등 공동체를 위해 각자에게 주어진 역할을 수행하는 것이었다면, 현대사회 노동은 자신의 노동력을 사회 구성원들에게 필요한 상품과 서비스를 만드는 데 쓴다.

원시사회와 현대사회 노동의 공통점은 공동체 사회를 위해 노동이 사용된다는 것이고, 다른 점은 현대사회 노동이 원시사회에 비해 훨씬 차별적인 보상을 받는다는 것이다. 원시사회에서는 공동체에 필요한 노동을 제공하면 비슷한 수준의 보상(예: 음식과 주거지)을 받았지만 현대사회에서 노동은 같은 시간 일하더라도 보상의 차이가 매우 크다. 동일노동 동일임금 원칙이 없는 한국이 특히 그렇다.

우리나라는 미국과 함께 소득 불평등이 가장 큰 나라 중 하나에 속한다.(조돈문, 2024) 2022년 한국의 소득 상위 10%는 소득 하위 10%에 비해 21.2배나 소득이 많았다.[1] 스무 배가 넘는 소득격차를 차별로 볼지, 아니면 능력에 따른 정당한 차등으로 볼지 해석하기 쉽지 않지만 이유 없는 차별일 가능성을 배제하기 어렵다. 비슷한 일을 해도 기업규모에 따른 임금 차이가 크며 노동관계법이 모든 노동자에게 적용되지도 않기 때문이다. 경쟁의 조건이 다르므로, 같은 결과를 기대하는 것도 무리가 있다.

노동에 대한 차별적인 보상은 시장경제의 약점인 시장실패에 따른 부의 불평등한 분배에 원인이 있다. 역사적으로 보면 소득 불평등이

---

[1] 통계청, 소득분위별 소득분포.

확대된 계기는 사무·기술직이 크게 늘어난 1900년대 이후부터다.

1769년 제임스 와트의 증기기관 발명으로 급속하게 전개된 산업혁명과 1879년 에디슨의 백열전구 발명은 24시간 공장을 가동할 수 있는 생산성 폭발의 시대를 열었다. 이 시기 부족한 노동력을 효율적으로 관리할 수 있는 프레더릭 테일러의 과학적 관리론이 주목을 받으면서 생산직 노동자를 관리할 사무 관리직과 기술개발을 위한 엔지니어 수요가 점점 늘어났다. 단순 반복적인 업무를 하는 생산직은 승진 사다리를 타지 못하고, 관리업무를 하는 사무직은 시간이 흘러 관리직으로 승진하면서 생산직과 사무직 간의 임금격차는 점점 커졌다.

불평등에 대항한 것은 노동조합이었다. 1930년대 전후로 미국과 유럽 등에서 노동조합이 합법화되고 노동기본권이 확대되면서 사무직과 생산직의 임금격차는 조금씩 줄어들었다. 노동조합은 생산직과 사무직이라는 이분법적 기준으로 임금을 차등 적용하기보다 직무가치 평가를 토대로 보상하는 것이 타당하다는 입장을 가졌다.

또한 이 시기 산업별 노동조합은 산별교섭을 통해 동일한 산업 내 임금 평준화를 달성할 수 있었다. 산별노조는 기업별, 직업별 노동조합이 갖는 폐쇄성을 극복할 수 있었으며 산업 차원의 강한 교섭력을 통해 통일적인 노동조건을 형성하는 데 기여하였다. 사용자는 산별교섭을 통해 기업 차원의 갈등을 줄일 수 있는 장점이 있었다.

노동하는 사람들 사이에 불평등이 다시 확대된 것은 1980년대 이후 세계화가 시작된 뒤부터다. 무엇보다 노동시장의 불평등을 막아왔던 노동조합의 조합원 수가 줄어들고 사회적 영향력도 작아졌다. 반대로 사용자는 세계화 이후 국제 경쟁에서 생존하기 위해 인건비 등 비용절감에 집착하였고 노동조합에 대한 태도도 예전보다 훨씬 강경해졌다. 사용자는 노조와 교섭하는 대신 개별 노동자에 대한 고충처리 등 적극적 인적자원관리로 노조 회피전략을 추진하였으며 때로는 불법을 감수하고 반노조 정책을 펼쳤다.

이처럼 사용자의 달라진 태도는 환경 변화와 관련되어 있다. 인터넷의 확산으로 세계화라는 새로운 변화의 시대가 도래하면서 기업은 글로벌 경쟁에 내몰렸으며 더 이상 보호주의와 관세정책 같은 정부의 보호에 의존하기 어렵게 되었다. 사용자가 노동조합의 영향력을 무력화하기 위해 집단적인 노사관계 대신 개별적인 인적자원개발 관리에 몰입하고 비정규직 활용을 늘린 이유였다.

정부는 사용자의 반노조 정책과 과도한 노동유연화를 제어할 힘을 가지고 있었으나 자유시장경제를 따르는 국가들은 신자유주의 정책을 펴 정부 개입을 최소화하였다. 결과적으로 노동의 가치가 저평가되고 비정규직 등이 늘어났다.

희생의 정당화

한국은 유독 노동의 희생을 당연시했는데 이는 한국의 시대 환경과 관련되어 있다. 미국이나 유럽과 달리 한국의 노동자들은 노사관계 황금기(1930~1980년)를 경험하지 못했다. 유럽과 미국의 노동자들은 19세기 말 20세기 초 자본주의의 폐해를 경험한 후 적극적인 정치적 행동과 노동조합을 통해 더 나은 자본주의로 나아가고자 했다. 노동자를 착취 수단으로만 취급하던 당시의 기업 활동은 노동조합에 의해 제동이 걸렸고, 단체교섭을 통한 제도화와 정부의 적극적인 시장 개입은 부의 재분배를 가져와 노동소득이 증가하였다.

이 시기 한국은 1945년 해방 이전까지 일본의 식민지로 노동인권이 성숙할 기회를 박탈당했다. 1945년 짧았던 해방의 기쁨을 뒤로 하고 이어진 1950년 한국전쟁은 전후 한국 사회를 공간적 분단만이 아닌 이념적 분열 국가로 만들었고 한국의 민주주의를 오랫동안 가로막았다.

해방 후 공산주의와 전쟁을 했던 한국은 공산주의에 강한 거부감을 갖게 되었다. 자본주의와 시장경제를 비판하는 것은 곧 공산주의를 지지하는 것으로 왜곡되어 처벌받았다. 자본주의와 시장경제의 문제점을 지적하는 노동운동도 탄압의 대상이 되기 쑤였다. 노동운동은 사회운동의 하나로 민주주의를 진전시키지만 현실에서 한국의 노동운동은 자본주의를 무너뜨리려는 세력으로 치부되었다.

노동운동에 대한 왜곡은 노동자 권리를 지키는 데 장애물이었고 노동 억압적인 분위기는 1987년 민주화 이전까지 지속되어 왔다. '노동=빨갱이=공산주의=반국가세력'으로 등치되는 동안 노동자 권리를 주장하는 것은 충분한 정당성을 갖기 어려웠으며 정부의 지원 아래 급성장한 기업의 가부장적 문화가 산업 현장에 널리 확대되었다.

오랫동안 노동의 희생이 애국으로 미화되기도 했다. 1953년 전쟁이 끝났을 때 젊은 남성 노동력이 부족했고 이는 60~70년대 많은 여성과 청소년들이 가발과 의류공장에서 일하게 된 배경이었다. 아동과 여성 노동자는 제대로 권리를 보장받지 못했으며 경제 성장을 위해 노동자의 희생이 당연시되었다. 성장을 통한 낙수효과가 강조되던 경제 발전 시기에 임금인상과 복리후생 확대를 요구하며 투쟁한 노동조합은 정부 정책에 반기를 드는 불순한 세력으로 매도되었다.

그 결과 노동이 희생해야 경제가 살아나고, 경제가 살아나야 국가가 발전할 수 있으며, 국가가 발전할 때 국민도 행복하다는 논리가 1970년대 경제개발계획과 함께 점점 공고하게 퍼졌다. 보수 언론과 기득권은 경제와 노동이 함께 성장하는 모델을 만들기 위해 노력하기보다 노동의 희생을 통해 경제가 성장할 수 있다는 저임금에 기초한 근대적인 경제모델을 신봉하였다.

희생의 정당화가 주춤하기 시작한 것은 희생 당사자가 노동조합을 조직하고 "이대로는 못 살겠다"고 목소리를 높이면서부터. 1987년 정치 민주화와 함께 노동자 대투쟁으로 부르는 노동 현장의 민주화운동이 전국적으로 일어났다. 수천 개의 노동조합이 새롭게 만들어져 교섭이 본격화되면서 노동자들은 노동에 대한 정당한 보상을 요구하기 시작하였다. 그제야 저임금은 경제 성장을 위해 참고 견딜 미덕이 아니라 개선되어야 할 과제로 인식되었다.

87년 체제로 대표되는 한국의 노동조합운동은 10년 만인 2000년대 들어 새로운 위기에 직면하였다. 1997년 외환위기를 계기로 비정규직과 구조조정이 확산되었기 때문이다. 사용자의 반노조 정책도 극심해 노동조합 조직률은 오랫동안 10%대에 머물렀다. 노동조합이 소수화되면서 사회적 정당성도 점점 줄어들었다. 조직 확장을 이루지 못한 노동조합은 조합원만을 위한 조직으로 인식되면서 사회개혁 주체로서의 위상을 잃어갔다.

노동권 보호의 사각지대

1980년대 이후 세계화와 기업의 반노동 정책, 그리고 신자유주의 정치권력의 등장은 비정규직과 같은 노동의 유연화를 초래하였고 그 결과는 사회 전체를 위협하고 있다. 비정규직이 늘어나면서 권리의 사각지대도 함께 커졌다. 비정규직은 보호 필요성이 정규직에 비해 더 높지만 정작 이해를 대변해 줄 조직을 가지지 못했다.

대표적인 이해대변 조직은 노동조합이지만 기간제(계약직), 시간제와 같은 직접고용 비정규직은 고용 기간이 짧아 노동조합에 가입할 유인이 적었다. 파견·용역·특수고용·플랫폼 노동 등 간접고용 비정규직은 노동조합을 결성하기도 어려웠지만 노동조합을 결성하더라도 노동조건 개선을 요구할 사용자를 찾기가 어려웠다. 법적으로 원청 사용자는 교섭 의무가 없기 때문이다. 2023년 한국의 비정규직 노동자는 임금노동자의 37%에 해당되는데, 이마저도 특수고용 노동자는 과소 추정된 규모였다.

노동기본권을 보장받지 못하는 노동 사각지대의 확대는 노동시장

소득격차의 주원인이다. 나아가 경제적 양극화는 한 세대에 머무르지 않고 자식세대로 이어지고 있다. 과거 세대에 비해 기회가 부족한 MZ세대는 개인의 능력을 통해 좋은 일자리를 가지려고 한다지만 자식세대의 그 능력 또한 부모세대의 경제적 지원에 좌우되기 때문이다. 노동시장 내 안정적인 일자리를 둘러싼 경쟁은 결혼과 출산을 주저하는 결과로 이어졌고, 한국은 합계출산율 0.7명이라는 세계사에서도 찾기 힘든 기록을 스스로 경신하는 중이다.

노동의 희생은 가혹한 결과를 낳고 있다. 첫째, 보호가 필요한 취약 노동자일수록 보호의 사각지대에 놓일 가능성이 높아졌다. 예를 들어 5명 미만 사업장의 노동자들은 해고 제한, 근로시간 제한, 연장근로수당, 연차유급휴가 등을 적용받지 못한다. 작은 사업장에서 일할수록 임금이 낮기 때문에 더 두터운 보호가 필요하지만 현실은 반대로 취약 노동자에게서 보편적인 노동기본권을 빼앗고 있다.

차별적으로 노동관계법을 적용하는 주된 논리는 영세 자영업자를 보호해야 한다는 것인데, 영세 자영업자는 보호 대상이고 그들에게 고용되어 일하는 노동자는 보호 대상이 아니라는 논리는 사실 납득하기 어렵다. 둘 다 보호가 필요한 상황에서 한쪽의 권리를 빼앗아 다른 한쪽을 보호하는 모순이 발생하기 때문이다.

15시간 미만으로 일하는 초단시간 노동도 다르지 않다. 15시간 미만으로 일하는 경우는 사업주의 필요에 의한 것임에도 다른 시간제와 달리 주휴수당과 연차유급휴가를 받지 못한다. 국제노동기구(ILO)의 기준에 의하면 시간에 비례한 보상을 받을 수 있지만 한국에서는 전혀 보상하지 않고 있다. 사용자들은 6시간 일하던 파트타임 노동자 대신 3시간의 초단시간 노동자 2명을 고용해 인건비를 줄이고 있다. 그 결과 초단시간 노동자 수가 2024년 192만 명에 이를 정도로 확대되었다.

특수형태근로종사자와 플랫폼 노동자 역시 권리의 사각지대에 놓여 있다. 특수형태근로종사자는 근로계약을 맺지 않고 회사와 용역계약을 맺고 일하는 노동자다. 화물차량 기사, 보험설계사, 운동 트레이너, 학원 강사, 방문판매원 등이 대표적이다.

특수형태근로종사자와 플랫폼 노동 종사자는 다른 사람을 고용하지 않고 노무를 제공하기 때문에 임금노동자의 성격을 부분적으로 가지고 있지만 노동관계법은 적용받지 못한다. 일부 사용자들은 제도적 취약점을 악용해 특수형태근로종사자와 고용계약 대신 용역계약을 맺은 후 임금노동자와 다름없이 일을 시킨다. 임금노동자처럼 일하면서도 권리는 배제당하는 것인데 2000년부터 특수형태근로종사자 보호 방안이 논의되고 있으나 실질적인 진전은 거의 이루어지지 않고 있다.

그사이 특수형태근로종사자 수가 크게 늘어 2017년 221만 명이었으며 지금은 이보다 훨씬 증가했을 것으로 추정된다. 특수형태근로종사자는 소득 중 3.3%를 세금으로 납부하는데 국세청이 파악한 3.3% 소득세 납부자가 600만 명에 이르고 있기 때문이다.

플랫폼 노동 종사자는 특수형태근로종사자처럼 다른 사람을 고용하지 않고 노무제공자로 일하지만, 디지털 도구를 활용하여 일감을 받고 사람이 아닌 알고리즘에 의해 통제받는다는 차이점이 있다. 이러한 이유로 플랫폼 노동자를 디지털 특고라고도 부른다. 플랫폼 노동자 역시 노동관계법의 적용을 받지 못하는 대표적인 노동기본권 사각지대 노동자로 매년 그 수가 크게 늘고 있으며 과거와 달리 전업 형태도 늘어나는 추세다.

여성 노동자의 희생도 당연시되고 있다. 잘 알려진 대로 한국 여성은 임금을 남성보다 31.2%나 덜 받고 있으며, 경제협력개발기구(OECD) 국가 중 성별 격차가 가장 크다. 여성의 평균임금이 남성에 비해 낮은 이유는 크게 두 가지다. 첫째는 비정규직·저임금 집단에 여성이 남성보다 많고, 둘째는 출산과 양육으로 경력단절을 겪은 여성이 재취업을 할 때 저임금 일자리로 내몰리기 때문이다. 최근 조사에 따르면 여성이 경력단절 이후 새롭게 얻은 일자리에서 임금은 이전에 비해 30%가량 낮은 것으로 나타났다.

과거에는 노동의 희생이 노동기본권 제약과 억압적인 직장 문화를 통해 이루어졌다면, 2000년 이후에는 차별을 통해 재생산되고 있다. 10% 정도의 노동자는 고용안정과 고임금을 누리지만 90%의 노동자들은 다양한 형태로 보호의 사각지대에 갇혀 있다.

다가올 미래에 대한 노동의 준비

돌아보면, 노동하는 사람들의 삶은 자본주의가 시작된 이래로 짧은 시기를 제외하면 항상 위기였다. 자본주의 초기에는 장시간 저임금 노동과 아동노동이 만연했으나 대공황 이후 노동조합 제도화로 많은 부분을 극복할 수 있었다. 그러나 1980년 이후 세계화가 지속되면서 노동은 유연화라는 도전을 맞이하였고 유럽 국가 정도가 사회안전망을 강화하는 유연안전화로 대응하였다. 대부분 국가에서는 불평등이 확대되고 있다.

정규직, 풀타임, 단일 사용자를 특징으로 하는 임금노동의 고용관계가 달라지기 시작한 것은 1980년대 이후다. 노동의 유연화로 다양한 형태의 비정규직이 늘어났고 최근에는 고용관계를 갖지 않은 채 노동력을 제공하는 특수형태근로종사자와 플랫폼 노동자가 증가했다. 지난 40년 동안 진행된 노동유연화는 직접고용을 줄이고 간접고용을 늘리는 방식이었다. 간접고용은 업무를 위탁하는 방식인데 실제로는 업무의 위탁이 아닌 노동자 관리만을 위탁하는 경우가 많다. 이 경우 기업은 사용자로서 책임을 지지 않아도 되니 개인도급 방법으로 간접고용을 늘렸다.

지금은 과거의 반노동과 노동유연화를 넘어선 복합위기의 시대다. 복합위기의 시대에 노동하는 사람들이 어떤 삶을 살아갈지에 대한 미래는 아직 정해진 바가 없다. 다만 지금의 추세대로 계속 간다면 노동하는 사람들의 미래는 산업화 초기처럼 기계부품으로 취급될 가능성이 높다. 개별화된 노동자는 의사결정 권한을 가진 사용자의 교섭력을 넘어서지 못하며, 제한된 합리성을 가진 인간은 계산된 합리성을 가진 인공지능의 상대가 되지 못할 것이기 때문이다.

나아가 기후위기 대응으로 일어나고 있는 산업전환 과정에서 노동의 희생은 미덕이 될 수 있으며, 자유시장에서 경력단절 여성과 고령 노동자는 권리를 보장받기 어려울 것이기 때문이다.

사용자의 유연화 전략에 노동은 효과적으로 대응하지 못했다. 특히 노동조합이 비정규직 노동자를 광범위하게 조직하는 데에 어려움을 겪으면서 노동은 정규직과 비정규직으로 나뉘었다. 정규직 노동자는 비정규직 노동자를 포용하지 못했고, 비정규직은 정규직을 이기적인 집단으로 비판하였다. 노동운동이 노동유연화에 전략적으로 대응하지 못하는 사이 노동유연화는 더욱 확대되었고 노동유연화의 책임은 사용자만이 아닌 노동운동에도 씌워졌다.

그러나 희망이 없는 것은 아니다. 노동하는 사람이 권리를 가질 수 있는 선택들은 아직 남아 있기 때문이다. 변화하는 시대에 노동권을 보장받기 위해 노동은 자본과의 경쟁을 주저하지 않고 스스로의 권리를 쟁취하기 위해 사회적 노력을 해왔다. 실제 노동의 승리는 사회적 재생산에 기여하여 부의 불평등을 줄이고 사회를 안정화하는 데 적지 않은 역할을 했다.

새로운 세상을 향한 변화가 현실화되고 있으며 이는 기득권을 갖지 못한 다수 시민의 삶에 영향을 미칠 것으로 보인다. 기업의 무책임, 기술진보, 기후위기, 인구변화 등이 노동에 미치는 영향은 우호적으로 보이지 않는다.

이러한 복합위기의 시대에 변화를 주도적으로 인식하지 못하고 노동이 변화에 걸맞은 대응을 하지 못하면 일하는 사람들은 커다란 고통에 휘말릴 수 있다. 1980년 이래로 지속된 노동유연화로 인해 노동의 양극화가 심화되는 가운데 다가오는 문명의 변화는 노동하는 사람들에게 또 다른 가혹한 희생을 요구할 수 있다.

복합위기에 대응하기 위한 노동의 답이 없는 것은 아니다. 무엇보다 노동하는 사람들의 잃어버린 권리를 찾아주는 것이 필요하다. 5명 미만 사업장 노동자, 60세 이상 노동자, 초단시간 노동자에게 차별적으로 적용하지 않도록 노동관계법을 고쳐 사각지대를 줄이려는 노력이 필요하다.

어느 순간 슬그머니 사라져 버린 사용자의 책임을 묻는 것도 간과할 일이 아니다. 인력을 위탁하여 사업을 영위하는 경우 사용자는 그에 걸맞게 사용자 책임을 져야 한다. 노동조합이 처음 합법적 지위를 인정받은 것은 노동조합의 힘이 강해서가 아니라 자본주의의 위기가 심각했기 때문이다. 자본주의가 부의 재분배를 하지 못해 발생한 노동의 소외는 자본주의를 위기로 몰아넣었다.

그때 등장한 해법이 노동조합을 통한 부의 재분배였다. 파견, 용역, 개인도급, 플랫폼 노동 등 간접고용 유형은 갈수록 고도화되지만 타인을 고용하지 않고 노동력을 제공하여 보상을 받는 본래 속성은 달라지지 않았다. 따라서 노동력을 제공받아 이익을 남기는 회사의 부가 적절하게 재분배될 수 있도록 간접고용 사용자에게 사용자 책임을 부과하는 것은 노동3권을 보장한 자본주의 초기 정신에 부합한다.

기술진보가 올바른 방향으로 나아갈 수 있도록 유도하는 것도 중요한 해결책이 될 수 있다. 기술진보에 반대하여 기계를 파괴하는 러다이트운동으로는 돌아갈 수도 없고 바람직하지도 않기에 유일한 방향은 기술진보가 노동자를 대체하고 위험에 빠뜨리는 것이 아니라 노동자의 생산성 향상을 지원하도록 만드는 것이다. 노동하는 사람들이 기술 덕분에 더 적게, 더 안전하게 일할 방법을 찾는 것인데 이는 기업의 몫으로 보기 어렵다. 이윤추구를 일차적인 목적으로 하는 기업은 스스로 통제할 힘을 갖기가 어렵다. 기술진보의 방향을 바꿀 수 있는 정부의 역할이 중요하다.

반인권적인 알고리즘에 대한 규제, 인간을 위협하는 인공지능에 대한 통제, 데이터 활용에 대한 규제 등이 필요한 이유다. 또한 정부는 일자리 미스매치가 발생하는 기술적 마찰실업의 부정적인 효과를 최대한 억제하기 위해 체계적인 전직·이직·퇴직 재교육 프로그램을 강화해야 한다.

기후위기와 인구변화에 대응하기 위한 대책도 필요하다. 가장 중요한 것은 산업전환의 잠재적 피해자를 최소화하는 것이고, 생산인구 감소 및 고령화에 대비하여 생산성을 유지하면서 빈곤을 최소화하는 것이다. 이를 위해 사회적 대화 혁신을 대안으로 제안한다.

기존의 사회적 대화는 사회적 갈등 사안을 논의하여 바람직한 해결 방안을 수립하기보다 집권 세력의 목적을 위해 도구화되는 경향이 강했다. 이러한 문제점을 극복하여 복합위기를 해소하는 방향으로 사회적 대화를 활용한다면 산업전환에 따른 일방적인 희생을 최소화할 수 있으며 생산인구 부족에 따른 정년연장과 경력단절이 우려되는 여성 노동력의 손실을 예방할 대안을 모색할 수 있다. 노동시간을 단축하는 것도 기술진보와 생산인구 부족의 대안이 될 수 있다.

02

임금 불평등과 이중구조

황선웅
국립부경대학교 경제학과 교수

대다수 사람에게 임금은 소득의 주요 원천이다. 임금 불평등은 노동자 개인의 특성이나 일자리 특성에 따라 노동에 대한 보상이 차이가 나는 현상을 말한다. 1980년대 이후 세계 여러 나라에서 임금 불평등이 확대되면서 그 원인과 사회경제적 영향에 관한 관심이 높아졌다. 임금 불평등 확대는 사회적 갈등을 심화시키고 중장기 경제 발전 잠재력에 부정적 영향을 미칠 수 있다. 국제연합(UN)도 불평등 해소를 전 지구적 생태 위기 대응과 함께 지속가능발전 목표의 핵심 구성 요소로 강조하고 있다.

올바른 정책 대안을 수립하기 위해서는 한국의 임금 불평등이 그동안 어떻게 변화해 왔는지, 지속적으로 상승 또는 하락했는지, 몇 번의 극적인 방향 전환을 겪었는지, 변화를 추동한 주요 요인은 무엇인지 등 문제의 정확한 실태와 원인을 먼저 이해하여야 한다. 이 장은 여러 연구자의 실증분석 결과를 바탕으로 이상의 질문에 대한 답을 살펴본다.[2]

세 번의 국면

[그림 2-1]은 지난 45년 동안의 한국의 시간당 임금 불평등 추이를 보여준다. 불평등 추이는 고용노동부가 발표하는 '고용형태별근로실태조사-임금구조부문'의 원자료를 이용해 분석했다. 이 자료는 국내 임금 불평등 연구에 자주 이용되는 자료 중 하나다.

---

[2] 이 글은 황선웅(2021c)을 수정하고 보완한 것임.

[그림 2-1] 시간당 임금 불평등 추이, 1980~2023년

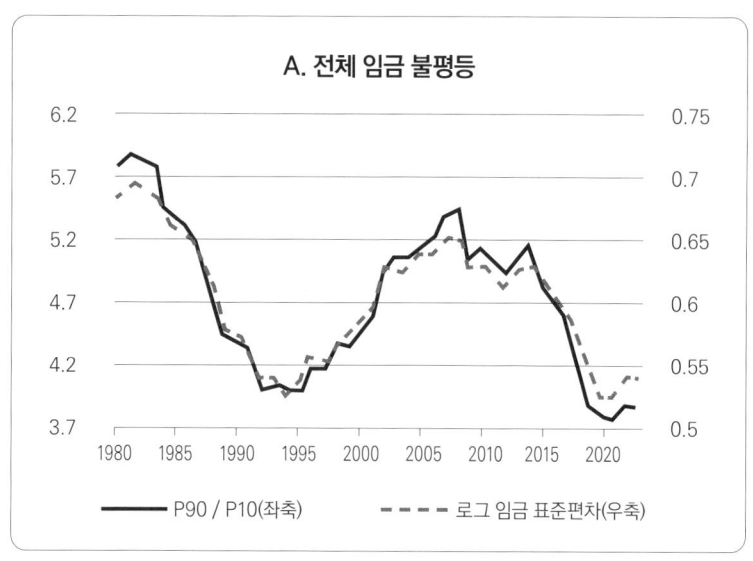

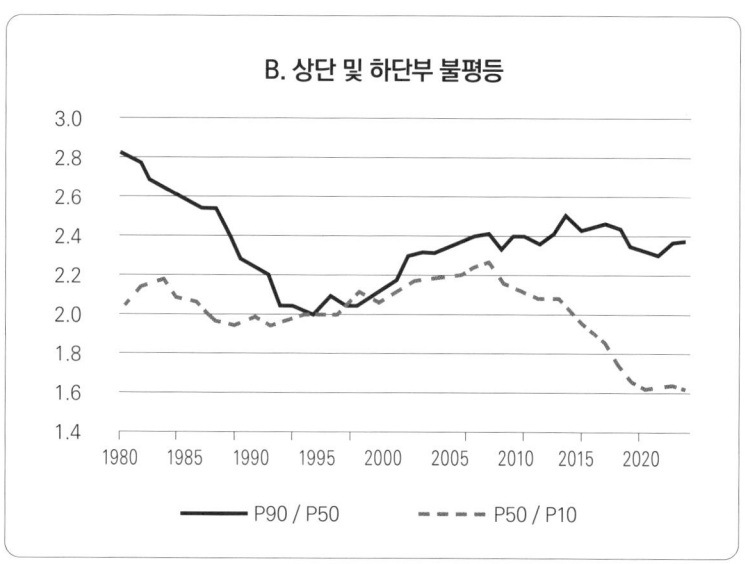

자료: '고용형태별근로실태조사-임금구조부문' 10명 이상 사업체 상용 노동자 자료

1980년부터 현재에 이르는 장기간의 자료를 제공하고, 2023년 기준 조사 대상 노동자가 85만 명에 달하는 등 표본 규모가 크며, 사업체 임금대장 정보를 이용해 통계의 정확성이 높다는 장점이 있다. 이 그림은 과거 자료와 연계하기 위해 10명 이상 사업체의 상용 노동자 자료만 이용했다. 시간당 임금은 월 임금총액을 월 총노동시간으로 나눈 값이며, 월 임금총액은 월 정액급여와 초과급여에 전년도 월평균 특별급여를 더한 값이다.

[그림 2-1]의 A에서 실선은 상위 10% 임금이 하위 10% 임금보다 몇 배나 높은지를 의미하는 P90/P10 배율이다. 한국의 임금 불평등 추세가 다음과 같은 세 국면에 걸쳐 반대 방향으로 변화해 왔음을 확인할 수 있다.

국면 1. 1980년대 초반~1990년대 중반: 임금 불평등 축소
국면 2. 1990년대 중반~2000년대 후반: 임금 불평등 확대
국면 3. 2010년대 초반~2010년대 후반: 임금 불평등 축소

1980년과 1995년 사이에는 P90/P10 배율이 5.8배에서 4.0배로 감소했다. 그 뒤에는 2008년까지 5.4배로 증가한 후 다시 감소세로 돌아서 2023년에는 3.9배로 낮아졌다. 특히 2014~2019년에 빠르게 감소했고, 2020~2023년에는 소폭 증가한 후 정체된 모습을 보였다. 같은 그림의 점선은 로그 시간당 임금의 표준편차로 임금 불평등을 측정한 결과인데 기간별 변화 방향은 P90/P10 배율을 이용할 때와

다르지 않음을 볼 수 있다.

임금 불평등을 측정하는 방법뿐 아니라 자료를 달리해도 결과는 유사하다. 1999년 이후 제공되는 상용 노동자 5~9명 사업체 표본을 추가하거나, 노동자 1명 이상 모든 사업체를 포함하는 '고용형태별근로실태조사-고용형태부문'의 2006년 이후 자료를 이용해도 국면별 추세는 비슷하게 관찰된다. '경제활동인구조사 근로형태별 부가조사', '지역별고용조사', '한국노동패널조사' 같은 가구 조사자료의 2000년대 이후 임금 불평등 추세도 크게 다르지 않다.

월 임금 불평등도 시간당 임금 불평등과 대체로 유사한 추세를 보였다. 단, 전일제(full-time)와 시간제(part-time)를 모두 포함한 전체 임금노동자의 월 임금 불평등은 최근 감소 폭이 시간당 임금 불평등의 감소 폭보다 작았다. 첫째 노동시간의 불평등이 확대되었고, 둘째 시간제 고용이 고임금 일자리보다 저임금 일자리를 중심으로 빠르게 확대되었기 때문이다.

하단부 불평등 축소, 상단부 불평등 확대

[그림 2-1]의 B는 한국 임금 불평등 추세의 또 다른 중요한 특징을 보여준다. 임금 분위별로는 임금 분포 하단부의 불평등 축소가 2010년대 초반 이후 전체 임금 불평등 축소 추세를 주도했다. 하위 10% 대비 중위 임금 배율(P50/P10)은 큰 폭으로 축소됐지만, 중위 대비 상위

10% 임금 배율(P90/P50)은 정체 또는 완만한 증가 추세가 이어졌다. 이는 이전 시기의 특징과 매우 다르다. 1980년대 초반부터 1990년대 중반까지는 임금 분포 상단부의 불평등(P90/P50) 축소가 전체 불평등 축소를 이끌었고, 1990년대 중반부터 2000년대 후반까지는 상단부(P90/P50)와 하단부(P50/P10) 모두에서 불평등이 확대되었다.

이러한 상·하단부 불평등의 괴리 현상은 미국과 독일 등 다른 국가에서도 유사하게 관찰된다. 이들 국가에서도 하단부의 불평등은 축소 또는 정체되는 가운데 상단부의 불평등은 계속 확대되는 추세가 이어지고 있다.

불평등, 여전히 OECD 상위권

최근의 축소 추세에도 불구하고 한국의 임금 불평등 수준은 여전히 다른 OECD 회원국에 비해 상당히 높다. 〈표 2-1〉에서 볼 수 있듯이 하단부 불평등(P50/P10)의 OECD 38개국 내 순위는 2010년 4위, 2015년 7위에서 2019년 23위로 하락했지만 상단부 불평등(P90/P50) 순위는 2010~2019년 동안 OECD 8~9위에서 큰 변화가 없었다. 그에 따라 하위 10% 임금 대비 상위 10% 임금 배율(P90/P10)로 측정되는 전체 임금 불평등 순위는 2010년 4위, 2015년 5위, 2019년 10위로 소폭 낮아지는 데 그쳤다.

〈표 2-1〉 임금 불평등 수준 국제비교

	2010년	2015년	2019년
P90/P10	4.77배	4.59배	3.63배
	4위	5위	10위
P90/P50	2.37배	2.39배	2.28배
	9위*	8위	8위
P50/P10	2.01배	1.92배	1.59배
	4위	7위	23위

* 2010년 P90/P50은 OECD 회원국 37개국, 그 외 순위는 전체 38개국 기준
출처: 소득주도성장특별위원회(2021)

이는 임금 불평등 축소를 위한 노력이 더욱 강화되어야 함을 시사한다. 특히 임금 분포 상단부와 하단부 불평등이 서로 다른 추세를 보이는 원인을 규명해 하단부의 불평등 축소 추세를 이어가고 상단부의 불평등 확대 추세를 억제하기 위한 정책을 수립해야 한다.

부문 간 격차

성, 학력, 근속기간, 직업, 사업체 규모, 고용형태, 노동조합, 성과급 적용 여부 등의 기준에 따른 집단 간 임금격차도 2010년 이후 대부분 축소 추세를 보였다. 45~54세 중장년층 대비 연령대별 임금격차는 15~24세, 55~64세, 65세 이상은 축소 추세를 보였지만 25~34세는 확대되었다. 제조업과 비제조업 간 임금격차는 2015년 이후 축소 추세를 보였다. 300명 이상 사업체와 300명 미만 사업체 간 임금격차도

2015년 이후 축소되었고, 특히 '임금구조기본통계조사'의 500명 이상 사업체를 기준으로 하면 사업체 규모 간 격차 축소 추세가 더욱 뚜렷하게 관찰된다.

그간의 격차 축소 추세에도 불구하고 한국의 성, 고용형태, 기업규모에 따른 임금격차는 여전히 OECD 회원국 중 매우 큰 편이다. 예컨대 우리나라 남녀 간 중위임금 격차(gender pay gap at median)는 2010년 39.6%에서 2015년 37.2%, 2019년 32.5%로 감소했지만, 여전히 OECD 38개 회원국 중에서 가장 크다. 이는 집단 간 임금격차 해소를 위한 정책의 지속적 추진 및 효과 제고가 필요함을 시사한다.

무엇이 임금 불평등 변화를 이끌었나

2000년대 임금 불평등의 확대 요인에 관한 연구는 많았지만, 2010년대에 들어서며 임금불평등이 축소 추세로 돌아선 원인에 관한 연구는 적었다. 주요 연구는 성재민(2018), 정준호 외(2017), 김문정·최한수(2017), 김유선(2020b) 등이 있다.

성재민(2018)은 국제금융위기 이후 임금 불평등 감소 또는 정체 현상을 의도된 정책적 결과라기보다 여러 상황이 겹친 우연적 결과로 평가했다. 제조업 고용 증가, 사회복지 지출 확대, 최저임금 인상, 고임금 부문의 고용성장 둔화 등을 주된 요인으로 꼽았다.

정준호·전병유·장지연(2017)은 근속기간·경력·직종에 따른 임금격차 축소가 전일제 노동자 임금 불평등 감소에 큰 영향을 미쳤고, 사업체 규모는 오히려 불평등을 확대하는 방향으로 작용했으며, 고용형태·업종·나이·학력 등의 영향은 크지 않았다고 분석했다.

김문정·최한수(2017)는 2006~2016년의 시간당 임금 10분위와 1분위 간 격차 축소를 8분위를 기준으로 한 임금 증가율 양극화 현상의 일환으로 설명했다.

김유선(2020)은 지난 10년간 상위 1% 및 10% 임금 점유율이 증가했다는 사실에 주목했다. 집단 내 임금 불평등 수준은 비취약계층보다 취약계층(여성, 청년·노인, 저학력, 사회·개인서비스업, 판매직·단순노무직, 중소기업, 비정규직, 임시일용직, 무노조, 비조합원 등) 내에서 높았고, 비취약계층 내 임금 불평등은 감소했지만, 취약계층 내 임금 불평등은 확대되었다는 결과를 제시했다. 성·연령·학력·산업·직업·규모·고용형태·노조 등 모든 범주에서 집단 내 불평등이 집단 간 불평등보다 훨씬 컸고 나이, 노동시간, 근속, 학력, 고용형태, 사업체 규모, 노조 유무 순으로 임금 불평등에 큰 영향을 미쳤다.

이하에서는 기술 변화, 국제무역, 산업구조, 노동조합, 최저임금이 최근의 임금 불평등 변화에 어떠한 영향을 미쳤을지를 각 주제에 관한 기존 연구 결과를 바탕으로 간략히 살펴본다.

기술 변화

기술 변화는 그간 지속적으로 임금 불평등을 확대하는 요인으로 작용했고 향후 그러한 효과가 더욱 커질 가능성이 높다. 기술 변화가 고용에 미치는 영향에 대해서는 다양한 분석이 제기되고 있지만 임금 불평등을 확대할 가능성이 크다는 점은 많은 연구자가 동의한다. 기술 변화의 숙련 또는 정형 업무 편향적(skill- or routine-biased) 성격이 강화되고 디지털 전환 및 자동화 추세가 가속화될수록 불평등 확대 압력이 커질 것으로 예상된다. 2024년 노벨경제학상을 수상한 미국 매사추세츠공대(MIT)의 다론 아제모을루(Daron Acemoglu)는 보스턴대 파스쿠알 레스트레포(Pascual Restrepo)와 공동 연구를 통해 급속한 자동화를 경험한 산업의 정형 업무에 특화되었던 노동자 집단의 상대 임금 하락이 지난 40년간 미국에서 확대된 임금 불평등의 50~70%를 설명한다는 실증분석 결과를 제시했다.

정준호(2020)는 노동 절약형 대규모 설비투자(자동화) 중심 따라잡기 성장 전략으로 인해 한국 경제의 산업용 로봇 이용이 주요 선진국 중 가장 빠른 속도로 확산되었고, 제조업 생산 비중과 고용 비중의 괴리, 기술과 숙련의 분리, 숙련 수요의 양극화, 부문 간 불균형이 초래되었다고 분석했다.

한국 제조업이 전 산업 부가가치 생산에서 차지하는 비중은 지난 70년간 꾸준히 증가했지만 전 산업 고용에서 차지하는 비중은 1990년대 초반을 정점으로 감소세로 전환되었다. 황선웅(2021b)은 한국 제조업의 생산과 고용 비중 차이가 1995~2017년 동안 조사 대상 전체 85개국 중에는 다섯 번째, OECD 38개 회원국 중에는 아일랜드에 이어 두 번째로 빠르게 확대되었고, 그러한 격차 확대가 노동소득분

배율 하락과 산업 간 임금격차 확대에 큰 영향을 미쳤다는 결과를 제시했다. 한국 제조업의 생산과 고용 비중 격차 확대 중 절반 이상은 전자산업에 기인했다. 한국 전자산업의 1995~2017년 생산 비중과 고용 비중 간 격차 확대 폭은 전체 501개 '국가×산업' 조합 중에서 아일랜드의 화학·의약품 산업과 대만의 전자산업에 이어 세 번째로 컸다.

국제무역

수출이 임금 불평등에 미치는 영향은 일률적이지 않다. 저임금 노동자에 대한 수요가 고임금 노동자보다 더 크게 증가하면 임금 불평등이 축소되고, 반대로 고임금 노동자에 대한 수요가 더 크게 늘면 임금 불평등이 확대된다. 수출의 국내 생산 및 고용 유발효과도 수출과 임금 불평등의 관계에 영향을 미칠 수 있다.

1990년대 초반까지는 우리나라 수출 품목의 저숙련 노동집약도가 높고 수출의 국내 생산 및 고용 유발효과가 높아 수출 증가 시 임금 불평등이 축소되었다. 1990년대 후반과 2000년대에는 기술 발전과 대중국 무역 확대 등의 영향으로 우리나라 수출 품목의 중숙련, 고숙련 집약도가 높아지면서 수출 증가 시 임금 불평등이 확대되었다. 이 시기에는 수출 대기업의 중간재 해외 조달이 증가하면서 수출의 국내 생산 및 고용 유발효과도 약화되었다. 2008년 글로벌 금융위기 이후에는 국제무역이 위축되고 국내총생산 대비 수출 비중이 감소하면서 기업 간 임금격차와 임금 불평등 확대 압력이 다소 약해졌다.

해외직접투자(FDI) 확대와 중간재 해외 조달(offshoring) 확대도 기업 간 임금격차와 불평등 확대에 큰 영향을 미칠 수 있다. 2010년대 이후 중간재 해외 조달 증가세는 둔화되었지만, 해외직접투자는 계속 큰 폭으로 증가하고 있다. 우리나라의 2010년 대비 2019년 해외직접투자 잔액 증가율은 OECD 회원국 중 아일랜드에 이어 두 번째로 높았다.

산업구조

우리나라 제조업 부문 중소기업 중 다른 기업의 주문 생산에 의존하는 수급기업 비율은 1980년대 초반 20%대에서 1980년대 후반 70% 이상으로 급증했고, 2000년대 대기업 해외직접투자 확대 등으로 50% 이하 수준으로 감소한 후 2010년대 이후 40~50% 수준에서 유지되고 있다.

황선웅(2020)은 원청기업의 임금 프리미엄은 고임금 분위에 큰 영향을 미치고 하청기업의 임금 불이익은 저임금 분위에 큰 영향을 미쳐서 전반적 임금 불평등을 확대한다고 분석했다.

2000년대 이후 원청 대기업의 해외 현지 부품 조달 확대, 국내 생산 연관 약화, 복수발주 확대, 중소 수급기업 비중 축소는 기업 간 협상력의 비대칭성을 심화시켜 기업 간 임금격차와 임금 불평등을 확대하는 요인으로 작용했을 가능성이 크다.

2000년대 중반 이후 추진된 상생협력 동반성장 정책과 소재·부품·

장비 산업 지원정책이 불평등에 미친 효과에 대해서는 분석 자료와 방법에 따라 상이한 결과가 제시되고 있다. 홍장표·김종호(2015)는 대기업 협력 중소기업에 대한 지원정책의 효과가 다른 중소기업(독립기업) 지원정책보다 낮다는 추정 결과를 제시했다. 납품단가 조정 등을 통해 정책지원 혜택의 상당분이 대기업으로 이전되기 때문이다.

성재민·지민웅(2017)은 대·중소기업 상생협력을 위한 동반성장지수와 성과공유제의 도입이 일반기계·자동차 산업의 중소기업 고용에 유의한 영향을 미치지 못했다는 결과를 제시했다. 이와 달리 권순원 외(2017)는 상생결제시스템과 상생협력기금이 고용의 양과 질에 긍정적 영향을 미쳤다고 분석했다.

노동조합

1990년대 중반 또는 2000년대 초반까지의 자료를 이용한 초기 연구의 대부분은 노동조합이 임금 불평등을 완화하는 역할을 했다고 분석했다. 과거에는 노조 조합원의 상당수가 임금 분포 하단 또는 중간 구간에 위치했기 때문이다. 하지만 2000년대 이후에는 노조 조직률의 고임금 구간 집중 경향이 강화되면서 노조의 임금 불평등 축소 효과도 다소 불분명해졌다. 실증분석 결과도 분석 방법과 자료에 따라 엇갈리고 있다.

이병희(2017)는 노조의 임금분산 축소 효과가 2000년대 후반부터 2010년대 초반까지 일시적으로 작아졌지만, 최근 들어 다시 회복되고 있다고 분석했다. 반대로 김창오(2020)는 노조의 임금 불평등 축소 효과가 2012년 이후 큰 폭으로 감소해 통계적 유의성을 상실했다는 결과를 제시했다.

노조 조합원의 임금 효과에 초점을 둔 이상의 연구들과 달리 황선웅(2017)은 지역 내 노조 조직률이 비조합원 임금에 크고 유의한 긍정적 파급효과를 미치며, 그러한 효과가 여성·청년·저학력·비정규직·서비스업·중소기업 노동자 등 취약집단 비조합원에게서도 유의하게 관찰된다는 결과를 제시했다.

최저임금

최저임금 인상은 2010년대 중반 이후 저임금 분위 임금 상승과 전반적 임금 불평등 축소에 가장 큰 영향을 미친 요인 중 하나다.

황선웅(2021a)은 2018~2019년의 최저임금 인상이 저임금 분위 임금 상승과 전반적 임금 불평등 축소에 유의한 영향을 미쳤다는 실증분석 결과를 제시했다. 최저임금 인상으로 인한 임금 상승 효과는 시간당 임금과 월 임금 모두 저임금 분위에서 가장 컸다. 최저임금 바로 윗부분에 위치하는 노동자 비중이 빠르게 늘었고, 최저임금의 직접적 영향을 받는 노동자뿐 아니라 임금 분포 중간구간 노동자들에 대한 확산 효과(spillover effect)도 유의하게 추정되었다.

P90/P10, 지니계수, 임금 분산 등 어떠한 불평등 지표를 이용하더라도 2018~2019년 최저임금 인상의 불평등 축소 효과는 통계적으로

유의했다. 최저임금 인상이 여성, 청년, 저학력, 단기근속자, 신규입사자, 중소기업, 비정규직, 특별급여 미수급자, 노조 비조합원 등의 임금 상승에 큰 영향을 미치면서 부문 간 평균임금 격차도 축소되었다.

새로운 국면의 시작? 전망과 과제

이 장은 한국의 임금 불평등 추세에 관한 다음과 같은 특징을 살펴보았다. 한국의 전반적 임금 불평등 수준은 1980년대 초반부터 1990년대 중반까지 감소한 후 2000년대 후반까지 증가하다가 2010년대 초반 이후 다시 축소되는 모습을 보였다. 임금 분위별로 보면 2010년대 초반 이후 임금 불평등 축소는 임금 분포 하단부에서 두드러졌고, 임금 분포 상단부의 불평등은 정체 또는 증가 추세가 이어졌다.

그간의 성과에도 불구하고 한국의 임금 불평등 수준은 여전히 OECD 회원국 상위권에 속한다. 특히 임금 분포 하단부의 불평등 순위는 OECD 평균 이하로 낮아졌지만, 임금 분포 상단부의 불평등 순위는 큰 변화 없이 OECD 상위권에 머물러 있다. 우리나라의 성, 기업규모, 고용형태에 따른 임금격차도 2010년대 이후 다소 축소됐지만 여전히 OECD 회원국 중 가장 큰 편이다.

2010년대 초반 이후 임금 불평등 변화는 디지털 전환 및 자동화 가속화, 국제무역 둔화, 최저임금 영향률 확대 등에서 복합적 영향을 받았다. 반면 대·중소기업 상생협력 정책과 경제민주화 정책, 최저임금

이외의 노동시장 제도개선 정책은 불평등 개선에 큰 영향을 미치지 못한 것으로 보인다.

　이 장에서 살펴본 내용들은 전반적 임금 불평등 수준과 부문 간 격차를 축소하기 위한 정책들을 강화할 필요가 있음을 보여준다. 특히 임금 분포 하단부의 불평등 축소 추세를 이어가면서 임금 분포 상단부의 불평등 확대 추세를 억제하기 위한 정책 수단의 실효성을 높여야 한다.

　급속한 기술 변화와 기업 간 성과 격차 확대 등으로 인한 고용·노동조건의 불안정화와 불평등 확대 경향에 맞서 고용·노동 친화적 기술 발전과 기업 간 상생협력 활동을 유도하기 위한 재정지원·조세 제도 개편이 시급하다. 초기업 단위 연대임금 정책, 저임금 노동자 보호 정책, 소득재분배 정책도 강화되어야 한다.

03

불평등과 사각지대 노동

주진우 · 정흥준
풀빵노동공제연구소 소장 · 서울과학기술대학교 경영학과 부교수

불평등의 심화

2024년 노벨경제학상을 받은 다론 아제모을루·사이먼 존슨의 『권력과 진보』는 불평등에 맞선 저항이 대항권력을 형성하여 인간의 보편적인 권리를 보장한다고 주장한다. 저자들은 자본주의의 시작과 함께 불평등이 확대되었으나 노동조합이 조직되고 선거권을 통한 시민의 견제가 불평등을 줄여왔다고 설명한다.

그러나 지난 사반세기 동안 불평등은 다시 증가하는 추세로 변화하였는데 이에 대해 저자들은 다시 늘어난 불평등이 노동조합의 쇠퇴와 관련되어 있다고 진단하면서 불평등에 대항하는 길항권력이 평등한 사회를 이끌 수 있다고 설명한다.

노동하는 사람들은 다양한 불평등을 경험한다. 어떤 사람은 임금 불평등을 경험하며 또 다른 사람은 이유 없는 차별과 배제 같은 불평등을 경험한다. 이 중 보상 불평등은 노동자와 사용자 간 교섭력의 차이가 주된 원인이다. 사용자의 교섭력은 크지만 노동자의 목소리는 작아서 사용자가 정당한 노동의 대가를 지불하지 않는 구조가 만들어지기 때문이다. 예를 들어 같은 일을 하면 같은 수준의 임금을 받아야 하지만 보상은 노동자의 기대와 달리 사용자의 지불능력과 지불의사에 따라 일방적으로 결정되는 경우가 많다.

노동자들은 권리의 불평등을 경험하기도 한다. 누구나 이유 없이 차별받지 않을 권리가 있지만, 현실 세계는 이상과 달라 이유 없는 차별이 더 보편적이다. 대표적인 사례가 5명 미만 사업장의 노동자로, 이들은 영세한 기업에 다닌다는 이유로 다른 노동자가 누리는 권리에서 배제되어 있다. 주휴수당이 대표적이다. 5명 미만 사업장 노동자는 근로기준법의 근로시간 규정도 적용받지 않아 주 최대 52시간 한도가 없으며, 법정 휴게시간도 누리지 못한다. 이유 없는 해고에도 대항할 수단이 없다. 노동을 제공하지만 임금노동자가 아닌, 특수고용·플랫폼 등 1인 도급 노동자는 근로기준법을 비롯한 노동관계법 적용에서 아예 배제되어 있다.

개인이 통제할 수 없는 인구통계학적 특징에 따른 차별도 존재한다. 노동시장에서 여성·청년·고령 인력의 지위가 상대적으로 취약하다는 것은 이미 많이 알려진 사례다. 노동 불평등은 고용형태별, 기업규모별, 산업별 지불능력에 따른 불평등으로 나타나기도 한다. 그 결과 임금 양극화가 점점 심해졌다.

예를 들어 김유선(2020)이 10년 동안(2008~2018년) '경제활동인구조사 부가조사' 자료를 분석한 결과, 이 기간 임금 상위 1%의 노동자가 전체 임금총액에서 차지하는 몫은 3.3%에서 4.3%로 늘었고, 상위 10%가 차지하는 몫은 21.9%에서 24.4%로 2.5%p 증가했다. 이에 비해 하위 50% 노동자의 몫은 29.1%에서 27.8%로 오히려 2.3%p 줄어들었다. 하위 10% 노동자가 차지하는 몫은 고작 3.1%였는데 이것마저 2.1%로 1%p가 줄어든 것으로 나타났다.

임금 불평등에 영향을 미치는 요인은 다양하다. 언뜻 보기엔 정규직과 비정규직 등 고용형태가 주된 원인으로 보이지만 실제 가장 크게 영향을 미치는 요인은 기업규모다. 정규직과 비정규직의 시간당 임금은 다소 줄어드는 추세지만 대기업과 중소·영세 기업 간의 시간당 임금격차는 거의 줄어들지 않고 있으며 오히려 늘어나는 추세이기 때문이다. 예를 들어 2024년 기준 시간당 임금은 정규직을 100으로 했을 때 비정규직이 67.3이었으며, 대기업을 100으로 했을 때 중소기업이 54.7로 매우 낮았다.

기업규모에 따라 임금격차가 커지는 원인을 기업의 지불능력 차이로 생각하기 쉽지만, 이 역시 표면적인 이유에 불과하다. 지불능력이 있는 기업이라고 해서 높은 수준의 임금을 보장하는 것은 아니기 때문이다. 대기업의 상대적인 고임금은 기업이 자발적으로 높은 임금을 책정한 결과라기보다 노동조합이 조직되어 임금교섭을 안정적으로 진행한 결과로 이해해야 한다. 또한 노동조합을 통한 고용안정도 주된 원인일 수 있는데, 상대적인 고임금을 유지할 수 있는 비결은 임금이 경력에 비례하여 매년 인상되기 때문이다.

소규모 사업장의 저임금은 산업 구조적인 측면도 원인이다. 우리나라의 산업화는 1970년대부터 국가가 의도적으로 특정 몇몇 기업을 지원해 몸집을 키워 경쟁력을 확보하는 방식으로 이뤄졌다. 정부에 의한 몰아주기식 혜택은 재벌 대기업을 만들었고 대기업을 정점으로 하는 피라미드형 생산구조가 만들어졌다. 이른바 다단계 하청구조인데, 다수 중소기업은 독자적인 상품과 서비스를 개발하여 시장에서 독자적으로 성장하지 못하고 대기업과의 거래관계를 통해 생존하는 종속적 관계로 전락하였다.

다단계로 발전한 원·하청 산업구조는 기업 간 임금격차에 영향을 미쳤다. 규모가 큰 원청기업은 노동조합이 조직되어 노사 교섭을 통한 임금인상이 가능했지만, 규모가 작은 하청기업은 노동조합이 조직되기도 어려웠고, 노동조합이 조직됐다고 해도 하청기업을 상대로 한 교섭구조는 성과를 내기가 어려웠다.

하청기업의 노동조건에 실질적인 영향을 미치는 원청기업과 교섭을 하면 노동조건을 개선할 수 있지만 원·하청 교섭이 제도적으로 불가능해 실질적인 노동조건 개선은 어려웠다. 나아가 원청은 일을 주는 갑의 위치에 있고, 하청기업은 일을 받는 을의 지위에 있어 계약 단가 등에서 불공정 거래도 빈번하게 발생했다.

원·하청 간 격차가 커지면서 원청기업의 선의에 의한 격차 해소가 추진되기도 하였다. 원·하청 동반성장과 상생협력이 대표적이다. 그러나 원·하청 간 자율적인 상생은 기대만큼 성과를 내기 어려웠는데, 원청이 하청에 선의를 베푸는 것은 쉽지 않기 때문이었다. 이런 이유로 정부가 원·하청 간 상생을 강조했지만 실질적인 개선 효과는 크지 않았다. 따라서 원·하청기업 또는 대·중소기업 간 격차를 줄이는 방법은 기업 간 자율적인 논의보다 산업구조의 재편과 노사관계의 제도적인 개선이다.

원청기업이 하청기업 노동자의 노동조건에 실질적인 영향을 미친다면 원청기업과 하청기업의 교섭을 보장하는 등의 조치도 필요하다. 이와 관련하여 2024년 노동조합 및 노동관계조정법(노조법) 2조 개정이 여러 차례 논의된 바 있으나 윤석열 전 대통령이 거부권을 행사하는 바람에 실현이 좌절된 바 있다. 새로운 정부가 묵은 과제를 해결하기를 기대해 본다.

비정규직과 노동 불평등

비정규직 고용형태는 불평등의 주된 원인 중 하나다. 누구나 양질의 일자리를 희망하므로 고용이 불안정하고 임금이 낮은 비정규직 일자리를 선호할 노동자는 거의 없다. 그런데 현실은 비정규직 노동자가 너무 많고 정규직으로 전환하기도 쉽지 않아 노동시장 내 격차해소가 어렵다. 통계청에 따르면 비정규직 노동자는 2024년 845만9천 명으로 전체 임금노동자의 38.2%를 차지했다. 열 명 중 네 명은 비정규직으로 일하는 것이다. 비정규직이 양질의 일자리가 아닌 만큼 줄여야 하지만 오히려 최근 5년 동안 비정규직 규모는 97만8천 명이나 늘어났다.([그림 3-1] 참조)

한국의 비정규직 노동자 규모는 국제적으로도 매우 높은 편에 속한다. 경제협력개발기구(OECD)의 주요국 통계를 보면 2023년 현재 한국의 임시노동자 비중은 26.7%로 영국(5.3%), 캐나다(11.6%), 독일(11.9%), 일본(14.9%) 등 다른 선진국에 비해 훨씬 높은 것을 확인할 수 있다. 비정규직으로 일을 시작하더라도 정규직으로 전환되면 다행이지만 그 기회도 적다. 예를 들어 한국은 비정규직으로 일하다 1년 후 정규직으로 전환될 확률이 11.1%에 불과했지만 독일은 46.6%, 영국은 51.9%였다.

노동시장 내 비정규직이 많고 정규직 전환도 어려운 이유는 정규직으로 일할 사람까지도 비정규직으로 쓰는 기업 관행과 제도적 결함 때문이다. 노동시장이 원활하게 작동하여 안정적인 재생산이 가능하려면 상시적이며 지속적인 일은 정규직을 고용해야 하지만 우리나라는 정규직 고용원칙이 제정되어 있지 않다.

노동시장이 기업과 개인의 선택에 의해 만들어지는데 한국은 교육 수준이 높은 나라로 대부분 노동자가 일정 수준 이상의 업무능력을 가지고 있어 기업은 꼭 정규직이 아니더라도 양질의 인력을 확보할 수 있다. 기업들은 사회적 인프라를 활용하여 될 수 있으면 비정규직을 고용해 인건비를 줄이려 한다.

상시적이고 지속적인 일자리는 정규직 고용이 바람직하기에 2007년 기간제 및 단시간근로자 보호 등에 관한 법률(기간제법)을 제정하였지만, 이 법에는 제도적 결함이 있었다. 기간제법은 계약직으로 2년까지 고용하고 이후 계속 고용하려면 정규직으로 전환해야 한다고 명시했지만, 사람을 바꿔 쓰는 것을 허용하였다.

그 결과 기업은 2년이 되기 전 기간제 노동자를 해고하고 그 자리에 다른 기간제 노동자를 쓰는 회전문식 고용을 반복할 수 있게 되었다. 기업의 고용에 대한 무책임과 제도적 한계로 인해 기간제 규모는 비정규직 중에서도 가장 많다. 2024년 8월 현재 기간제를 포함한 한시적 노동자는 562만8천 명으로 전체 노동자의 25.4%다.

비정규직이 줄지 않는 또 다른 이유 중 하나는 단시간 노동자(시간제)가 늘어났기 때문이다. 그중에서도 일주일에 15시간 미만으로 일하는 초단시간 노동자 수가 급증하였다. 2025년 2월 단시간 노동자는 881만 명으로 전체 취업자 중 30.8%인 것으로 나타났다. 이 중 초단시간 노동자가 무려 250만 명이다. 단시간과 초단시간 노동자 수는 매번 통계를 집계할 때마다 기록을 경신하는 중이다.

초단시간 노동자가 급증한 이유는 이들에게 주휴수당과 연차유급휴가를 지급하지 않아도 돼 인건비를 줄일 유인이 있기 때문이다. 일부 자영업자들은 이점을 활용하여 8시간 전일제 일자리를 쪼개 4시간 미만의 초단시간 일자리로 만들고 있다.

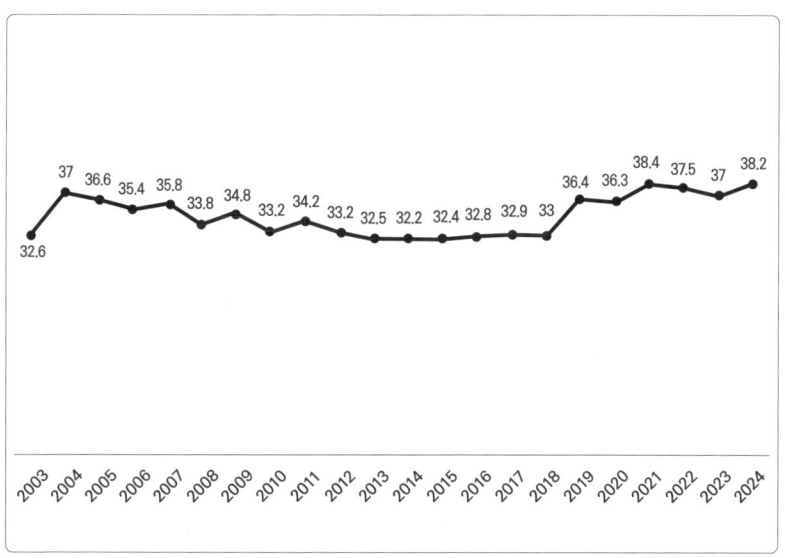

[그림 3-1] 비정규직 비율(2003~2024년)

출처: 통계청(2024)

제3장 불평등과 사각지대 노동 51

플랫폼 노동, 디지털 시대의 불안정 노동

기간제와 파트타임, 용역 등이 전통적인 비정규직 노동이라면 1인 도급방식은 새로운 유형의 주목해야 할 비정규 노동이다. 바로 종속적 계약자(dependent contractor)인 특수고용과 플랫폼 노동자들인데, 이들은 타인을 고용하지 않고 자신의 노동력을 계약 당사자에게 제공하는 노동자로 임금노동자와 크게 다르지 않지만 노동관계법은 적용받지 못한다. 고용계약을 맺은 임금노동자가 아니기 때문으로 근로기준법 등 노동의 최저기준을 적용받지 못한다.

특수고용 노동자 규모는 한국노동연구원에 따르면 230만 명이었고, 2023년 고용노동부와 한국고용정보원이 발표한 '2023 플랫폼 종사자 실태조사' 결과에 따르면 플랫폼 노동자 수는 88만3천 명에 이르는 것으로 나타났다. 이러한 결과는 2021년 66만1천 명에서 2년 만에 33.6%나 증가한 수치이다. 온라인 플랫폼(스마트폰 앱이나 웹사이트 등)의 단순 중개·소개 또는 알선을 통해 일거리를 구한 종사자까지 포함한 '광의의' 플랫폼 종사자까지 포함하면 규모는 304만 명으로 2021년 220만 명에서 무려 38%나 증가했다. 최근 AI 등 디지털 기술이 급속하게 발전하는 추세를 고려한다면 향후 플랫폼 노동 규모는 더욱 커질 것으로 예상된다.(김종진·신우진·김영욱 2021)

플랫폼 종사자의 월평균 총수입은 낮은 편이다. 플랫폼 노동으로 벌어들인 수입은 145만2천 원에 불과하였다. 최근의 연구를 보면 대표적인 플랫폼 노동자인 배달노동자의 월평균 수입은 293만 원이었으나 업무 관련 지출이 153만 원으로 순수입은 140만 원에 불과하였다.(김성혁·정흥준·백남주·조현실, 2025) 플랫폼 노동자의 사회적 보호도 낮은 편이다. 플랫폼 종사자의 고용보험 가입률은 48.2%, 산재보험 가입률은 46.2%로, 비정규직 노동자 가입률보다 낮았다. 플랫폼 종사자의 국민연금 가입률도 낮은 것으로 나타났다.

택배·퀵서비스·음식배달·대리운전·가사서비스·돌봄서비스 직종에서 일하는 플랫폼 노동자 조사 결과(박용철 2022), 이들의 국민연금 가입률은 22.9%에 불과했다. 이처럼 플랫폼 종사자는 상당수가 사실상 임금노동자와 별반 차이 없이 일하고 있지만 현행 법·제도에서 노동자 권리를 보장받지 못할 뿐만 아니라 저임금 조건에서 꼭 필요한 사회적 보호도 제대로 받지 못하는 상황이다.

특수고용과 플랫폼 노동 종사자가 노동관계법의 적용에서 배제된 사각지대에 놓인 표면적인 이유는 고용관계를 맺지 않기 때문이지만 그렇다고 해서 특고·플랫폼 노동자가 정당한 도급계약을 맺고 있는 것도 아니다. 플랫폼 기업은 단순한 일자리 중개업체나 일을 매칭하는 프로그램 회사가 아니어서 상당한 교섭력을 가진다.

플랫폼 기업은 일을 필요로 하는 노동자와 일손이 필요한 고객 모두를 통제할 수 있는 힘이 있기에 노동 과정과 임금 수준을 결정할 수 있다. 플랫폼 종사자의 노동조건은 업체가 일방적으로 정하고 계약 내용 변경도 플랫폼 노동자와 사전 협의나 동의 없이 일방적으로 진행한다. 소비자와 분쟁이 발생하면 플랫폼 노동자 스스로 알아서 해결해야 하는 경우가 많다. 특고나 플랫폼 노동자들이 선택할 수 있는 것은 플랫폼 기업이 정한 노동조건을 따라 일하거나 아니면 거부하여 일자리를 얻지 못하는 것뿐이다.

특고나 플랫폼 노동자에 대한 보호의 미비는 노동권과 사회적 보호를 규정하고 있는 법률과 제도가 전통적인 산업 모델에 기초하고 있어 새롭게 등장한 노동자에게는 노동관계법을 어떻게, 얼마나 제공해야 할지가 모호하기 때문이다. 심지어 임금노동자인데도 위수탁 도급계약을 맺는 경우도 존재한다. 특수고용 노동자와 플랫폼 노동자가 사용자에게 종속되어 일하는데도 개인 사업자로 분류되는 오분류(misclassification)가 종종 나타나는 것은 특수고용과 플랫폼 노동이 객관적인 기준 없이 남용되고 있음을 보여준다.

플랫폼 기업과 플랫폼 종사자 간의 불공정한 계약 관행은 다양한 형태로 나타난다. 노동의 대가로 받는 수수료는 플랫폼 기업에 의해 일방적으로 정해지고 계약서도 플랫폼 기업에 유리하게 작성되어 있다. 일부 특수고용과 플랫폼 노동자들은 계약서조차 쓰지 않은 채 일하기도 한다.

유럽연합 국가의 플랫폼 기업들은 일감 배정, 보수, 노동안전, 노동시간, 계정 정지·차단 등 노동조건에 영향을 미치는 알고리즘에 대한 노동자의 알 권리를 계약서에 명시하는 등 제도적 진전이 이루어지고 있지만 한국 플랫폼 노동자는 제도적 보호를 제대로 받지 못하고 있다. 플랫폼 노동에 대한 사회적 보호 방안으로 직종별 표준계약서 정착과 위탁계약의 표준화 등 플랫폼 노동시장의 안정화를 위한 제도적 기반이 시급하게 마련될 필요가 있다.

노동법 사각지대, 5명 미만 사업장 노동자

우리나라는 5명 미만 사업장이 차지하는 비중이 매우 높다. 통계청 '전국사업체조사'에 따르면 1인 자영업자를 제외하고 2021년 말 현재 전체 사업체 248만 개 중 5명 미만 사업체는 180만 개로 72.5%를 차지하고 있고, 노동자 수는 298만 명으로 전체 노동자의 17.6%를 차지했다.

한국노총 중앙연구원(2022)에 따르면 5명 미만 영세사업장에서 일하는 노동자는 다른 노동자들에 비해 임금은 낮고 노동시간이 긴 것으로 나타났다. 구체적으로 2021년 기준으로 5명 미만 사업장 노동자의 월평균 임금은 157만 원으로 전체 노동자 임금 평균인 252만 원에 비해 훨씬 낮았다. 이는 300명 이상 사업장 노동자 임금의 39% 수준에 불과한 금액이었다.

임금과 달리 노동시간은 긴 것으로 나타났다. 5명 미만 사업장 노동자의 주당 노동시간은 39.4시간으로 300명 이상 사업장 노동자(36.9시간)나 전체 노동자 평균(38.1시간)에 비해 더 긴 것으로 나타났다. 이러한 원인 중 하나는 주 52시간제가 적용되지 않았기 때문이다.

기업 내 복지 수준도 열악하다. 시간외수당 적용률은 20.5%로 300명 이상 사업장(81.2%)에 비해 매우 낮다. 퇴직급여 적용률도 44.7%로 300명 이상이 94.6%인 것과 비교하면 매우 낮은 수준이다. 유급휴일 및 연차휴가 수급률이 30.2%, 교육훈련 경험 비율이 18.2%로 그 비율이 각각 93.7%, 97.3%인 300명 이상 사업장에 비해 매우 낮다.

이처럼 5명 미만 사업장 노동자의 처우와 복지가 열악한 이유는 이들이 근로기준법 적용에서 제외돼 시간외수당 가산수당이 없고 연차유급휴가를 적용받지 못하는 등 제도적 사각지대에 놓여 있기 때문이다.

5명 미만 사업장 노동자는 노동조합 조직률도 1.0%로 300명 이상 36.3%, 전체 노동자 평균 12.6%인 것에 비해 매우 낮다. 현재의 임금 및 복지도 열악하지만, 헌법이 보장하고 있는 단결권을 바탕으로 향후 노동조건을 개선할 수단도 거의 없는 상태라고 할 수 있다.

기업 바깥의 사회적 보호도 열악한 상황이다. 국민연금·건강보험·고용보험 등 사회보험 가입률도 다른 노동자들에 비해 매우 낮은 수준이다. 5명 미만 사업장 노동자의 국민연금(직장) 가입률은 39.3%로 300명 이상 94.4% 및 전체 노동자 평균 가입률 69.4%에 비해 매우 낮다. 건강보험(직장) 가입률도 46.9%로 300명 이상 96.6%, 전체 77.0%에 비해 매우 낮은 수준이다. 고용보험 가입률은 46.4%로 300명 이상 95.0%, 전체 75.2%에 비해 낮다.

이처럼 5명 미만 사업장 노동자의 사회보험 가입 비율이 낮은 것은 사업의 영세성으로 기업주가 사회보험 분담금 납부에 큰 부담을 갖기 때문이다. 사업주의 사회보험 가입을 감독하고 독려하는 것이 필요하지만, 이 부담을 줄여주기 위해 정부의 책임 있는 지원이 절실한 상황이다.

불안정 노동자 불평등 개선을 위하여

앞서 살펴본 대로 한국 사회 노동 불평등이 구조화되면서 임금과 노동조건, 복지 차별과 양극화가 심화되고 있다. 비정규직 노동자, 소규모 영세사업장 노동자, 특수형태근로종사자에 더해 새로운 고용형태인 플랫폼 노동자와 프리랜서 노동자 등은 임금 불평등과 노동관계법의 사각지대에 놓여 있다.

다양한 형태의 불안정 노동자의 불평등을 해결하기 위해서는 고용형태, 성, 기업규모에 따른 차별을 금지하거나 최소화하기 위한 제도개선 노력이 필요하다. 플랫폼 프리랜서와 자영업자 등에게도 고용보험을 비롯한 사회보험 가입을 추진할 필요가 있다. 또한 근로기준법 적용을 배제하고 있는 5명 미만 사업장 노동자에게도 근로기준법 적용이 필요하다. 이때는 지불능력이 낮은 소규모 사업주를 대신해 국가가 다양한 지원을 추진하는 것도 고려해야 한다. 계약 형식과 무관하게 자신의 노동을 제공하고 있는 프리랜서, 플랫폼·특수고용 노동자를 포함하여 일하는 모든 사람의 권리를 보장할 법·제도도 절실하다.

지난 21대 국회에서 프리랜서, 플랫폼 노동자의 노동인권을 보장하기 위한 기본법이 추진된 바 있으나 노동자성을 인정받는 것이 우선이라는 주장이 있어 미뤄진 바 있다. 22대 국회에서도 유사한 논의가 이루어지고 있다. 프리랜서, 플랫폼 및 특수고용 노동자를 임금노동자로 인정해야 한다는 일각의 주장이 근거 없는 것은 아니지만, 이들 모두를 임금노동자로 보는 것도 타당하지 않다.

따라서 임금노동자임에도 1인 도급으로 잘못 계약된 오분류 노동자는 임금노동자로 신속히 판단할 수 있도록 하고 동시에 프리랜서, 플랫폼 및 특수고용 노동자를 위한 보호 기본법을 동시에 추진하는 것을 적극 고려해야 한다.

노동조건 개선은 집단적인 노사 교섭을 통해 가능하지만 영세사업장 노동자들은 사업의 영세성 때문에 정상적인 노사관계 구축이 어렵고, 사용자와의 교섭을 통한 임금·노동조건 향상이 쉽지 않다. 특수고용·플랫폼·프리랜서 노동자들은 교섭의 상대로서 사용자를 특정하기가 어렵게 노사관계가 형성되고 있고, 잦은 이동성과 고립성 때문에 노동조합으로 조직화하기가 까다롭다. 노조를 통한 임금교섭이 어려워 노조 가입률이 낮고, 낮은 노동조합 조직률은 임금·노동조건을 개선할 최소한의 가능성도 박탈하는 것이다. 노동시장에서 개별화된 노동자가 힘의 우위에 있는 사용자를 상대해 노동조건을 개선하기 위해서는 집단화된 단결권·단체교섭권·단체행동권이 필요하지만 영세한 사업장의 노동자일수록 실질적인 노동삼권을 보장받지 못한다.

우리 헌법은 노동3권을 보장하고 있다. 헌법가치를 실현하기 위해서는 모든 노동자가 노동3권을 인정받아야 하지만 기업 내 계약관계, 일자리 위협, 사업의 영세성, 사용자 책임의 회피 등에 직면하고 있는 이들 불안정 노동자들은 노동조합을 결성하거나 가입해 활동하기가 쉽지 않다. 그래서 지금의 열악하고 불평등한 노동조건을 미래에 개선할 수 있을지도 의문이 생긴다.

불안정 노동자들이 더 쉽게 노동조합에 가입하고 결성할 수 있도록 제도적 개선도 이루어져야 하고, 사회적 인식 개선도 뒤따라야 한다. 이를 위해서는 산별노조가 맺은 단체협약의 적용을 동종 산업의 노동자들에게 일괄 적용하는 방안도 적극적으로 검토할 필요가 있다. 또한 기존 노동조합도 미조직 불안정 노동자에 대한 적극적인 조직화 노력을 기울여야 한다.

전통적인 조직화 및 교섭 방식을 보완하고 넘어서는 새로운 조직화 방식도 혁신적으로 추진할 필요가 있다. 그 수단 중 하나로 '노동공제'를 검토할 필요가 있다. 이 노동공제를 바탕으로 상호부조를 통한 최소한의 복지를 보장하고, 조직에 대한 소속감과 신뢰감을 형성함으로써 노동조합 조직화의 마중물 역할을 수행할 수 있다.

불평등과 사각지대 해소는 저절로 이루어지지 않는다. 조직된 노동조합의 문제 제기와 국민 다수가 공감할 때 제도적 개선이 이루어질 수 있고, 정부 정책에도 반영될 수 있다. 또한 불평등과 사각지대 해소는 한 번에 이루어지지도 않는다. 꾸준한 사회적 설득을 하나씩이라도 해결하는 것이 필요하다. 마지막으로 불평등과 사각지대 해소는 기득권이 대신할 수 없기에 깨어 있는 노동과 시민사회의 의식적인 노력이 필요하다.

2부

평등한 노동을 위하여

04

노동자 건강권의 쟁점과 과제

유성규
성공회대학교 겸임교수 · 공인노무사

왜 대한민국은 산재왕국으로 불리는가

한국이 언제부터인가 '산재왕국'으로 불리고 있다. 그 이유는 무엇일까. 다른 나라에서도 산재는 발생한다. 재화와 서비스 생산 과정에서 기업이 산재를 예방하는 것 또한 매우 어려운 일이다. 그렇지만 어떤 국가도 산재왕국으로 불리지는 않는다.

한국이 산재와 관련해 많은 이들에게 비판받는 이유는 다음과 같다. 우선, 산재로 사망하는 노동자의 수가 절대적으로 많고 오랜 기간 큰 감소 추세도 보이지 않는다는 점이다.

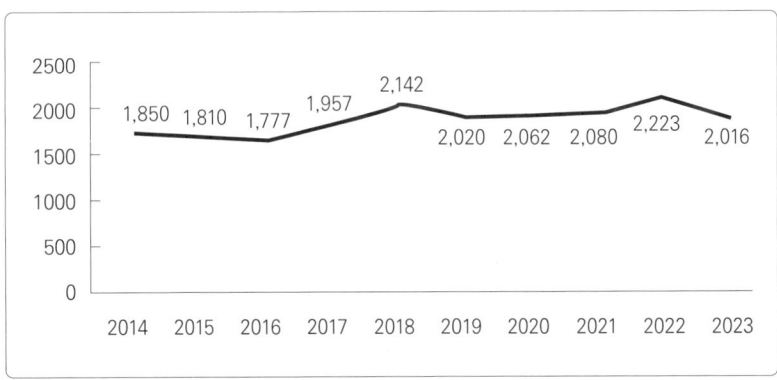

[그림 4-1] 연도별 산재사망자 수 (2014~2023년)

출처: '지표누리' 홈페이지의 표를 그림으로 작성
주) 사망자 수에는 사업장 외 교통사고, 체육행사, 폭력행위, 사고 발생일에서 1년 경과, 통상 출퇴근 사망자는 제외(다만, 운수업, 음식숙박업의 사업장 외 교통사고 사망자는 포함)

노동자 1만 명당 발생하는 산재사망자 수의 비율을 나타내는 산재사망만인율의 경우 2014년부터 2023년까지의 평균값이 1퍼미리아드(‰)를 넘는 높은 수준이었고, 같은 기간 동안 큰 감소 추세 없이 낮아졌다가 높아지기를 반복하였다.

〈표 4-1〉 연도별 산재사망만인율 (2014~2023년)

	2014	2015	2016	2017	2018	2019	2020	2021	2022	2023
산재사망만인율(‰)	1.08	1.01	0.96	1.05	1.12	1.08	1.09	1.07	1.10	0.98

출처: '지표누리' 홈페이지의 표를 편집
주 1) 산재사망만인율=산재사망자 수÷산재보험 적용대상 노동자 수×10,000
   2) 사망자 수에는 사업장 외 교통사고, 체육행사, 폭력행위, 사고 발생일에서 1년 경과, 통상 출퇴근 사망자는 제외(다만, 운수업, 음식숙박업의 사업장 외 교통사고 사망자는 포함)

국가의 경제 수준이 높아지고 경제 규모가 커지면 일반적으로 산재는 감소하는 경향을 보인다. 그런데 한국은 이와 같은 일반적 경향과 달리 오랜 기간 산재가 감소하지 않고 있다. 후술하겠지만 이는 경제 발전의 혜택을 받지 못하는 대규모 노동자군(群), 즉 경제 발전에도 여전히 과거 수준의 안전보건관리하에서 일하는 노동자들이 상존하고 있음을 보여주는 방증이다.

한국 산재사고사망의 특성을 구체적으로 분석해 보면 한국이 산재 왕국으로 불리는 이유를 더 정확하게 확인할 수 있다.

첫째, 산재사고사망이 소규모 사업장에 집중되고 있다. 2023년 산재사고사망인율은 전체 사업장 평균이 0.39‱인데 5명 미만 사업장은 2배가 넘는 0.8‱였다.

둘째, 많은 비용이 들지 않는 기초적인 안전보건관리만으로도 충분히 예방할 수 있는 추락·끼임·부딪힘 등 이른바 '재래형 산재'가 여전히 높은 비중을 차지하고 있다. 2023년 산재사고사망자 812명 중 떨어짐으로 인한 사망자가 286명, 끼임으로 인한 사망자가 88명, 부딪힘으로 인한 사망자가 69명이었다.

셋째, 고령 노동자, 이주노동자, 특수고용 노동자 등 이른바 취약 노동자의 산재사고사망이 높은 비중을 차지하고 있다. 2023년 산재사고사망자 812명 중 55세 이상 노동자는 521명이고, 이주노동자는 85명이다. 산재사고로 사망한 특수고용 노동자는 2019년에 14명에서 2023년에 83명으로 크게 증가했다.

이처럼 산재사고사망이 소규모 사업장 노동자, 고령 노동자, 이주노동자, 특수고용 노동자 등 취약 노동자들에게 집중되고 있고, 이들 중 많은 노동자가 기초적인 안전보건관리만으로도 충분히 예방할 수 있는 산재사고로 희생당하고 있다.

21세기에 일하는 노동자들과 20세기에서 일하는 노동자들이 공존하는 말도 안 되는 현실이 대한민국에서 펼쳐지고 있는 것이다. 대한민국이 산재왕국이라는 비판을 그대로 인정할 수밖에 없는 이유다.

왜 정부의 산재 예방 정책은 실패를 거듭하는가

'사회구조적 접근' 결여된 '기술적, 법적 조치'의 한계

많은 이들은 노동자의 생명과 건강을 위협하거나 사고·질병을 야기하는 원인으로 물리적인 유해위험요인만을 생각한다. 그리고 이와 같은 유해위험요인을 제거·예방하기 위한 기술적, 법적 조치만으로 산재 예방이 가능하다고 믿는 경향이 있다. 그러나 기술적, 법적 조치만으로 산재를 효과적으로 예방하기는 어렵다. 기술적, 법적 조치가 완비되어 있더라도 고용형태, 산업구조, 위험의 외주화 등 사회구조적 문제 탓에 제대로 작동하지 않는 경우가 많기 때문이다.

2016년 사망한 구의역 김군 사건을 예로 살펴보자. 구의역 김군이 사망한 직접적 원인은 스크린도어 수리 중 역사로 진입한 지하철 때문이었다. 그러나 우리는 노동자가 수리 중일 때 어떻게 지하철이 역사로 진입할 수 있는가라는 질문을 던져야 한다. 구의역 김군이 하청노동자가 아닌 원청 소속의 정규직 노동자였다면 이와 같은 믿기 힘든 일이 일어날 수 있었을까.

결국 사회구조적 문제에 대한 접근 없이 기술적, 법적 조치만을 강구하는 것으로는 효과적인 산재 예방은 이루어지기 어렵다. 이는 정부가 오랜 기간 산재 예방을 위해 막대한 예산을 투입하고 있음에도 산재가 줄어들지 않는 주요한 원인이다. 사회구조적 접근이 결여된 기술적, 법적 조치만으로 채워진 산재 예방 정책은 큰 효과를 거두기 어렵다는 점을 간과해서는 안 된다.

무너진 '사회적 합의'와 무기력한 정부

노동자의 생명과 건강은 누가 책임져야 하는가. 당연하게도 노동자를 고용해 이윤을 추구하는 사용자에게 책임이 있다. 이는 기업의 이윤 극대화를 기반으로 하는 시장경제시스템에서도 누구나 동의하고 있는 '사회적 합의'다. 기업을 대변하는 사용자단체조차 노동자의 생명과 건강에 대한 사용자 책임을 부인하지 않는다.

이에 노동안전보건법제 역시 노동자를 고용한 사용자의 법적 의무와 책임들을 꼼꼼하게 규율하고 있다. 그러나 최근 나타나고 있는 고용형태의 변화, 산업구조의 변화, 위험의 외주화 등은 이와 같은 사회적 합의에 심각한 균열을 일으키고 있다. 노동자의 노동을 통해 이익을 향유하는 자는 분명하지만 그 이익 창출 과정에서 발생하는 위험을 책임지는 자는 사라져 버린 비상식적인 상황이 만들어졌기 때문이다.

최근 급증하고 있는 배달 라이더를 예로 살펴보자. 배달 라이더는 그 노동 과정에서 교통사고, 고객 갑질 등 위험에 상시적으로 노출된다. 그러나 이에 대한 사용자 책임을 음식을 주문한 고객이 지는지, 음식 배달을 위탁한 식당이 지는지, 배달을 중개하는 플랫폼 기업이 지는지는 불분명하다. 정부는 이와 같은 상황에서 한없이 무기력할 뿐이다.

'허상'에 불과한 정부의 '자기규율 예방체계'

시장경제시스템에서 모든 기업은 이윤 극대화를 추구한다. 그리고 이윤을 추구하는 과정에서 인간의 존엄성, 생명의 소중함과 같은 기본적 가치들은 무시되기 일쑤다. 그 결과 기업의 이윤 극대화 과정에서 수많은 노동자가 생명과 건강을 잃는다.

이윤 극대화는 기업의 속성이자 존재 이유이기에 법·제도가 견고하게 기업을 막아서지 않는다면, 기업은 이윤 축적을 위해서 그 잔인함을 노골적으로 드러낸다. 이에 견고한 노동안전보건법제에 기초한 충실한 예방감독행정은 산재 예방을 위한 가장 기초적인 전제조건이다.

그러나 정부는 최근 기업의 자율적인 노력에 기대어 산재를 예방한다는 이른바 '자기규율 예방체계'를 추진하고 있다. 이는 마치 사냥과 육식 본능을 지닌 맹수를 자기규율이라는 이름으로 초식 동물들 사이에 풀어놓는 격이다. 이윤 극대화를 존재 이유로 삼는 기업에 자율적인 산재 예방을 기대하는 것은 사실상 불가능에 도전하는 것과 다를 바 없다. 견고한 노동안전보건법제에 기초한 충실한 예방감독행정은 맹수의 본능으로부터 안전을 보장받기 위한 최소한의 안전장치임을 잊어서는 안 된다.

왜 노동안전보건법제는 참혹한 현실 앞에서 무기력한가

변화를 따라잡지 못하는 산업안전보건법

현행 노동안전보건법제는 1981년 제정된 산업안전보건법에 기초하고 있다. 주지하듯이 1981년 당시에는 비정규직 노동자, 특수고용 노동자, 플랫폼 노동자, 프리랜서 같은 비전형적인 고용형태를 찾아보기 힘든 때였다. 당연하게도 당시 산업안전보건법은 근로기준법상 노동자 보호를 중심으로 구축되었고, 전통적인 근로계약관계에서 벗어난 비전형적 고용형태에 대한 고민 자체를 담고 있지 않았다.

문제는 현행 산업안전보건법이 1981년 체제에서 크게 벗어나지 못한 채 전통적 근로계약관계에서 일하는 노동자 보호만을 중심으로 구성되어 있다는 점이다. 따라서 비정규직 노동자이거나 근로기준법상 노동자로 인정받지 못하면 사고나 질병을 예방하기 위한 산업안전보건법의 보호를 제대로 받지 못한다.

결과적으로 이는 비정규직 노동자, 특수고용 노동자, 플랫폼 노동자, 프리랜서 같은 비전형적인 고용형태의 노동자들이 사실상 노동안전보건법제의 사각지대에 방치되는 현실로 이어지고 있다.

물론 산업안전보건법 개정을 통해 비전형적인 고용형태의 노동자들을 보호하는 법·제도가 구축되기 시작했으나, 아직은 그 보호 대상에 일부만이 포함되어 있을 뿐이고 그 보호 내용 역시 불완전하여 이들의 생명과 건강을 제대로 보호하기 어려운 것이 현실이다.

여전히 정규직 보호에만 집중하는 노동안전보건법제

최근 보편화된 기간제·파견 노동 등 비정규직 고용은 사업장의 노동환경에 익숙하지 않은 단기고용 노동자 양산으로 이어진다. 이는 기업 입장에서는 안전보건조치를 등한시하는 유인이 되기도 한다. 단기간 고용되는 인력을 위한 안전보건 예산을 확보하고 설비와 시스템을 갖추는 기업은 많지 않기 때문이다.

단기고용은 산재 예방을 위해 필수적인 안전보건교육 자체도 이뤄지기 힘든 구조를 만들어 낸다. 잦은 이직을 특징으로 하는 단기고용에서 체계적이고 내실 있는 교육을 기대하기 어렵기 때문이다. 이에 비정규직 고용은 고용의 불안정을 넘어 노동자의 생명과 건강을 위협하는 치명적인 유해위험요인으로 작동한다.

그러나 현행 노동안전보건법제는 여전히 정규직 고용을 전제로 한 내용만을 중심으로 구성되어 있다. 일례로 산업안전보건법 내용 중에서 단기고용, 잦은 이직을 특징으로 하는 비정규직 노동자에 대한 규정은 찾아보기 어렵다. 현행 노동안전보건법제가 비정규직 노동자들에게 산재가 집중되는 참혹한 현실 앞에서 무기력한 것은 안타깝지만 당연한 결과일 수 있다.

새로운 유해위험요인을 방치한 노동안전보건법제

2023년 업무상 질병으로 사망한 노동자 1천204명 중 뇌심혈관계질환으로 사망한 노동자는 364명으로 진폐로 사망한 노동자들 다음으로 많았다. 진폐로 사망한 노동자 중에는 과거에 진폐증에 걸려 치료받다가 사망한 사람들이 다수 포함되어 있다. 또한 산업구조 변화에 따라 진폐로 인한 사망은 앞으로 감소할 것으로 예측된다. 이와 같은 점 등을 고려하면 업무상 질병에서 뇌심질환으로 인한 사망이 가장 심각한 문제라고 봐도 과언이 아닐 듯하다.

뇌심질환이 주로 스트레스·과로에서 기인한다는 점을 고려하면, 우리 사회의 스트레스와 과로의 문제는 매우 심각한 수준이라고 평가할 수 있다. 최근 우울증·외상후스트레스증후군(PTSD) 등 정신질환으로 산재를 인정받는 노동자들이 크게 늘었다는 사실도 이를 방증한다.

산업구조에서 서비스업·IT 산업 등 새로운 산업이 차지하는 비중이 커지면서 직업병의 양상도 변화하고 있는 것이다. 그러나 노동안전보건법제는 1981년 산업안전보건법이 제정될 당시와 마찬가지로 제조업·건설업에만 집중하고 있다. 일례로 산재 예방을 위한 가장 중요한 법률인 산업안전보건법에서조차 노동자들의 스트레스나 과로를 예방하기 위한 실질적인 내용을 찾아보기 어려운 것이 현실이다.

'위험의 외주화'에 무기력한 노동안전보건법제

'위험의 외주화'란 기업이 법적 책임을 피하기 위해 산재를 야기하는 유해위험 업무, 작업공정 등을 하청기업에 떠넘기는 현상을 의미한다. 위험의 외주화는 우리 사회에서 이제 고유명사처럼 사용된다. 이처럼 위험의 외주화는 우리 사회에 널리 퍼진 병폐가 되었다.

산재를 예방하기 위해서는 상당한 예산·인력·시스템·설비 등이 필요하다. 그러나 위험의 외주화를 통해 유해위험 업무를 떠맡게 되는 하청기업은 이를 제대로 갖추지 못한 소규모 영세기업인 경우가 많다.

더욱이 하청은 한 단계에서 그치지 않고 재하청을 거듭하는 경우가 많다. 재하청을 거듭하면서 그 위험은 눈덩이처럼 커지게 된다. 일반적으로 하청의 단계가 늘어날수록 사고나 질병을 예방하기 위한 기업의 관리 능력은 반비례하여 낮아지기 때문이다. 마치 폭탄 돌리기 같은 위험의 위주화 맨 마지막 단계에서 노동자들이 직면하는 위험은 더욱 치명적일 수밖에 없다.

실제로 2023년에 업무상 사고 사망자 812명 중 78.4%인 637명이 50명 미만 사업장에서 목숨을 잃었고, 54.6%인 443명이 기초적인 안전보건조치로 예방할 수 있는 떨어짐·끼임·부딪힘 사고로 사망했다. 과거 메탄올에 실명된 청년들, 구의역 김군, 김용균 노동자는 모두 위험의 외주화로 인한 피해자들이다. 위험의 외주화를 막기 위해 산업안전보건법이 개정되기도 했으나, 여전히 위험의 외주화를 통해 책임을 회피하고 이익만을 향유하는 기업들을 뉴스에서 찾는 것은 힘든 일이 아니다.

'위험의 이주화'와 '위험의 고령화'에 무기력한 노동안전보건법제

위험이 외주화를 넘어 이주화되고 있다. 2022년 산재사고사망자

874명 중 9.7%인 85명이 이주노동자였고, 2023년 산재사고사망자 812명 중 10.5%인 85명이 이주노동자였다. 이주노동자가 전체 노동자에서 차지하는 비중을 고려할 때 위험이 이주화되고 있다고 평가하기에 충분한 통계 수치다.

이와 같은 현상은 내국인이 취업을 기피하여 이주노동자들이 주로 취업하는 노동시장이 존재하는 이른바 '노동시장의 분절'에 기인한 것으로 보인다. 내국인이 취업을 꺼리는 사업장은 대부분 임금 및 근로조건이 열악하거나 유해위험도가 높아 산재 발생 가능성이 큰 소규모 영세사업장이다.

소규모 영세사업장은 대부분 안전보건을 위한 예산·인력·시설 등이 부족하므로 유해위험도가 높다. 여기에 한국의 언어와 문화, 작업장 환경 등에 익숙하지 않은 이주노동자의 특성이 더해지면, 그 유해위험도는 더 높아진다. 안타깝지만 앞서 살펴본 통계 수치는 어쩌면 필연적인 결과였다고 볼 수 있다.

위험의 고령화도 심각하다. 2023년 산재사고사망자 812명 중 64.2%인 521명이 55세 이상 노동자였다. 산재사고사망자 중 60세 이상 노동자가 차지하는 비중은 2014년에 28.9%였으나 2023년에 45.8%로 크게 높아졌다.

이와 같은 현상 역시 위험의 이주화와 같은 이유로 설명할 수 있다. 젊은 노동자들이 취업을 꺼리는 사업장의 높은 유해위험도가 고령 노동자들의 취약성과 결합해 더 높은 유해위험도로 이어진 결과로 볼 수 있다.

〈표 4-2〉 2023년 연령별 산재사고재해자 수 및 산재사고사망자 수

구 분	2023년 1~12월	
	산재사고재해자 수	산재사고사망자 수
총 계	113,465	812
18세 미만	43	0
18~24세	4,035	14
25~29세	7,644	21
30~34세	8,389	25
35~39세	7,551	28
40~44세	9,658	44
45~49세	10,072	65
50~54세	13,729	94
55~59세	16,467	149
60세 이상	35,877	372

출처: 고용노동부, 2023년 12월 말 산업재해현황. 2024년의 표를 편집

위험의 이주화와 고령화로 인해 산재가 이주노동자, 고령 노동자에게 집중되고 있으나 현행 산업안전보건법이나 정부의 산재 예방 정책에서 이에 대한 효과적인 대책을 발견하기는 어렵다. 일례로 최근 아리셀 참사 이후 고용노동부가 이주노동자 산재 예방 대책을 내놓았으나, 효과가 낮은 것으로 드러난 기존 대책을 다시 내놓은 수준으로 평가된다.

노동자와 사업장은 다양하고 각 노동자군별, 사업장군별로 다양한 특성을 지니고 있다. 노동자와 사업장의 특성을 구체적으로 반영하지 않은 추상적이고 원론적인 수준의 대책으로는 효과적인 산재 예방을 이루기 어렵다.

노동안전보건법제 사각지대에 놓인 새로운 고용형태

최근 플랫폼 노동자, 특수고용 노동자, 프리랜서 등 다양한 이름으로 불리는 새로운 고용형태 노동자들이 증가하였다. 그 결과 이들의 생명과 건강을 누가 책임질 것인가에 대한 새로운 사회적 합의가 필요하게 되었다. 그러나 이를 위한 입법은 물론 입법을 위한 사회적 논의조차 매우 더딘 상황이다.

새로운 사회적 합의가 지체되는 사이 새로운 고용형태 노동자들은 사실상 법·제도의 사각지대에서 자신의 생명과 건강을 내놓고 일해야 하는 상황을 매일 직면하고 있다. 일례로 2022년과 2023년에 산재 승인이 가장 많았던 기업은 건설업체나 제조업체가 아닌 배달라이더들이 속한 배달물류서비스업체였다.

더욱이 이와 같은 제도적 공백이 장기화되면서 전통적 고용형태를 유지하던 기업들조차 그 제도적 공백 사이로 밀려들고 있다. 이는 노동안전보건법제의 사각지대에서 일하는 노동자들의 증가로 이어질 수 있기에, 새로운 사회적 합의를 도출하기 위한 사회적 논의를 한시라도 빨리 서둘러야 한다.

중대재해처벌법의 한계

중대재해 처벌 등에 관한 법률(중대재해처벌법)은 입법 당시부터 산재 예방은 물론 위험의 외주화를 제어할 수 있는 유력한 법적 장치가 될 것으로 기대되었다. 중대재해처벌법은 2000년대 초반부터 시민사회가 펼쳤던 기업살인법 제정 운동의 성과이자, 김용균 노동자의 죽음에 대한 시민사회의 공분과 공론의 결과였기 때문이다.

문제는 5명 미만 사업장에 아직까지 중대재해처벌법이 적용되지 않고 있다는 점이다. 5명 미만 사업장에서 산재사고사망이 다발하고 있음은 주지의 사실이다. 2023년 산재사고사망자 812명 중 34.2%인 278명이 5명 미만 사업장에서 발생했다. 결국 어렵게 만들어진 중대재해처벌법이 정작 산재사고사망이 다발하는 곳에 적용되지 않고 있는 것이다.

한편 현행 중대재해처벌법에 따르면 중대재해 발생 시 원청을 처벌하기 위해서는 원청이 하청을 실질적으로 지배·운영·관리했음이 인정되어야 하는데, 사내하청 이외의 원·하청 구조에서는 이를 인정하는 것이 구조적으로 어렵다. 또한 원청이 하청을 실질적으로 지배·운영·관리했더라도, 법 위반과 중대재해 발생 간의 인과관계가 인정되어야 하는데, 이 역시 인정되기 어렵다.

결국 앞서 살펴본 문제점들로 인해 중대재해처벌법은 입법 당시의 기대와 달리 위험의 외주화를 제어할 수 있는 법·제도로 제대로 기능하지 못하고 있는 상황이다.

산재보험의 문제점

산재보험은 국내 사회보험들 중에서 가장 먼저 시행된 제도로서, 산재를 당한 노동자의 치료·보상·재활 등을 위한 매우 중요한 사회안전망이다. 그러나 현행 산재보험은 그 운영 과정 전반에서 많은 문제점을 노출하고 있으며, 이는 수많은 산재 노동자가 차별받고 배제되는 결과로 이어지고 있다.

산재보험은 모든 노동자에게 보편적으로 적용되지 않는다. 현행 산재보험법은 '가구 내 고용활동', '농업·임업(벌목업은 제외), 어업 및 수렵업 중 법인이 아닌 자의 사업으로서 상시노동자 수가 5명 미만인 사업' 등을 적용 제외 사업으로 정하고 있다. 또한 최근 빠르게 증가한 특수고용 노동자, 플랫폼 노동자, 프리랜서 등 새로운 고용형태에 대해서는 일부 직종에만 적용되고 있을 뿐이다.

사업주의 산재은폐 압력, 노동자의 미인식 등으로 산재보험의 혜택을 받지 못하는 산재 노동자들이 많다는 것은 상식이지만, 이에 대한 제도적 보완은 시도조차 되지 않고 있다. 산재에 대한 입증책임이 산재 노동자에게 전가됨으로써 산재가 분명함에도 사업주의 비협조 등으로 산재로 인정받지 못하는 경우도 많이 발생한다. 산재 노동자가 입증자료를 확보하기 위해 소송을 벌여야 하는 어처구니없는 일까지 발생하고 있다. 61세 이상 노동자, 일부 특수고용 노동자 등에게는 산재가 인정되더라도 차별적 보상이 이뤄지기도 한다.

이처럼 산재보험은 사회보험임을 대내외적으로 천명하고 있고 2024년에 시행 60주년을 맞았으나, 아직까지도 사회보험으로서 제 기능을 다하고 있지 못하다.

그렇다면, 무엇을 해야 할 것인가

'모든 일하는 사람을 보호하는 산업안전보건법'으로

 모든 일하는 사람을 보호하기 위한 산업안전보건법 마련이 필요하다. 산업안전보건법은 노동자의 생명과 건강을 보호하는 사실상 유일한 법률인데도 근로기준법상 노동자성을 인정받지 못하는 사람들, 기간제·파견 등 비정규직 노동자, 위험이 외주화되고 있는 소규모 하청기업 노동자 등을 제대로 보호하지 못하고 있다.

 근로기준법상 노동자성 유무와 상관없이 모든 일하는 사람을 보호 대상으로 하는 법률로 재편되어야 한다. 이와 관련하여 안전보건조치 의무를 누가 이행할 것인가가 법적 쟁점이 될 수 있는데, 현행 산업안전보건법이 프랜차이즈 가맹본부의 산재예방조치 의무, 배달종사자에 대한 안전조치 의무 등을 규정하고 있음을 고려할 때 이는 입법 기술적으로 충분히 해결할 수 있다. 단기고용·저숙련을 특징으로 하는 기간제·파견 노동자 등 비정규직 노동자를 보호하기 위한 안전보건조치의 내용이 대폭 보강되어야 한다. 단기고용, 저숙련에 기인한 유해위험의 특수성을 고려한 세심한 입법이 필요하다.

 위험의 외주화로 이익을 향유하고 있는 원청 기업들이 이익에 비례한 책임을 다할 수 있는 법적 장치들도 강구되어야 한다. 이를 위해서 무엇보다 현행 도급금지 범위를 대폭 확대해야 한다. 또한 단순히 처벌 강화만이 아니라 원청이 하청에 산재 예방을 위한 재정적·기술적 지원 등을 하도록 의무화하는 내용의 입법도 필요하다.

노동자 생명안전기본 3권의 보장

현행 산업안전보건법은 산재 예방의 주체로 사업주를 상정하고 노동자는 객체로 상정하고 있다. 즉 현행 산업안전보건법은 노동자를 사업주가 이행하는 안전보건조치의 대상이자 협력자 정도로 상정하고 있을 뿐이다. 이에 과거 산업안전보건법 개정에서도 주로 사업주의 의무 강화에만 초점을 맞추고 노동자의 권리 강화는 거의 이뤄지지 않았다. 사업주 의무 강화만이 아니라 노동자 권리 강화를 통해 산재를 예방할 수 있도록 산업안전보건법 규율 방식을 변경할 필요성이 있다. 노동자의 권리 강화는 크게 세 가지 측면에서 이뤄져야 한다. 필자는 이를 노동자 생명안전기본 3권으로 명명하고자 한다. 노동자 생명안전기본 3권의 보장은 효과적인 산재 예방을 위한 중요한 제도적 기초가 될 수 있다.

첫째, '알 권리'의 확보가 필요하다. 노동자가 자신의 생명과 건강을 위협하는 유해위험요인이 무엇인지 정확히 알 수 있어야 한다. 알 권리에는 유해위험요인에 대한 정태적 정보뿐만 아니라 사고 발생, 위험 징후와 같은 동태적 정보에 대한 권리까지 포함되어야 한다.

둘째, '참여할 권리'의 확보가 필요하다. 노동자가 자신의 생명과 건강에 영향을 줄 수 있는 의사결정 과정에 참여할 수 있어야 한다. 참여할 권리에는 유해위험성을 증가시키는 의사결정에 참여해 이를 막는 소극적 권리뿐만 아니라 유해위험성을 감소시키는 의사결정을 관철하는 적극적 권리까지 포함되어야 한다.

셋째, '피할 권리'의 확보가 필요하다. 노동자가 자신의 생명과 건강을 위협하는 유해위험요인을 자유롭게 피할 수 있는 권리가 확보되어야 한다. 현행 산업안전보건법상 작업중지권 역시 피할 권리에 포함되는 권리다. 피할 권리에는 유해위험물질, 사고위험 등 물리적 유해위험요인에서 피할 권리뿐만 아니라 고객 갑질, 직장 내 괴롭힘 등 정신적 유해위험요인으로부터 피할 권리까지도 포함되어야 한다.

전문성을 지닌 '산업안전보건청' 설립

산업안전보건청 설립이 필요하다. 노동자의 생명과 건강을 보호하기 위한 노동안전보건법제가 정비되더라도 이를 현실에서 집행하기 위한 예방감독행정력이 확보되지 않는다면 산재 예방 효과가 나타나기 어렵다. 산업안전보건법을 지속적으로 개정하고 매년 많은 예산을 투입하고 있음에도 불구하고 뚜렷한 산재 감소가 나타나지 않는 주요한 이유 중 하나는 충분한 예방감독행정력이 확보되지 않았기 때문이다.

예방감독행정력을 강화하기 위해서는 전문성과 경험을 갖춘 인력을 충분하게 확보할 필요성이 있다. 그러나 현재의 고용노동부의 상황을 살펴보면 임금체불 감독에 상당한 인력이 투입될 수밖에 없는 상황이고, 일반근로감독관이 인사발령에 따라 산업안전감독관으로 배치되다 보니 전문성이 축적되기 어려운 구조다. 또한 산재감소를 위해서는 소규모 영세사업장과 새로운 고용형태 등에 대한 지속적인 감독과 지원, 새로운 유해위험요인에 대한 지속적인 연구 등이 필요하지만 현재의 고용노동부 산업안전본부 체계에서는 이를 실행하기 어려운 것도 사실이다. 전문성을 갖추고 지속적인 예방감독행정을 효과적으로 펼칠 수 있는 산업안전보건청 설립이 시급하다.

'실효성 있는 중대재해처벌법'으로

중대재해처벌법 개정이 시급하다. 위험의 외주화 등으로 인해 소규모 영세사업장에 산재가 집중되고 있다. 따라서 5명 미만 사업장에 중대재해처벌법을 조속히 적용해야 한다. 원청이 하청의 중대재해 발생에 대한 책임이 있음에도 불구하고 하청을 실질적으로 지배·운영·관리하지 않았다는 이유로 처벌을 피해 가는 문제점을 해결하기 위한 보완 입법이 필요하다.

현행 중대재해처벌법은 법 위반 여부를 사실상 시행령상 조치 이행 여부로 판단하고 있는데, 이는 기업들이 중대재해 예방을 위한 실질적 조치의 실행이 아닌 시행령에 맞춘 형식적 자료 작성에만 집중하는 문제로 이어지고 있다. 법 위반 여부를 실질적 조치 이행 여부로 판단할 수 있도록 하는 보완 입법이 필요하다.

한편 현행 중대재해처벌법은 법 위반과 중대재해 발생 간 인과관계 입증이 있어야 처벌이 가능한 구조인데, 이는 중대재해를 야기한 기업이 처벌을 피해 가는 비상구로 기능하고 있다. 환경범죄 등의 단속 및 가중처벌에 관한 법률(환경범죄단속법)에서 규정하고 있는 인과관계 추정 규정 등을 조속히 도입할 필요성이 있다.

산재 취약 노동자 보호를 위한 적극적 산재 예방 정책

산재 취약 노동자 산재 예방을 위한 전폭적인 지원이 필요하다. 소규모 영세사업장에 산재가 집중되고 있으나 이들 소규모 영세사업장은 산재를 예방하기 위한 재정적, 기술적, 인적 능력 등이 부족한 것이 현실이다. 이에 이들 소규모 영세사업장에서는 단순히 처벌 강화만으로 산재 예방이 이뤄지기 어렵다. 소규모 영세사업장 예방감독뿐만 아니라 재정적, 기술적, 인적 지원 등을 대폭 강화해야 한다.

특수고용 노동자, 플랫폼 노동자, 프리랜서 등 안전보건을 책임지는 법적 주체가 명확하지 않은 고용형태에 대해서는 정부가 직접 나서 사업주의 역할을 자임할 필요성이 있다. 물론 궁극적인 해결책은 입법을 통해 이들의 안전보건을 책임지는 법적 주체를 명확히 하는 것이지만, 입법에 상당한 시간이 소요될 것으로 예상되고 입법이 되더라도 노동법상 사용자 수준의 책임을 부과하기는 어려울 것으로 예상된다. 따라서 특수고용 노동자, 플랫폼 노동자, 프리랜서 등에 대한 안전보건관리, 일상적 건강관리 등을 위한 정부의 역할을 대폭 강화할 필요성이 있다.

특히 지자체의 경우는 고용노동부와 달리 근로기준법상 노동자성과 상관없이 비교적 자유롭게 다양한 지원 정책을 펼칠 수 있으므로, 지자체의 역할과 권한을 강화하는 방안도 적극적으로 모색할 필요가 있다.

산재보험 개혁을 위한 '선 보장 제도'의 시행

산재보험이 사회보험으로 올바르게 자리매김할 수 있도록 대대적인 제도 개혁이 필요하다. 이를 위해 우선 고려할 수 있는 제도개선 방안이 '선 보장 제도'다. 선 보장 제도가 앞서 살펴본 산재보험의 운영상 문제점을 모두 해결할 수는 없으나 산재보험 개혁을 위한 중요한 제도적 출발점이 될 수 있다.

선 보장 제도는 산재 노동자가 의료기관을 방문하면 주치의의 분류에 따라 산재보험이 자동으로 적용되도록 하는 제도다. 산재보험이 자동적으로 적용되면 휴업급여·요양급여 등이 우선 보장되고, 추후 산재판정기구에서 불승인될 경우에는 사후 정산하는 구조다. 물론 사후 정산을 하지 않는 구조로도 설계가 가능하다. 결국 선 보장 제도는 현행 건강보험의 보상 프로세스를 산재보험에 적용하는 것이라고 할 수 있다.

선 보장 제도가 도입되면 사업주의 은폐 압력, 산재 노동자의 미인식 등으로 인한 산재보험 미신청 문제는 거의 사라질 것이다. 또한 입증책임이 노동자가 아닌 산재판정기구에 있으므로, 노동자의 입증능력 부족에 기인한 산재보험 적용상 차별은 거의 사라질 것이다.

선 보장 제도는 산재보험이 사회보험으로 올바르게 자리매김할 수 있는 효과적인 방안이자 산재보험 개혁을 위한 중요한 제도적 출발점이 될 수 있다.

05

초고령사회, 정년연장을 넘어 지속가능한 고용으로

이상호
성공회대학교 초빙교수

고령자 고용대책, 정년연장만이 해답인가

2025년 한국은 65세 이상 인구 비중이 전체 대비 20%를 넘는 초고령사회에 진입하였다. 초고령사회는 대한민국 노동시장이 직면한 큰 도전 중 하나다. 이러한 상황에서 고령 노동자의 고용활성화를 위한 다양한 해법들이 제시되고 있다. 휴지 줍기 같은 노인 근로사업은 많이 줄어들었지만, 정부가 지원하는 고령자에 대한 근로장려금이나 고용보조금 등은 여전히 제대로 된 일자리 제공보다는 생계형 소득보전을 목적으로 하는 경우가 다반사다. 이런 노인 일자리는 대부분 저임금, 단기고용, 열악한 노동환경을 특징으로 한다고 평가할 수 있다.

다른 한편으로 전문직, 대기업과 공공기관에 종사하는 중장년 재직자들에게 가장 뜨거운 이슈는 법정 정년의 추가적 연장이다. 정년연장은 세대 간, 직업 간, 성별 간 이견으로 논란이 매우 큰 사회적 이슈임이 분명하다.

수명이 길어지고 절대인구가 감소하고 있는 상황에서 고령 노동자가 원하는 만큼 더 일할 수 있도록 하자는 데에 반대하는 사람은 없을 것이다. 그러나 노동시장에서 고령 노동자의 몫이 커지면 커질수록 이로 인해 발생하는 부작용 또한 상당한 게 현실이다. 노동시장의 역동성을 떨어뜨리거나 생산성에 조응하지 못하는 인건비 상승이 유발될 수도 있다.

더욱이 디지털 전환과 기후위기로 인해 새로운 일자리 창출 여력이 소진되고 있는 상황에서 고령자 정년연장의 근거로 단순히 부족한 필요노동량의 절대량만을 강조하는 노동공급적 시각에 근본적 의문도 제기되고 있다.

그렇기 때문에 초고령사회로 진입하는 현실에도 불구하고 추가적인 법정 정년연장은 조심스럽다. 정년연장에 상응하는 노동시간, 교육훈련, 임금소득의 연계와 조정 등 관련된 보완조치를 동반하면서 점진적인 방식으로 도입되어야 한다는 주장이 설득력을 얻고 있다. 최근 들어 일률적인 정년연장보다 맞춤형 고용 연장이나 외국의 계속고용 방안들이 사회적으로 주목받고 있는데, 이는 고령 노동자의 고용 활성화에 대한 다각적이고 종합적인 접근이 필요하다는 것을 시사한다.

이러한 문제의식에 따라 이 글에서는 초고령사회 실태와 고령자 노동시장의 문제를 살펴보고, 법정 정년연장을 둘러싼 찬반 논란을 분석하고 대안을 제시할 것이다. 이어 지속가능한 일자리를 위한 계속고용 제도화 방안을 검토하고 고령 노동자의 고용 활성화를 위해 필요한 추가적인 보완조치를 제안하고자 한다.

초고령사회 실태와 고령자 노동시장의 문제[3]

초고령사회로 진입하는 대한민국

한국은 인구 고령화가 가장 빠르게 진행되는 국가로 알려져 있다.

---

[3] 이 장은 이상호(2024a), '저출산·고령화 등 인구구조 변화에 대응하는 고용노동정책', 출처: 이창현 외(2024), 『대한민국 대전환을 위한 혁신 아젠다 1』(푸른나무)의 내용을 수정·보완하여 작성함.

2025년에는 초고령사회로 진입했다. 초고령사회란 고령자 비중이 20% 이상인 사회를 의미하는데 7% 이상인 고령사회에서 초고령사회로 바뀌는 데 독일은 36년, 미국은 15년, 일본은 10년이 걸렸다. 그런데 우리나라는 고작 7년밖에 걸리지 않았다. 생산연령인구(15~64세)는 2019년을 정점으로 매년 감소하고 있다. 2050년에는 2019년 대비 3분의 1 이상 줄어들 것으로 전망된다.

우리나라의 생산가능인구는 2019년 3천763만 명이었는데 2025년에는 3천561만 명, 2030년에는 3천381만 명, 2040년에는 2천852만 명, 2050년에는 2천419만 명으로 줄어들 것으로 예상된다.

고령화 추세에 따라 중위연령이 급격하게 상승하는 경향을 보이고 있다. 2022년 45세인 중위연령이 2070년에는 62.2세로 증가할 것으로 예측된다. 자연적인 인구감소를 제어하지 못할 경우 2052년 이후 절대인구는 연간 50만 명 이상 감소할 것으로 보인다. 출생아 감소와 늘어난 노인인구에 따르는 사망자 증가로 연간 절대인구는 지속적으로 감소하고 있다. 절대인구는 2028년 5천194만 명으로 정점을 찍고 2050년에는 4천774만 명으로 감소할 것으로 예상된다.(관계부처 합동, 2020)

10년 주기로 연령대별 생산가능인구 감소 가속

앞에서 살펴본 바와 같이 지난 10년 전부터 생산가능인구 감소 속도가 매우 빨라지고 있다. 특히 교육연령기 이후 노동시장에 진입해서 핵심적인 생산가능인구를 구성하는 25세부터 49세까지의 인구가 가장 감소 폭이 큰 것으로 나타난다.

    2050년을 기준으로 전후 기간을 2022년과 2072년으로 설정하고 이를 둘로 나누어 두 기간 동안 주요 연령집단별 인구수 변화를 살펴보면 [그림 5-1]과 같다.(황덕순, 2024: 14) 이에 따르면 2022년부터 2050년 사이에 25~49세 인구는 726만 명이 줄어들고, 2050년부터 2072년 사이는 397만 명이 감소하는 것으로 예측된다. 65세 이상 인구는 2022년부터 2050년 사이에 80세 이상을 중심으로 993만 명 증가하는 반면, 2050년부터 2072년 사이는 164만 명 감소한다.

[그림 5-1] 연령집단별 인구 증감 추이 (2022~2050년, 2050~2072년)

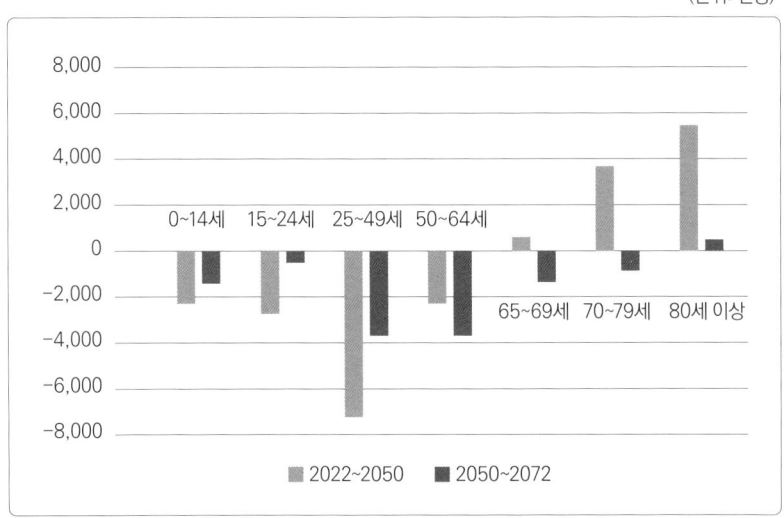

자료: 통계청, 장래인구추계, 2022~2072년 원자료를 이용하여 작성(www.kosis.kr), 재인용: 황덕순(2024: 14)

이러한 연령집단별 인구구조의 급격한 변화는 생산가능인구가 이미 빠르게 감소하고 있다는 것을 보여주며 임박한 생산가능인구의 급감 현상에 대한 대응이 매우 시급하다는 사실을 보여준다.

역삼각형으로 변화하고 있는 인구구조

한편 2021년 현재 베이비붐 세대(1955~1963년생)는 700만 명에 이른다. 이들이 은퇴를 시작하면 노인인구 비율이 급격히 늘어나 2033년에는 1천427만 명에 이를 것으로 예상된다. 2030년 이들 베이비붐 세대가 초고령층(75세 이상)에 진입하게 되면 노년부양비율은 더욱 높아질 것이다. 이에 따라 2020년 노년부양비는 21.8이지만, 2030년 38.6, 2050년 78.6, 2070년 100.6에 이를 것으로 예상된다. 이와 반대로 신생아 출생은 급격하게 줄어들고 있다.

대한민국은 현재 세계에서 가장 낮은 출산율을 기록하고 있는 국가다. 2022년 기준으로 합계출산율은 0.78로, 이는 인구대체율인 2.1명에 훨씬 못 미치는 수치다. 이 수치는 전 세계 201개국 중 201위(2020 UN 인구보고서)에 해당한다. 우리는 OECD 국가 중 유일하게 합계출산율이 1보다 낮은 국가다. 지금 한국은 지속적인 저출산으로 인해 절대인구가 감소하고 세계 최고 수준의 고령화로 인해 인구구조가 역삼각형으로 급격하게 변화하고 있다.(관계부처 합동, 2021a)

저성장기 초고령사회로 인한 사회경제적 충격

노동공급 축소로 대표되는 인구구조의 급격한 변화는 소비와 투자에 부정적인 영향을 미치면서 성장잠재력을 훼손하고 있다. 손욱 외 (2018)는 이러한 저출산·고령화 추세가 지속될 경우 2030년대 중반 이후 우리나라는 제로성장에 이르고 소비 부족과 내수 부진으로 물가상승률이 1%에도 미치지 못하는 장기 불황에 빠질 수 있다고 경고했다. 이와 같이 시간이 지남에 따라 역삼각형 인구구조의 변화는 노동시장, 지역, 산업 등 사회경제 전반에 광범위한 영향을 미칠 것으로 예상된다.

생산연령인구는 2019년을 정점으로 매년 30만~50만 명씩 감소하고 있다. 가장 큰 문제는 청년인구, 특히 19~35세 이하 인구가 급격하게 감소하고 있다는 점이다. 학령인구 감소로 전체 인력공급이 계속 줄어들 것이 분명하기 때문에 신규인력에 대한 수요가 공급보다 많아질 것으로 예상된다. 그러나 이러한 노동시장의 공급 전망 또한 면밀히 따져보아야 한다. 과거에 은퇴 시기였던 60~70대 고령자의 노동시장 참여율이 최근 들어 매우 빠르게 늘어나고 있는 상황에서 노동공급의 감소라는 단순한 예측은 상당히 조심스럽다.

또한 노동수요 측면에서 디지털 전환과 기후위기라는 거대한 산업전환 추세가 노동시장에 미치는 효과도 세밀하게 분석해야 한다. 상당한 논란이 존재하지만, 이러한 인공지능(AI)과 데이터화로 대표되는 디지털 전환으로 인해 필요 노동력이 줄어들 수밖에 없다면 노동시장 참여와 노동시간 조정은 불가피하다. 특히 저성장을 넘어 생태적 전환 차원에서 탈성장까지 예측해야 하는 상황에서 기존의 요소투입형 성장모델은 사실상 한계에 봉착하고 있는 실정이다. 결국 저성장기 초고령사회에서 노동시장의 변화추세는 공급과 수요 요인 모두를 고려하고 중장기적 전망에 따라 대응방안을 모색해야 한다.

고령층 취업자 수 증가하지만, 고용의 질은 여전히 낮아

지난 10년 동안 55세 이상 취업자 수는 계속 증가하고 있으며, 고용률 또한 꾸준히 증가하고 있다. 2011년 31만9천 명이던 고령 취업자 수는 2022년 53만1천 명으로 증가하고, 고용률도 같은 기간 45.3%에서 51.7%로 급격하게 증가하였다. 특히 여성 고령자의 경제활동이 늘어나면서 이들의 고용률은 2012년 34.8%에서 2022년 41.7%로 증가하였다.

고령층의 산업 및 직업별 종사자 분포를 살펴보면 일반적으로 보건사회복지, 제조업 및 농림어업에 종사하는 이들이 많지만 연령층에 따라 조금 차이가 난다. 50대 후반과 60대는 제조업과 보건사회복지 종사자 비중이 높은 반면 70대 이상으로 갈수록 직접일자리사업 참여 등 공공행정 및 보건사회복지 분야 종사자 비중이 높다. 그리고 연령이 높아지면 높아질수록 농림어업과 공공행정 취업자 수가 증가한다.

그러나 고용의 질은 상대적으로 열악하다. 55세 이상 고령층 취업자 중에서 상용직 비중이 증가하고 있지만, 여전히 다른 연령층과 비교해 볼 때 임시일용직 및 비임금 노동자 비중이 상당히 높은 편이다. 2012년 21%에 이르던 상용직의 비중이 2022년 35.1%로 증가한 반면 일용직은 9.8%에서 6.1%로, 그리고 자영업자는 34.2%에서 25.3%로 줄어들었다. 한편 이들 고령 노동자 다수가 저임금 직종이라고 할

수 있는 단순노무, 도소매, 일반서비스 등에 종사하고 있다.(관계부처 합동, 2021b)

퇴직 이후 재취업 원하지만 괜찮은 일자리는 찾기 힘든 현실

우리나라의 경우 주된 일자리의 퇴직연령이 2021년 기준 49.3세로 60세 정년에 비해 여전히 낮은 상태이고, 다수의 중장년 노동자는 70세까지 일하기를 원하고 있다. 실제 퇴직연령과 희망 퇴직연령 간 차이가 20년에 이를 정도로 매우 크다.

과거에 비해 고령층의 교육 수준은 높아지고 건강 상태는 좋아지고, 자녀 양육 비율이 낮아지면서 55세 이상 노동시장 참가율은 지속적으로 증가하고 있다. 그러나 학력·성별·연령에 따라 퇴직 이후 재취업 등 노동시장 참가 동기가 다르게 나타나고 있다. 고학력·전문직 종사자의 경우 생활비 보전 등과 같은 생계 요인보다 사회공헌, 일하는 즐거움 등 사회참여 욕구가 크게 작용하는 반면 저학력·저소득층 고령자의 경우 노후생활에 필요한 생계비 확보가 재취업의 제일 중요한 요인으로 작용한다.

이러한 이유로 재취업하는 퇴직자의 수가 증가하였다. 2019년 기준 퇴직자의 35.2%는 6개월 이내 재취업했고, 53.4%는 1년 이내 재취업했다. 1년 내 동일 기업에 재취업하는 비율도 26.5%에 이른다.(관계부처 합동, 2021b)

그러나 많은 고령자가 여전히 퇴직 이후 재취업과 창업에서 큰 어려움을 겪고 있다. 고령자 재취업자의 임금 수준은 일반적으로 퇴직 전

임금의 50%가 안 되는 경우가 다반사다. 많은 경우 퇴직금·대출 등으로 목돈을 만들어 창업에 뛰어드는데 기술 및 경험 부족으로 실패하거나 생계형 창업에 머무는 경우가 대부분이다.

한편 디지털화, 산업전환 등으로 인해 노동시장에서 고령 노동자에 대한 수요가 계속 줄어들고 있다. 이런 상황에서 고령층의 노동공급이 급격하게 증가하면서 노인 일자리의 질 저하로 이어질 가능성이 높아지고 있다.

이와 같이 장기적으로 인구 절대 규모의 축소로 인해 노동력 부족이 발생할 것으로 예상되는 한편 단기적으로 노동시장 참여자의 고령화로 인해 발생하는 인력수급의 불균형이 중요한 일자리 문제로 대두될 것으로 보인다. 이러한 상황에서 고령자의 고용활성화가 핵심적인 초고령사회 고용대책으로 각광받고 있다. 고령 취업자의 법정 정년연장이 사회적 이슈로 떠오르는 이유다.

정년연장의 주요 쟁점과 개혁과제[4]

정년은 노동자나 기업 의사와 상관없이 노동자가 퇴직을 맞는 한계연령을 말한다. 기업이 정년을 정하는 이유는 기업활동의 신진대사를

---

[4] 이 장은 이상호(2024b), 고령 노동자의 계속고용과 고용활성화 정책, 출처: 초고령사회에 대응하기 위한 포용적 노동시장 정책, 안호영 환경노동위원장 주최 제1차 환경노동정책포럼 자료집 (2024. 9. 24.) 내용을 대폭 수정, 보완하여 작성함.

높이고 구성원의 체질을 개선하기 위함이다. 이와 달리 노동자 입장에서는 일정한 연령까지 재직상태를 보장받을 수 있다는 의미를 가진다.

우리나라는 2016년 60세를 법적 정년으로 정했다. 고용상 연령차별금지 및 고령자고용촉진에 관한 법률(고령자고용법) 제19조에 따라 사업주는 노동자의 정년을 60세 이상으로 정해야 한다. 그러나 현실은 그렇지 않다. 현재 정년이 잘 지켜지는 직장은 노조가 강한 대기업이나 공공부문 사업장에 한정되며, 그마저도 희망퇴직 등 다양한 방식으로 60세 이전에 조기퇴직하고 있는 실정이다.

노동력 부족과 고령화 문제 해결의 연계수단, 정년연장

법정 정년연장이 고령자 고용대책으로 주목받는 이유는 먼저 초고령사회에 대응하기 위한 방법으로 노인복지를 강화하는 것보다 일하기를 원하는 고령자에게 적정한 일자리를 제공하는 것이 더 효과적이기 때문이다. 의료기술의 발달과 생활 수준의 향상으로 우리의 수명은 계속 늘어나서 이제 백세시대가 남의 나라 이야기가 아니다. 대한민국 남성의 평균수명은 87.3세이고, 여성의 경우 90.7세다. 개인적인 건강 문제가 없다면 자아실현과 사회공헌 차원에서 일하고 싶을 때까지 일하는 것이 최고의 노후대책이고 최상의 사회정책이다.

이러한 이유로 이미 독일과 스페인 등 유럽 국가들은 최근에 정년을 65세에서 67세로 상향하였을 뿐만 아니라, 우리보다 먼저 고령화 시대를 맞이한 일본도 이미 2013년부터 65세 정년 제도를 시행하고 있다. 이는 선진국들이 대부분 노동력 부족 해소 및 고령자 고용안정을 위해, 그리고 연령에 따른 고용차별을 없애기 위해 고령자의 정년을 연장하고 있다는 것을 의미한다.

반면에 우리나라는 법정 정년이 만 60세임에도 불구하고 많은 고령자가 명예퇴직이라는 이름으로 조기퇴직을 강요받아 '사오정'이라는 말이 일반화된 지 오래되었다. 그래서 우리나라 노동시장이 직면하고 있는 노동력 부족 문제를 고령화 대응방안과 연계할 수 있는 제도로서 법정 정년연장이 주목받는 것이다.

정년연장으로 근로소득과 연금소득의 단절을 최소화해야

법정 정년의 추가 연장은 노동자의 근로소득과 노후소득의 핵심기반이 되는 연금소득의 단절을 최소화하는 사다리 역할을 할 것으로 기대된다. 많은 사람들이 정년퇴직 후 노후소득을 일정하게 보장받기 위해서 국민연금에 가입하고 있다. 그러나 기대와 달리 노후소득으로서 국민연금은 심각한 문제를 지니고 있다. 예를 들어 1970년생은 주민등록상 생년월일을 기준으로 만 60세가 되는 해인 2029년에 정년퇴직하지만 국민연금 수령 시기는 현행법으로 만 65세가 되는 2035년이다. 즉 노후소득을 보장할 수 없는 기간이 무려 6년이다.

현재의 방식은 근로소득과 연금소득의 단절 시기가 결코 짧지 않은 문제가 있다. 이 경우 고령 노동자들은 퇴직 시기와 국민연금 수령 시기 사이에 존재하는 지나친 간극으로 인해 소득 제로 기간을 감내해야 한다. 많은 고령 노동자가 생계 위협과 노인빈곤으로 빠져들 수 있는 것이다. 그래서 노동자의 정년 돌입 시기와 퇴직연금 수령 시기를 일치시켜야 한다는 목소리가 지속적으로 제기되고 있다.

긍정적인 사회경제적 효과를 발휘하는 정년연장

마지막으로 주목해야 할 사실은 정년연장으로 인한 고령층의 경제활동 참여가 전반적으로 긍정적인 사회경제적 효과를 발휘할 것으로 예상된다는 점이다. 먼저 노동 공급 측면에서 보면, 중장년층은 물론 상당수의 고령 노동자는 계속고용을 원하고 있다. 이런 상황에서 정년연장을 통해 이루어지는 노동시장 참여는 고령자의 근로의욕을 높이고 사회적 생산성을 높이는 효과를 발휘할 것이다.

통계청에서 실시한 '나이와 관계없이 수입이 있는 직장 희망 여부 및 희망퇴직 연령'에 관한 설문조사 결과에 따르면, 정년퇴직 이후에도 취업을 희망하는 사람의 비율이 85.2%로 나타났다. 그리고 이들 상당수가 희망하는 퇴직 나이가 평균 73세로 조사되었다. 이러한 결과는 대부분의 고령 노동자가 정년연장 등을 통해 계속 일하기를 원하고 있다는 것을 보여준다.

이러한 공급 측면 외에 노동수요 측면에서 보면 정년을 연장할 경우 중장년층이 지니고 있는 기술과 경험의 노하우를 보존할 수 있고, 후대에 이를 계승할 수도 있다. 특히 최근 들어 더욱 심각해지고 있는 산업현장의 인력수급 문제는 물론 제조업 등에서 겪고 있는 숙련인력 부족 문제를 일정하게 완화할 수도 있다.

또한 근무 경험이 없는 청년 신입사원이 기업에 적응하면서 겪게 되는 미숙련 문제를 해결하는 데에도 오랜 경력을 지니고 숙련도를 일정하게 보유한 중장년층의 공동작업이 큰 도움이 된다. 일할 의사와 능력이 충분한 숙련인력을 노동시장에서 퇴출하는 것은 사회적인 낭비다. 또한 고령화가 이루어지면서 높아지는 의료비와 생활비를 부담하기에 턱없이 부족한 국민연금에만 의존하는 노인 인구를 줄이고, 이들이 자립할 수 있도록 일할 기회를 제공함으로써 안정적인 노후 준비를 가능하게 할 수 있다.

정년연장 효과를 통해 노동사회의 업그레이드에 기여

정년연장은 숙련인력을 노동사회에 계속 유지함으로써 경제활동 및 노동의 기회를 확장하고 연금고갈 문제, 노동력 부족 문제, 부양 인구 부족으로 인한 재정 부담 등 노동시장이 직면한 고령화 문제를 해결하는 데 크게 기여할 것으로 보인다. 이러한 노력은 정부의 정책 및 제도적 지원뿐만 아니라 모든 사회 구성원의 공동 참여와 책임이 따를 때 제대로 효과를 발휘한다.

청년은 정년연장이 자신들의 일자리를 줄일 것이라는 단편적인 시각을 버리고, 미래의 자신을 위한 일자리 복지 차원에서 이 문제에 접근할 필요가 있다. 또한 저출산과 고령화로 인해 발생하는 노령인구에 대한 부양 부담을 줄이는 차원에서 고령 노동자의 고용활성화를 바라보는 것은 청년세대들의 사회보장 부담을 줄여주는 효과를 발휘할 수 있다.

한편 기업은 고령 노동자의 근로의욕 약화를 탓하기보다 연령에 맞는 유연근무제나 생애주기별 근무시간 제도를 개발하는 등 노동환경을 개선해야 한다. 또한 임금체계의 현대화를 통해 고령 노동자의 정년연장 시 우려되는 인건비 등 노동비용의 부담을 낮출 수 있도록 노력해야 한다.

마지막으로 고령자는 자신의 숙련된 노하우를 다방면으로 활용하고, 변화하는 산업사회에 능동적으로 대처할 수 있는 기술·지식·정보를 습득하는 등 자기 계발에 매진해야 한다. 이와 같이 법정 정년을 추가적으로 연장하는 것은 다양한 사회적 문제를 발생시킬 수 있기 때문에 서로 연관되어 있는 정책과 제도의 조정과 조율이 필요하다. 이러한 노력을 통해 비로소 현 사회가 직면한 고령화 문제는 해결의 단초를 마련할 수 있을 것이다.

정년연장이 청년고용을 대체할 수 있다는 주장의 문제점

그렇지만 정년연장에 반대하는 의견도 만만치 않게 많다. 가장 주목받는 정년연장 반대 논리는 청년고용 대체 효과다. 이는 중장년 노동자와 고령 취업자들의 정년을 법적으로 연장하게 되면 신규 채용의 유인이 떨어지고 이로 인해 청년고용이 줄어들 수밖에 없다는 주장이다. 개별 기업 차원에서 필요 인력을 추가적으로 고용할 수 있는 상황에서 기존 취업자의 고용연장으로 인해 신입 직원을 뽑지 않는 경우가 자주 발생한다. 그러나 이러한 주장은 동일한 일자리를 두고 벌어지는 청년과 중장년 노동자 간의 경쟁 구도만을 강조할 뿐 이들 세대 간 시너지 효과를 간과하는 것이다.

실제로 고령자 고용과 청년고용이 상호 배타적이지 않다는 연구 결과도 많다. 오민홍·강준규(2015)가 통계청 경제활동인구조사(2000~2012년) 자료를 활용하여 고정효과모형으로 분석한 결과에서 50대 고용률이 1%포인트 증가하면, 20대 고용률은 약 0.57%포인트 높아지는 것으로 나타났다. 이는 청년층과 장년층의 일자리가 대체관계라기보다 보완관계라는 것을 보여준다.

권용재 외(2020)의 연구에서도 광주광역시와 전라남도에 거주하는 55~64세의 고용률이 20대 고용률에 통계적으로 유의하지 않지만 긍정적인 영향을 미치고 광주광역시에서는 65세 이상 고용률이 20대 고용률에 통계적으로 유의한 긍정적인 영향을 미치는 것으로 나타났다. 또한 한국표준산업분류를 기준으로 산업별 규모 표준화 상이성 지수를 분석한 결과에서도 65세 이상 고령층의 고용은 55~64세 고령층의 고용에 비해 상대적으로 청년층의 고용과 대체관계에 있지 않은 것으로 나타났다.(지은정 외, 2021: 49)

이와 같이 고령자 고용률이 높아지면 청년 고용률도 함께 증가하는 경향을 보인다. 이는 고령자와 청년이 일자리를 두고 서로 대체관계에 있는 것이 아니라, 오히려 상호보완적인 관계를 형성할 수 있다는 사실을 보여준다. 고령자는 청년에게 경험과 노하우를 전수하고, 청년은 새로운 지식과 기술을 제공하여 노동시장의 다양성과 안정성을 높일 수 있다. 이러한 상호작용으로 인한 긍정적 노동시장 효과가 간접적으로 청년고용을 활성화할 수 있다.

정년연장, 고용 지속 효과 미흡하고 조기퇴직 역효과 발생

최근에 자주 언급되는 비판은 법정 정년연장 효과가 기대치에 미치지 못한다는 부정적 평가다. 이는 법정 정년연장으로 인해 고용이 증가하지 못하고 오히려 노동자의 조기퇴직이 증가했다는 실증 분석이 제기되고 있기 때문이다. 정년연장으로 인해 기업의 전체 노동비용이 오히려 상승하고 이로 인한 부정적 영향이 노동시장에 영향을 크게 미치고 있다고 주장한다.

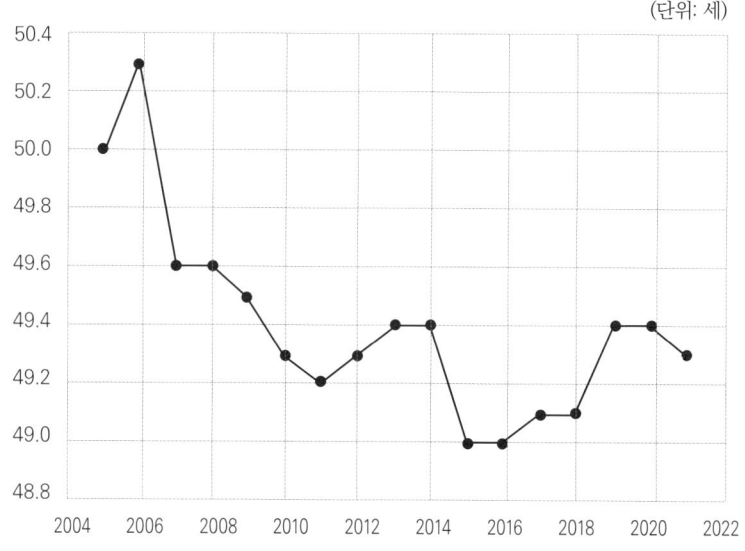

[그림 5-2] 주된 일자리의 평균 퇴직연령 변화 추이

자료: 남재량(2019, 2020, 2021a), 경제활동인구조사 고령층 부가조사 원자료

실제로 성재민 외(2022, 60)는 2013년 법정 정년 60세 의무화가 시

행된 후 고령자 노동시장의 특징을 다음과 같이 요약하고 있다. 먼저 권고사직, 명예퇴직 및 정리해고 등으로 60세 정년을 채우지 못하고 조기퇴직하는 취업자의 증가 추세는 뚜렷한 반면 법정 정년인 60세에 퇴직한 취업자 수 증가는 미미하다.

2008년까지 주된 일자리 조기퇴직자와 정년퇴직자의 비율은 거의 비슷하게 9~10%였는데, 법정 정년 60세가 실제로 시행된 2015년을 기준으로 할 때 조기퇴직자는 11~12%로 증가한 반면 오히려 정년퇴직자 비율은 동일 시기 8% 미만을 유지하고 있다. 또한 평균 퇴직연령도 2013년 49.4세를 기록하고 감소하다가 다시 증가했지만, 2021년 49.3세를 기록했다. 이러한 수치는 법정 정년연장 의무화가 평균 퇴직연령에 거의 영향을 미치지 못했다는 것을 보여준다.

이러한 부정적 효과는 2016년 이루어진 법정 정년연장의 혜택이 소수 대기업과 일부 공공부문 고령 재직자에게만 집중되고 있다는 비판으로 더 부각되고 있다.

통계청이 2023년 7월 발표한 경제활동인구조사 고령층부가조사 결과에 따르면 올해 기준 '실제 퇴직 나이'가 49.4세로 법 시행 이전과 유사하고, 법정 정년 60세를 다 채우고 퇴직하는 비율은 전체 임금노동자 중 8.5%에 불과한 것으로 나타났다. 이들 대부분은 공공기관(공무원 포함) 및 초대기업 소속으로 보인다.

여전히 개혁해야 할 과제 많은 정년연장 제도

현재 고령자고용법은 60세 이상을 법정 정년으로 정하고 있다. 최근 들어 2016년 1월 1일부터 시행된 60세 정년제를 사회경제적 현실 변화에 대응하여 추가로 연장해야 한다는 요구가 꾸준히 제기되고 있다.[5] 중장기적으로 연장 필요성은 인정되지만 중고령자의 조기퇴직이 급증하고, 청년고용 문제가 여전히 심각한 상황에서 세심한 준비와 점진적인 접근방식이 필요하다.

한편 노인빈곤율이 세계 최고인 우리나라 상황을 고려할 때 베이비붐 세대를 비롯하여 고령층을 모두 사회복지로 흡수하는 것에는 한계가 있음을 인식할 필요가 있다. 앞서 언급했듯이 2020년부터 2030년까지 새로 65세가 되는 사람의 수가 858만 명에 이를 것으로 예상되는데, 이들을 단순 복지체계로 흡수하는 것은 사실상 불가능하다. 기존 직장에서 계속 일할 수 있는 가능성을 제고하는 동시에 다른 직장으로 옮길 수밖에 없을 때 효과적인 재취업을 가능하도록 만드는 노력이 필요하다.

여기에 더해 법적 정년과 주된 일자리를 떠나는 연령 간에 존재하는 간극을 줄이기 위해 정년의 추가적인 연장이 아니라, 주된 일자리의 퇴직연령을 법정 정년에 근접시키려는 노력이 우선되어야 한다. 이러한 괴리를 축소하기 위해서는 임금과 생산성 간 격차를 줄이는 것이

---

[5] 박홍배 더불어민주당 의원은 2024년 8월 20일 법적 퇴직연령을 현행 60세에서 65세로 단계적으로 상향하는 법안을 발의했다. 개정안은 국민연금 수급 개시 연령과 법적 퇴직연령 간 차이를 줄여 소득 공백에 따른 노인빈곤 문제에 대응해야 한다는 취지에서 마련됐다. 국민연금 수급 개시 연령은 지난해 62세에서 63세로 늦춰졌고 2028년에는 64세, 2033년에는 65세로 올라간다. 이에 따라 개정안 부칙에 법 시행일로부터 정년을 2027년까지는 63세로, 2028년부터 2032년까지는 64세로, 2023년부터는 65세로 단계적으로 올리는 계획이 명시되었다.(박홍배 국회의원 보도자료 참고).

필요하다. 임금체계의 개편을 통해 노동비용의 부담을 줄이는 동시에 고령 노동자의 생산성을 높이기 위한 일터 혁신이 요구되는 이유다.

지속가능한 일자리를 위한 계속고용 제도화

일반적으로 고령자의 고용활성화 방안으로 주된 일자리에서 계속 일할 수 있는 단계적 법정 정년연장 외에 점진적 퇴직제도, 새로운 일자리로의 전직과 재취업, 고령친화적 일자리 발굴과 쾌적한 근무환경 조성 등을 제안하고 있다.

노동시간과 임금 조정 전제로 단계적 정년연장

초고령화와 청년의 니트(NEET, 무직 상태이면서 취업 교육이나 훈련을 받지 않는 사람)화 추세를 고려할 때 향후 5년 내지 10년 동안 노동력 부족 사태를 피하기 힘들 것으로 보인다. 이러한 상황에서 일정한 부작용이 있다고 하더라도 중장년 및 고령 노동력에 대한 노동시장 참여를 확대하는 정책기조를 유지할 필요가 있다. 이러한 측면에서 볼 때 전제조건을 빌미로 추가적인 법정 정년연장을 계속 미룰 것이 아니라, 계획된 준비를 통해 부작용을 최소화하는 방식으로 실행계획을 확정하는 것이 더 낫다.

그렇다면 구체적으로 어떻게 설계해야 하는가. 현재 새롭게 전개되고 있는 국민연금 개혁안 논의와 연동한다는 의미에서 '단계적' 법정 정년연장이 올바르다. 구체적인 로드맵은 2024년 8월 20일 박홍배 국회의원이 대표발의한 고령자고용법 개정안을 참고로 하면 된다. 법적 퇴직연령을 현행 60세에서 단계적으로 상향하여 2033년에 법정 정년을 65세로 만드는 것이다.

다만 이러한 로드맵에서 가장 쟁점이 되는 사안은 법정 정년연장의 적용과 함께 임금소득과 노동시간, 사회보험 등 관련 고용기제들을 어떻게 조정할 것인가에 달려 있다. 정년보장형 임금피크제에 대한 대법원 판결을 존중하더라도 앞으로 시행되어야 하는 법정 정년 추가연장은 생애주기에 따라 노동시간의 점진적 단축을 전제로 한 임금 총액 조정이 불가피하며, 정년 예정자를 대상으로 하는 국민연금 등 4대 사회보험 부담분의 증액도 고려해야 한다.

유연한 근무시간 단축모델을 가진 점진적 퇴직제도 도입

점진적인 퇴직제도는 고령 근로자의 유연한 근무시간 요구에 부응하는 동시에 주요 업무에 계속해서 고용할 수 있도록 만든다. 이를 달성하는 한 가지 방법은 고령 근로자에게 시간주권에 기반한 근로시간 단축을 요청할 권리를 부여하여 자율적이고 유연한 근로시간 모델을 활성화하는 것이다. 정부가 특정 모델을 지시하는 대신에 고령 노동자들이 자신의 진로에 맞는 모델을 개발하도록 만들어야 한다.

정부는 이러한 유연한 근무시간 단축 제도를 시행하는 고용주를 지원하고 노동자의 요구에 따라 유급휴가 및 교육을 재구성하여 점진적 퇴직제도를 활성화해야 한다. 이러한 측면에서 볼 때 법정 정년 60

세부터 고용연장을 보장한 상태에서 임금조정형 근무시간 단축 모델을 결합하여 연령이 높아질수록 근무시간을 단계적으로 줄여 나가는 점진적 정년연장형 퇴직제도를 설계할 수도 있다.(성재민 외, 2022: 135)

또한 대부분의 공공기관 및 공기업이 단체협약으로 시행하고 있는 최대 1년 공로휴가제도 등을 발전적으로 재설계하여 인건비의 추가적인 부담을 줄이면서 노동시간 단축형 퇴직준비 프로그램을 가동할 수 있다. 제대로 된 교육휴가와 유급 재취업훈련은 점진적 정년연장형 퇴직제도의 필수적 보완 기제로 작용한다.

고령자 재취업 및 전직 지원과 한국형 출향제도 도입

중장년의 재취업과 창업을 지원하기 위해서는 고령 노동자에 대한 강력한 공공고용서비스가 필요한데 이를 업종별·지역별 노사단체가 공동으로 운영할 수도 있다. 재취업 지원서비스의 기간 연장, 알선과 중개 기능의 확충 등 기존 고용서비스의 강화, 교육훈련 프로그램 확대가 필요하다. 재고용지원은 효과적인 성과관리체계로 패키지화(진단·훈련·배치·사후관리)하고, 고용지원서비스 내용은 노사가 협의해 개선해야 한다.

한편 출향제도[6] 도입을 통한 고용연장을 지원하기 위해서 정부는 관련 입법을 추진하고 다양한 출향모델을 개발해야 한다.(성재민 외,

---

[6] 여기서 말하는 출향(出向)은 일본의 출향제도을 근거로 한다. 이호창(2010. 2.)에 따르면 출향은 근로자가 출향을 보내는 기업과 고용관계를 유지한 채로 출향을 받은 기업과 고용관계를 맺어 노동서비스를 제공하는 것이다. 출향은 기업 간에 유연하고 효과적인 노동이동과 인력재배치를 통해 관련 기업들의 조직 유연성과 생산성을 제고하고 근로자들의 전반적인 고용안정을 확보하기 위한 고용정책이다.

2022: 152) 한국형 출향제도 도입으로 중소기업의 인재 육성에 대한 대기업의 지원을 강화해야 한다. 출향제도는 대·중소기업 간 상생협력을 통해서, 아니면 원청업체가 하청업체에 잉여인력을 송출하는 방식으로 운영될 수 있다.

정부는 중고령자의 고용연장을 위해 노동친화적으로 직무를 재설계하거나, 맞춤형 교육훈련을 제공하는 기업에 인센티브와 세제 혜택을 제공해야 한다. 특히 정년에 도달하는 고령자의 계속고용을 촉진하기 위해 제도의 대상 연령을 더 낮추고, 고령 노동자에게 적합한 직무와 양질의 일자리를 제공하는 기업에 충분한 고용지원금을 제공해야 한다.

고령 노동자 경력개발과 근로환경 조성을 위한 지원체계 구축

기업에 고령 노동자의 경력개발을 위한 교육훈련 비용을 지원해야 한다. 고령 노동자의 경력을 적극적으로 활용하려는 기업에는 고령자 역할전환을 위한 교육개발 비용을 지원하고, 중소·중견 기업에서 퇴직 예정자들을 숙련전수자처럼 새로운 역할을 부여하여 계속 고용하는 경우 일터 혁신 컨설팅과 일학습병행제 지원을 받을 수 있도록 만들어야 한다.

이와 함께 고령 노동자를 채용하는 기업이 작업장 환경을 개선할 수 있도록 지원책을 마련하고 관련 법을 정비해야 한다.(성재민 외, 2022: 169) 고령층 고용률이 높은 사업장이 협동로봇 등 장비 및 설비를 확충할 경우 이에 대한 비용을 우선적으로 지원하고 기존 지원금 수준을 상향할 필요가 있다. 협동로봇 설치 시 산업용 로봇 규제가 적용되지만, 협동로봇의 기술체계와 활용방법은 산업용 로봇과 다르므로 작업환경 개선과 관련된 경우 변형된 규제를 신설하지 말고 별도의 기술체계를 인정하는 규정을 마련해야 한다.

고령 노동자의 고용활성화 정책과 포용적 노동시장 구축

고령 노동자의 고용활성화를 위해 법정 정년의 단계적 연장은 물론 계속고용을 위한 일자리 전략이 함께 추진되어야 한다. 이러한 일자리 전략은 저출생과 고령화로 인한 인구구조 변화에 적극적으로 대응하는 데 필요한 지속가능한 노동시장 및 고용정책으로 현실화될 수 있다.

먼저 고령자의 계속고용 지원이 필요하다. 인구 고령화에 따라 생산가능인구가 감소하면서 중장년층과 고령자의 노동시장 참여를 촉진하는 것이 매우 중요하다. 이를 위해 계속고용을 촉진하거나 고용연장을 가능하게 만드는 임금조정모델을 개발하거나 유급 교육훈련제도를 도입하여 고령자들이 더 오래 일할 수 있도록 지원해야 한다. 또한 재취업 지원서비스를 강화하여 고령자들이 새로운 일자리를 찾는 데 도움을 줄 필요가 있다. 이 외에도 직무 재교육 프로그램을 제공하여 고령자들의 노동시장 적응력을 높이는 방안도 개발되어야 한다.

한편 노동시장 취약계층을 위한 맞춤형 고용활성화 정책이 필요하다. 고령층에서도 여성과 장애인 등 취약계층의 경제활동 참가율을 높이기 위해 특화된 맞춤형 고용지원 정책이 추진되어야 한다. 중장년 여성의 재취업을 위한 제도적 지원을 강화하고, 이들에 대한 돌봄서비스를 확대하고, 여성친화적인 고령자 일자리를 추가적으로 개발해야 한다. 그리고 고령 장애인의 경우 노동시장 진입이 사실상 어렵기 때문에 관련 사회복지 지원시스템을 재정비하고, 장애인 특화 사업장을 발굴하고 사회복지 연계형 일자리를 개발해야 한다. 특히 이들의 취업 역량을 강화하기 위해 장애인 맞춤형 직업교육 및 훈련 프로그램을 더욱 확대해야 한다.

마지막으로 고령화 추세에 조응하는 포용적 고용안전망을 구축해야 한다. 고용형태와 관계없이 모든 국민이 자신의 생애주기에 맞게 실업급여와 교육훈련 서비스를 제공받을 수 있는 소득 기반 고용보험제도로의 전환이 이루어져야 한다. 특히 고령자 맞춤형 직업훈련 프로그램을 개발하고 고용안전망을 강화하여 고령자들이 안정적으로 일할 수 있는 환경을 조성해야 한다.

또한 생애주기별 일-교육-여가 균형을 지원하여 국민이 전 생애에 걸쳐 안정적인 생활을 영위할 수 있도록 고용보험정책을 추진해야 한다. 이러한 측면에서 볼 때 실업보험이 아니라 진정한 의미에서 고용보험으로 만들기 위해 현행 고용안정 및 직업능력개발 계정에 대한 사용자 보험료 납부액만큼 취업자도 매칭해 납부하도록 제도개혁을 추진할 것을 제안한다.

노사가 공동으로 조성한 고용안정 및 직업능력개발 계정 보험료는 인력양성을 위한 교육훈련 비용으로 사용하는 것은 물론, 산업 대전환기에 발생할 수밖에 없는 사업전환과 고용조정 시 재직자의 전직과 재취업에 필요한 전환교육의 재원으로 활용할 수 있다. 현행 규모별 차등 부담 원칙을 유지한 상태에서 노사 공동부담으로 재직자의 교육훈련 선택권을 강화하고 직업능력개발 관련 사업의 내실화와 효율화를 달성할 수 있을 것이다.

초기 산업화모델에 기반한 사용자 단일 납입구조를 벗어나 다른 선진국과 같이 노사 공동 납입체계로 제도개혁을 하면 산업 대전환 시기 직업능력개발과 전환교육에 대한 노동자의 참여와 책임을 강화하는 지렛대 역할을 할 수 있다.

결론적으로 이러한 정책들은 저출생과 고령화로 인한 인구구조 변화에 능동적으로 대응하고, 고령자 노동시장의 지속가능성과 형평성을 제고하는 데 기여할 수 있다. 모든 국민이 고용서비스의 혜택을 받을 수 있는 포용적 노동시장을 구축하는 것이 고령 노동자를 위한 고용활성화 정책의 기본 인프라가 될 것임을 기억하자.

06

노동시장의 변화와 여성 노동

조현민
한양대학교 경영학과 겸임교수 · 노무법인 지산 공인노무사

한국 노동시장의 변화와 여성 노동의 현황

여성 노동시장은 최근 한국 노동시장에서 가장 다양한 변화를 보여주고 있다. 역사적으로 한국 여성은 경제활동 및 노동시장에서 차별받고 배제되어 왔다. 이러한 모습은 통계적으로 자명하다. 한국은 OECD가 성별 임금격차를 발표한 2007년부터 2023년까지 그 격차가 가장 큰 나라다. 2023년 기준 29.3%로 OECD 평균(2022년 기준 11.4%)의 약 2.6배 수준이다. 차순위인 일본과도 9%포인트 넘게 격차가 벌어져 있다.

구체적으로 2023년 전국 임금노동자의 월평균 임금을 살펴보면 남성은 371만 원, 여성은 242만 원으로 나타났다. 남성이 100만 원을 받을 때 여성은 65만1천 원을 받는 것으로 해석할 수 있다. 좀 더 객관적으로 성별 임금격차를 해석하기 위해 시간당 임금을 살펴보면 2023년 여성의 시간당 평균임금은 1만4천822원으로, 이는 남성의 73.7% 수준으로 나타났다. 여성의 고용상 지위에 따른 임금격차를 살펴보면 여성 정규직은 시간당 임금은 1만6천660원인 반면 여성 비정규직은 1만2천624원이다. 성별 임금격차는 정규직(75.4%)이 비정규직(81.6%)에 비해 더 크게 나타나고 있다.

2023년 기준 연령별 임금 현황을 살펴보면 가장 높은 시간당 임금을 받는 연령대는 여성이 40~44세(1만7천471원), 남성이 50~54세(2만4천457원)로 나타났다. 최고 임금을 받는 연령대와 금액 격차가 상당함을 확인할 수 있다. 남성 노동자들은 노동시장에 지속적으로 머무르며 연령에 따른 숙련을 임금으로 보상받는 반면 여성은 노동시장의 이탈이 나타난 이후 이를 회복하기 어려운 상황에 놓였음을 보여준다.

연령별 남성 대 여성의 임금 비율은 20~24세에는 100%로 격차가 거의 없는 것으로 나타났지만 30~34세에는 90%, 40~44세는 79.1%로 벌어졌다. 연령대가 높을수록 격차가 더욱 확대되어 55~59세에 60.2%로 정점을 찍은 이후 축소되는 모습으로 나타나고 있다. 이러한 통계는 내부노동시장이 형성되어 있지 않는 곳에 여성 노동자들이 위치하고 있을 가능성이 높은 현실을 보여준다. 또한 여성은 숙련과 연령에 따른 보상이 생애주기와 연결되지 않아 괴리가 나타나고 있음을 알 수 있다.

여성이 다수인 노동시장의 성별 임금격차를 산업별로 살펴보면 그 이유를 좀 더 분명히 파악할 수 있다. 여성이 가장 많이 일하는 보건업 및 사회복지 서비스업에서 여성 근로자의 시간당 평균임금은 2023년 1만3천672원이다. 여성은 남성 임금의 82.2%를 받아 격차가 다른 산업보다 상대적으로 작았지만 임금 수준이 다른 산업보다 낮음을 확인할 수 있다. 한편 '전문, 과학 및 기술 서비스업'에 종사하는 여성의 시간당 평균임금은 1만8천607원으로 높은 편에 속하나 임금 성비는 67.3%로 산업별 임금 성비 중 가장 낮은 수치를 보였다.

성별 직군분리의 정도가 높은 한국 노동시장에서 상대적으로 임금이 낮은 업종에 여성이 다수 분포하고 있는 상황을 잘 보여준다. 또한 임금이 높은 산업에 종사하는 여성이 남성에 비해 차별을 더 받는다는 현실을 확인할 수 있다.

2023년 여성 저임금 근로자[7] 규모는 190만7천 명으로 전체 여성 임금근로자 중 19.0%를 차지했다. 저임금 근로자 비율이 가장 높은 연령대는 70세 이상으로, 75.1%를 차지했다. 전반적으로 저임금 근로자 비율은 전년 대비 감소하였으나 70세 이상에 집중되어 있어 고령층 여성 노동자의 임금 가치가 매우 낮게 인정되고 있으며, 자연스럽게 이러한 저소득은 고령 여성의 빈곤과 연결될 수 있다.

한편 매년 3월 8일 세계여성의 날이 되면 영국 이코노미스트에서 '유리천장 지수[8]'를 발표한다. 2023년에도 역시 한국은 29개의 OECD 국가 중 유리천장 지수가 가장 낮았는데, 2013년 평가가 시작된 이후 12년 연속 최하위를 기록하고 있다.

특히 2023년 기준 10개의 평가 지표 중 경제활동 참가율 27위, 성별 임금격차 29위, 여성관리자 비율 28위, 기업 이사회 여성임원 비율 29위로 주요 성차별 지수에서 낮은 수준을 보이고 있다. 더 나아가 한국은 OECD 국가들과 비교하여 큰 차이로 노동시장 내 구조적 성차별이 나타나고 있다. 앞서 살펴본 임금격차는 말할 나위도 없고, 기업 이사회의 여성 비중은 16.3%로 OECD 평균인 33%의 절반 수준을 보였다. 여성 국회의원 비중 또한 19.1%로 OECD 평균(33.9%)에 크게 못 미친다.

---

7) 저임금 근로자는 시간당 임금을 기준으로 중위임금의 3분의 2를 받는 근로자를 의미함.
8) 유리천장 지수는 고등교육, 경제활동 참가율, 임금격차, 순수 자녀 양육비, 여성 유급출산휴가 기간, 남성 유급출산휴가 기간, GMAT시험의 여성 참여율, 여성 관리직 비중, 여성 이사 비중, 여성 국회의원 비중의 10가지 통계를 사용함.

살펴본 바와 같이 여러 통계지표는 여성 노동이 노동시장 내에서 차별받고 배제당하고 있음을 보여준다. 이러한 지표들은 여성 노동의 구조적 한계를 보여주고 있지만 다만 최근 한국 노동시장에서 여성 노동의 양상은 양과 질 측면에서 긍정적인 변화를 보여주고 있기도 하다. 우선 2022년 15~64세 여성 고용률은 60.0%로, 2010년(52.7%) 대비 7.3%포인트 상승해 처음으로 60%에 진입하였으며, 2023년에도 상승하여 61.4%를 기록했다. 특히 2023년 기준 여성과 남성(76.6%)의 고용률 격차는 15.2%포인트로 역사적으로 가장 낮게 나타났다.

둘째 OECD 국가와 비교하면 아직도 여성 고용률은 20대 후반~40대에 낮아지는 M자형의 모습을 보이고 있지만, 이전에 비하여 M커브 기울기가 완화되고 있다. 구체적으로 30대 초반 여성 고용률은 71.3%로 2015년 59.6% 대비 11.7%포인트 상승해 지난 10년간 여성 경력단절의 양상이 완화되고 있음을 알 수 있다. 또한 2023년 기혼여성 중 경력단절 여성은 134만9천 명으로 2015년 207만3천 명 대비 34.9% 감소한 것으로 나타나 경력단절 여성의 절대적인 수 또한 축소되고 있다.

한편 최근 한국의 노동시장에서 주목해야 할 점은 노동시장의 양적 팽창에 여성 노동이 큰 부분을 차지하고 있다는 것이다. 여성의 노동시장 참여에서 M자형이 완화되는 모습은 늦은 결혼과 출산으로 30대 후반~40대 초반 여성들이 커리어를 유지하고 있는 데서 이유를 찾을 수 있다.

구체적으로 경제활동인구조사 분석 결과 2023년 증가한 취업자 중

10명 중 9명이 여성인 것으로 나타났다. 이는 경력단절 이유로 지적돼 온 결혼·출산이 줄면서 고용시장에서 이탈하는 여성이 감소했고, 코로나19 확산 때 육아 등을 위해 경력을 중단했던 여성이 노동시장에 다시 진출한 때문으로 해석할 수 있다.

우리나라에서 여성들에게 일과 육아는 공존하기 어려운, 선택해야 하는 과제로 여겨진다. 2015년 여성 고용률이 50%를 넘어선 이후 합계출산율은 곤두박질쳤다. 뒤늦게 임신과 출산을 경험한 후 50대에 돌봄노동 및 유통·환대 서비스 등에 재진입하는 양상이 두드러지게 나타나고 있으며 노인빈곤과 맞물려 노동시장에서 은퇴하지 못하는 60세 이후 고령 노동 또한 빠르게 늘어나고 있다.

이와 같이 여성 노동은 노동시장에서 차지하는 비중이 높아졌지만, 현실이 획기적으로 개선되지 못한 채 이중노동시장의 굴레에 갇혀 있는 것처럼 보인다. 2024년 4월 기준 경제활동인구조사에 따르면 여성 단순 노무직은 207만9천 명으로 1년 전보다 12만5천 명(6.4%) 늘어난 것으로 나타났다. 전체 여성 취업자에서 중 단순 노무직이 차지하는 비중도 1년 전 15.7%에서 16.3%로 증가하고 있어, 여성 노동자들이 상당 부분 상대적으로 낮은 질의 일자리로 진입하는 것으로 해석할 수 있다.

살펴본 바와 같이 한국의 여성 노동시장은 과거에 비해 양적으로 개선되고 있으나, 문제는 여성의 일자리 질이 여전히 좋지 않다는 점이다. 현재 여성 노동자들이 노동시장에 진입할 때 남성에 비해 질 낮은 일자리에 위치하고 있으며, 이러한 양상은 여성의 임신·출산·육아 상황에서 확대 재생산되고 있다. 이러한 악순환의 고리가 지속적으로 성별 이중노동시장을 강화하고 있다.

다음 장에서는 한국 여성 노동시장의 현황을 바탕으로 실제 여성 노동자들의 삶이 어떻게 전개되고 있는지 연령을 중심으로 살펴보고, 각 연령대에서 나타난 여성 노동의 차별적이고 배제적인 양상을 바탕으로 향후 개선방안을 도출해 보고자 한다.

20대 여성 노동, AI는 또 다른 채용 차별의 도구

채용 과정의 성차별에 관심을 가져야 하는 이유는 이중노동시장 구조에서 여성 노동자들이 사회 초년생 때 자리 잡은 일자리가 평생의 일자리 질을 좌우할 수 있기 때문이다. 한국에서 채용 성차별 문제는 어제오늘의 문제는 아니다. 1987년 남녀고용평등법이 제정되었지만 2000년대 중반 채용 과정은 채용 공고부터 '남성우대'라는 문구를 쉽게 볼 수 있었고 '용모단정', '미혼' 등 성차별적인 용어 또한 거의 일상적으로 사용되어 왔다. 그러나 최근에는 채용 과정에서 불공성과 성차별이 많이 개선되었으며, 2020년에 채용절차의 공정화에 관한 법률(채용절차법)이 제정됐을 만큼 제도적인 보완도 지속적으로 이루어지고 있다.

채용 과정의 성차별과 불공정을 개선하려는 노력에도 불구하고 최근 AI의 활용은 여성 노동자들에게 도전적인 문제를 제시하고 있다.

기업들은 디지털 혁신 기술을 활용하여 채용 과정에서 기술 다양성을 확대하고 있다. 구체적으로 디지털 플랫폼을 활용하여 일자리를 공고하고 구직자들은 그 공고에 지원하게 된다. 나아가 기업들은 AI와 데이터 분석 기술을 통해 이력서 검토, 지원자 선별, 그리고 평가 절차를 자동화하고 있다.

이러한 디지털 혁신은 기업과 노동자들에게 긍정적인 효과를 가져올 수 있다. 기업에는 채용 시간과 비용을 절감하게 하며, 지원자들의 자질과 적합성을 객관적으로 평가할 수 있게 한다. 구직자들이 맞춤형 일자리를 쉽게 추천받을 수 있고, 채용 과정에서 개인정보의 투명성과 보안이 강화된다.

그러나 이러한 디지털 혁신과 채용 과정에서 여성 노동자들은 상대적으로 소외될 수 있다. 채용 과정에서 AI를 활용할 때 기존의 성별 편향이 강화되는 문제가 발생할 수 있기 때문이다. 우리가 잘 알고 있는 바와 같이 AI 시스템은 과거 데이터를 기반으로 학습한 결과물이다. 이에 AI는 기존의 편향된 채용 패턴을 학습한 결과를 활용하게 되고 결국 여성 후보자들에게 불리한 결과를 초래할 수 있다. 이러한 우려는 현실로 나타나기도 하였다. 예를 들어 아마존의 AI 채용 시스템은 남성 중심의 이력서를 선호하는 편향을 보였으며, 이는 결국 여성 지원자를 차별하게 되어 시스템이 폐기되기도 하였다.

더 우려되는 점은 AI 채용 도구는 종종 그 작동 원리가 비공개되어 있어 성별 차별이 발생할 때 그 원인을 파악하고 개선하기 어렵다는 것이다. 알고리즘의 비투명성은 AI 시스템이 왜 특정 결정을 내리는

지 이해하기 어렵게 하며, 이에 대한 기업의 책임도 모호하게 만들 수 있다.

최근에는 AI 면접에 대비하는 학원이 나올 정도로 채용에 AI를 활용하는 기업들이 늘어나고 있다. 이러한 AI 면접은 민간 기업뿐 아니라 공공기관에서도 빠르게 확산하고 있다. 이와 같이 AI 면접이 확산되는 상황에서 국가인권위원회는 AI를 활용할 때 성별이나 나이, 출신 지역 등을 차별하는 결과가 나와선 안 된다는 기준을 만들었다. 그러나 이러한 기준을 기업들이 어떻게 준수할 것인지에 관해서는 정해진 절차가 없다.

한 예로, 한 시민단체는 이 같은 AI 면접 프로그램을 도입한 공공기관을 상대로 AI 면접 도구의 차별 위험이 있는지를 확인하기 위해 정보공개 소송을 제기했다.[9] 이 단체는 일부 승소했지만 자료는 볼 수 없었다. 왜냐하면 AI가 학습한 데이터가 무엇인지 개발업체도, 기업도 관심이 없었으며 알지도 못했기 때문이다. AI 면접 도구의 차별 위험이 있는지에 대한 검증 절차 또한 전무하다.

이러한 디지털 혁신을 통한 AI 면접 도구의 확산과정에서 여성 노동자들은 노동시장 진입 과정에서부터 차별을 경험하게 될 수 있다. 구체적으로 AI 면접 도구는 첫째, AI 면접 시스템이 과거의 채용 데이터를 학습할 때 기존의 남성 중심 채용 기록을 바탕으로 여성 지원자를 불리하게 평가할 수 있다. 예를 들어 남성의 이력서에서 자주

---

9) KBS (2022. 7. 19.), "AI 면접관은 공정?…'차별 위험' 검증 필요".
https://news.kbs.co.kr/news/pc/view/view.do?ncd=5512758.

발견되는 키워드나 패턴을 선호하여 여성의 이력서가 평가절하될 수 있다.

둘째, AI가 지원자의 어휘나 언어 사용을 분석할 때 여성 지원자의 대화 스타일이나 어조를 불리하게 평가할 수 있다. 여성은 종종 소프트 스킬과 협력적 언어를 사용하며, 이는 AI 모델이 강점으로 간주하지 않을 수 있다.

셋째, AI가 면접 영상에서 얼굴 인식 및 표정 분석을 할 때 여성의 표정이나 신체 언어를 부정적으로 해석할 수 있다. 예를 들어 웃지 않는 여성의 표정을 '비호의적'으로 평가하는 경향이 있을 수 있다. 마지막으로 AI가 면접 질문을 자동 생성할 때 전형적인 '남성적' 특성을 강조하는 질문을 생성하여 여성 지원자에게 불리하게 작용할 가능성이 있다.

더 큰 문제는 디지털 혁신과 여성 노동시장의 변화에서 AI 면접 도구의 성차별 가능성에도 불구하고 이에 대한 제재나 감시체계가 전무하다는 것이다. 채용 과정에서 AI 활용은 거스를 수 없는 시대적 전환이라고 볼 수 있다. 그 이유는 기업은 다양한 인재를 요구하는데 디지털 혁신은 채용의 기회비용을 효과적으로 감소시키면서 채용 적합도를 높일 수 있는 매우 효과적인 방법이기 때문이다.

따라서 앞으로 AI 면접과정에서 여성 노동자들이 차별받지 않도록 하는 방안이 요구된다. 구체적으로 AI 모델 학습에 사용되는 데이터는 다양성과 포괄성을 보장해야 한다. 성별, 인종, 장애 여부 등 다양한 요소를 고려하여 데이터를 선별하고 편향성을 줄이기 위한 노력이 필요하다. 둘째, 인공지능 개발자와 사용자 모두가 윤리적 원칙을 준수하도록 교육하고 AI 시스템에 내재된 편향을 예방하는 방향으로 기술적 개선을 지속적으로 추진해야 할 것이다. 마지막으로 AI 채용 시스템의 감독체계를 강화하여 편향성을 모니터링하고 개선할 기회를 마련하기 위한 국가적 노력이 필요하다.

30대 여성 근로자, 비혼 그리고 만혼과 출산

여성 노동시장의 모습을 살펴볼 때 최근의 주요한 변화 중 하나는 30~34세 여성 고용률(68.5%)이 2010년 대비 큰 폭(15.5%포인트)으로 증가한 점이다. 이러한 현상은 결혼과 출산을 미루는 상황과 무관하지 않을 것이다. 한국에서 30대 여성의 경력이 단절될 확률은 자녀 유무에 따라 14%포인트 이상 차이가 난다는 결과가 이를 단적으로 보여준다.[10]

한편, 경제활동인구조사 데이터를 분석한 결과 최근 10년간(2013~2022년) 연도별·연령별 평균임금을 살펴보면 여성의 경우 만 35세에 293만 원을 받는 것으로 나타나 30대에 생애 최고 임금에 도달하는 것을 알 수 있다. 여성의 경우 만 35세에 최고 임금을 찍고 이후 하락하는 양상을 보이는 반면 남성 근로자는 51세에 467만 원을 수령하고

---

10) 조덕상·한정민(2024), '여성의 경력단절 우려와 출산율 감소', 한국개발연구원, https://www.kdi.re.kr/research/focusView?pub_no=18306.

50대까지 평균임금이 우상향하는 것으로 나타나고 있다.[11]

30대 여성의 급격한 경제활동 참가율 증가 추세를 이끈 것은 2023년 84.0%의 참가율을 보여준 미혼여성 집단이다. 연령 및 혼인상태별 경제활동 참가율을 살펴보면 30대의 경우 남녀 간 참가율의 차이가 혼인 여부에 따라 크게 다르다. 30대 경제활동 참가율은 미혼자 집단에서는 남녀 간 격차(2.1%포인트)가 20대와 40대에 비해 작고, 기혼자 집단에서는 다른 연령대에 비해 큰 것(36.0%포인트)을 확인할 수 있다. 30대 미혼여성 중에서도 참가율이 88.4%로 높은 대졸 이상 학력자의 영향이 큰 것으로 보인다.(남성 대졸 이상 88.7%, 여성 고졸 73.8%)

경제활동 참가율, 고용과 실업 모두에서 30대 여성에게 나타나는 눈에 띄는 변화는 한국 노동시장의 젠더역학에 변화를 예고하는 것이다. 30대 기혼여성의 고용률은 여전히 낮아서 생애주기에 따른 경력단절 양상이 유지되고 있다. 그러나 20대 이후 다수가 비경제활동인구로 유입되던 기존 여성 노동시장의 특성이 한층 완화되면서 생애과정 내내 노동공급을 유지하려는 여성이 많아지고 있음을 암시한다. 그러나 취업과 실업을 오가는 일자리 불안정은 남성에 비해 여성이 더 강하게 경험하고 있다는 점을 엿볼 수 있다.

실제 우리 주변에 있는 구체적인 사례를 살펴보자. 김아무개(38)씨는 24세에 서울의 한 대학 토목공학과를 졸업한 후 중견 건설회사에 취업하였다. 건설회사 특성상 여성 근로자는 10%도 채 되지 않았고, 관련 전공을 했음에도 현장과 가까운 일보다는 팀에서 서무를 맡거나

---

[11] 경향신문(2023. 2. 24.), "여성 평균임금의 '최정점'은 28~30세 남성이 이미 도달한 임금".

계약을 검토하고 자질구레한 구매를 전담하는 등 건설업계에서 전문성을 쌓는 일과는 먼 직무를 수행하였다. 그렇게 결혼할 때까지 10년을 다녔으나 직급은 대리였다. 입사 동기인 남성들은 모두 과장이 되었다. 늦은 결혼으로 바로 아이를 갖게 되었다.

그때 김씨는 34세였다. 10년 넘게 일하며 항상 주변업무에 머물러 있는 자신이 작게 느껴졌다고 한다. 정규직이었기 때문에 출산휴가와 육아휴직 사용이 가능하긴 하였으나 육아휴직 복귀 이후의 그림이 그려지지 않았다. 건설회사의 특성상 가족친화제도가 전무한 상황에서 육아와 일을 병행하는 것은 생각하기 어려웠다. 그때 배우자도 육아에 참여하기 어려운 환경이었다. 그래서 육아휴직을 마치는 시기에 사직서를 제출하였다. 그때 김씨의 연봉은 4천만 원 후반대였다. 김씨는 육아를 하며 공부도 병행하고, 하고 싶은 일을 찾아 제2의 인생을 살고 싶었다.

아이가 어린이집에 가면서 여성인력개발센터·직업전문학교 등에서 마케팅과 디자인 관련 교육을 여러 개 이수하였다. 아이가 다섯 살 되던 해 새로운 직업을 찾아 일을 시작하려 하였으나, 신입직원에게 유연한 근무조건을 제시하는 기업을 찾기 어려웠다. 육아와 일을 병행할 수 있는 새로운 직장은 없었다. 그러다 겨우 조건에 맞는 일자리를 찾게 되었다. 집 앞에 있는 육아종합지원센터에서 오전 10시부터 오후 4시까지 장난감 정리를 하는 업무였다. 1년 계약직으로 임금은 최저임금 수준이었다. 그런데 김씨가 놀란 점은 면접을 보고 난 이후였다. 당시 1 대 5 면접을 하였고, 우연한 기회에 피면접자들이 이야기를 나누게 되었다. 함께 면접 본 비슷한 연령의 여성들이 모두 김씨보다 좋은 대학을 나오고 좋은 직장에 다닌 경험이 있었다.

"그런데 현실은요, 이 일자리가 최선이라고 생각한다는 거예요. 좋은 대학을 나왔든, 좋은 회사를 다녔든 경력단절 여성에게 이전의 경력이 별로 도움이 되지 않아요. 갈 수 있는 일자리가 정말 제한적이거든요. 가까워야 하고, 아이 등하원이 가능해야 하니까요."

이렇게 경력단절 여성의 노동시장 재진입은 최저임금 수준의 계약직이 최선인 현실이다. 이러한 모습은 어렵지 않게 우리 주변에서 볼 수 있다. 임신 및 출산에 따른 여성에게 주어지는 '페널티'는 상대적으로 남성에게는 '프리미엄'으로 나타나고 있다. 주익현(2023)[12]은 이러한 양상을 통찰력 있게 보여주고 있다. 여성은 결혼과 임신·출산으로 경력단절을 경험하게 되고, 여성의 혼인 경험은 경력연수의 임금 상승 효과를 약화시키는 조절효과가 있었다.

반면 남성의 경우 결혼의 임금 상승 효과가 여성보다 크게 나타났다. 또한 자녀의 존재는 여성의 시간당 임금을 감소시키는 반면 남성의 시간당 임금을 증가시키는 효과가 있었다. 마지막으로 혼인은 시간이 흐르면서 여성과 남성의 시간당 임금을 감소시키는 효과가 있었으며, 미혼이 기혼보다 시간당 임금이 높아지는 시점은 여성이 빠르다는 사실을 통계적으로 보여주었다.

30대 여성 노동자는 결혼과 임신 및 출산을 선택하는 대가로 노동

---

12) 주익현(2023), '여성의 결혼 임금 페널티, 남성의 결혼 임금 프리미엄', 한국노동연구원.

시장에서 나타날 수 있는 임금·고용형태·근로시간 등에서 경력단절로 인한 모든 페널티를 경험하게 되는 것이다. 우리가 주목해야 하는 점은 여성들에게 가해지는 페널티의 효과가 남성에게는 프리미엄으로 작용하는 것이다. 이러한 모습 또한 너무 쉽게 주변에서 살펴볼 수 있다. 육아 공백을 해결하기 위해 여성이 일을 그만두거나 육아휴직을 사용하는 모습이다. 그 결과 남성은 자신의 경력을 유지할 수 있고 지속적인 임금 상승을 획득하게 된다. 결국 여성 노동시장의 불평등을 개선하기 위해서는 여성에게 주어지는 페널티가 남성의 프리미엄이 되어 격차를 지속적으로 확대하는 매커니즘을 끊어내야 한다.

이를 위해서는 여성에게만 시혜적인 제도를 사용하도록 해서는 안 된다. 구체적으로 육아휴직을 살펴보자. 최근 남성 육아휴직을 장려하는 정책들이 지속적으로 시행되고 있다. 육아휴직자 중 남성이 차지하는 비중은 2022년 28.9%로 10년 전에 비해 10배가량 상승하였다. 그러나 남성과 여성의 육아휴직 기간 총량을 살펴보면 상황은 다르다. 여성은 육아휴직 1년을 다 사용하는 반면 남성은 짧게는 한 달, 길어야 6개월 정도로 한정되고 있다.

최근 정부는 저출생의 심각성을 인식하고 모성보호 및 육아와 관련된 제도를 개편하고 있다. 대표적으로 2024년부터는 육아휴직이 1년 6개월로 늘어났으며, 배우자 출산휴가가 10일에서 20일로 확대되었다. 국가적 저출생 문제 해소는 결국 여성에게 부과되는 출산 페널티를 노동시장에서 제거함으로써 가능할 것이다. 이를 위해서는 모성보호 및 출산 제도가 여성에게 시혜적이고 차별적으로 부여되어서는 안

된다. 사회문화적 인식개선과 함께 기업들의 적극적 성평등 관점을 바탕으로 한 출산·육아 지원제도가 이루어져야 할 것이다. 이는 남성과 여성이 결혼과 임신·출산, 그리고 육아 과정에서 각종 지원제도를 활용하더라도 근속과 평가에 어떠한 불이익도 가해질 수 없다는 사회적 인식이 자리 잡음으로써 가능할 것이다.

40~50대 여성, 아이의 의미와 여성의 삶

최근 여성 노동시장에서 가장 편차가 큰 집단은 40대라 할 수 있다. 그 이유는 저출생 고령화로 인한 인구 구성의 변화 속에서 다양한 혼인 형태가 교차되어 나타나는 집단이기 때문이다. 우선 비혼과 만혼의 증가로 40대 초반에 미혼 상태로 기존 커리어를 잘 유지하고 있는 집단을 생각할 수 있다. 기업에서 관리자 반열에 올라섰고, 누구보다 열심히 일하여 자신의 커리어를 쌓아가는 여성들이다. 이들은 성별에 관계없이 사회적 인정을 받고 있으며, 경제적으로도 안정적인 생활을 영위할 수 있다.

사례를 통해 살펴보자. 서아무개(42)씨는 공무원이다. 지금까지는 남성 동기들보다 때로는 빠르게, 최소한 늦지 않게 승진했다. 그래서 5급 사무관으로 관리자 지위에 있다. 공공의 이익을 위해 일하는 공무원이라는 직업에 자부심이 있으며 높은 직무 열의를 바탕으로 열심히 일하고 있다. 서씨는 40세가 되던 해에 조금 늦은 결혼을 했다. 늦은 나이에 결혼하다 보니 주위에서는 하나같이 "언제 아이를 낳을 거냐"는 질문을 한다. 그러나 서씨는 아이가 있는 삶이 두렵다. 배우자가 육아에 동참한다고 하더라도 지금과 같은 업무성과를 보이지 못할 게 분명하고, 출산휴가 과정에서 업무 공백 또한 피할 수 없기 때문이다. 더 큰 문제는 낳고 싶을 때 아이가 생긴다는 보장도 없다는 것이다. 병원에 다녀온 결과 나이 탓에 시험관 시술을 권유받았다. 서씨에게 아이를 갖는다는 것은 그녀가 지난 15년간 열심히 일한 모든 것을 희생하는 것처럼 느껴졌다. 서씨는 남편이 자신을 지지해 주리라는 것을 알고 있다. 그러나 아이의 존재는 그녀가 통제할 수 없는 일들이 증가한다는 것을 의미하는데, '현재의 직업적 우위를 유지할 수 있을까'라는 질문에 답을 할 수 없었다. 그러면서 서씨는 '그렇게는 살지 말자'며 경계하던 2급 여성 국장을 이해하게 되는 경험을 하고 다시 한번 좌절감을 느꼈다고 한다.

"더 힘든 건 여자의 적은 여자라고, 미혼의 국장님이 계세요. 아이도 둘이 있는데 입지전적으로 국장까지 올라가신 분이죠. 그런데 모두 그분을 싫어해요. 정말 독하시거든요. 저도 항상 저렇게까지는 안 돼야지, 하면서 살았는데…. 지금은 그분이 이해되는 거예요. 그렇게 안 하셨으면 지금 국장님의 자리가 있었을까, 하고요. 우리 사회에서는 평범한 여성은 고위직에 갈 수 없어요. 그 자리는 특별한 여성만이 차지할 수 있죠. 이런 상황에서 저는 평범한 사람이 되느냐, 이상한 사람이 되느냐를 선택해야 하는 거예요."

다른 한편, 이른 30대에 혼인하고 출산하여 육아와 일을 함께 할 수 있는 좋은 회사에 다니는 여성들이다. 좋은 회사라 하면 최소한 육아휴직을 눈치 보지 않고 사용할 수 있고, 유연근무제도가 있어서 육아를 하면서도 직장생활을 할 수 있으며, 더 좋게는 직장 어린이집이 있는 회사일 것이다. 그러나 이들은 집과 가정 어디에서도 완전하지 못하다는 괴로움에 만족도 낮은 하루하루를 살아가고 있다.

김아무개(44)씨는 국내 대기업 보험회사에서 일하고 있다. 27세에 결혼해서 이제 중학생이 되는 딸아이와 늦둥이 일곱 살 아들이 있다. 남편도 같은 회사에 재직하고 있는 사내 커플이다. 여섯 살 차이의 남편은 이제 부장이다. 남편은 결혼 전에는 "당신이 더 좋은 대학 나왔고 일도 잘하니까 임원이 될 거야. 내가 지원할게"라고 하였다. 그러나 김씨는 재직 5년 차에 첫째 딸아이를 임신했고 출산과 육아휴직으로 동기들에 비해 대리 승진이 2년 늦어졌다. 육아휴직 후 복귀하여 1년이 더 지나서야 대리로 승진했다.

그녀에게는 승진보다 매일매일 아이를 유치원에 보내는 것이 더 중요했다. 첫째 아이가 초등학교에 들어갈 즈음 둘째가 생겼고 출산휴가와 육아휴직을 연달아 사용하였다. 입사한 지 10년 차였지만 여전히 대리였다. 김씨는 지금의 생활이 나쁘지 않았다. 승진 욕심을 내려놓으니 회사에서도 김씨에게 많은 것을 기대하지 않는 눈치였다. 한 번씩 부서 내 업무가 과중해질 때 더 많이 기여하라는 압박이 있었으나 팀 내에서 왕따가 되지 않을 정도로만 열심히 하고 나면 다시 적당히 다닐 만한 직장이 되었다. 서씨는 이렇게 무덤덤하게 회고하였지만 실제 그의 삶은 무기력함으로 점철되었다.

"그런데 저는 어디에도 마음을 놓을 수가 없어요. 항상 불안하고 불편하죠. 아이가 아파서 당일 아침에 출근을 못 한다고 하면 회사에서 당장 나오라고는 안 하죠. 그런데 생각해 보셨어요? 그냥 어떤 상황에서도 다른 직원들이 저를 '저 사람은 원래 저러니까'라는 태도로 대하면 어떤 느낌일지요. 한마디로 '맘충'이라고 하나요? 저는 집에서도, 회사에서도 환영받지 못해요."

서씨는 둘째 아이 건강에 문제가 생기면서 더욱 어려운 상황에 처했다. 가족돌봄휴가를 모두 사용한 후 치료가 길어지면, 직장을 그만두어야 하는 상황도 염두에 두어야 한다. 남편이 육아휴직을 하면 되지, 하고 생각할 수 있지만 서씨가 회사보다 가정에 집중하는 동안 승진한 남편의 벌이가 경제적으로 중요한 상황이다. 그리고 한 명이라도 살아남아야 한다고 생각하니 돌봄 부담은 여전히 서씨에게 기울어져 있다.

학교를 졸업하고 1~2년 이내의 사회생활 이후 결혼하여 아이가 초등학교 고학년 이상인 여성들을 하나의 범주로 구분할 수 있다. 이 부류의 여성들은 대학 졸업 이후 이렇다 할 경력이라고 내세울 커리어를 쌓지 못하고 결혼으로 경제활동을 중단한 사례들이다. 이들은 최근의 경력보유 여성과 비교하면 경력 미보유에 가깝다. 아이가 중학생·고등학생이라면 전일제 근무는 쉽지 않다. 그럼에도 늘어가는 학원비를 충당하기 위해 여성들은 노동시장에 진입하려고 노력한다. 한 사례를 살펴보자.

이아무개(48)씨는 27세에 첫아이를 출산하고 현재는 둘째 아이도 고등학생이 되었다. 이제는 이씨의 손길이 닿지 않아도 아이들은 자기 할 일을 한다. 이씨는 추가 소득을 통해 아이들에게 좀 더 나은 사교육을 시키는 것이 가정에 기여하는 방법이라고 생각했다. 돈을 벌어야겠다고 생각한 그는 아파트 앞 현수막을 보고 여성새일센터를 찾아 적성검사를 하였다. 전문대에서 디자인 전공을 한 이씨는 요즘 일자리가 많은 온라인 광고 마케팅에 높은 직무적성을 보였다. 이씨도 그 일이 하고 싶어 6개월가량의 교육과정을 이수하고 일자리를 찾아 나섰다. 40대 중반의 신입을 원하는 회사는 찾기 어려웠다.

결국 이씨는 집 앞 마트에서 계산원으로 일을 시작하였다. 마트에서는 가장 젊고 빠릿빠릿하다고 칭찬받았지만 미래가 보이지 않았다. 부족한 경력과 역량을 쌓기 위해 열심히 교육받았고 다른 삶을 살 수 있을 거라고 생각했지만 현실은 녹록지 않았다. 이씨는 다가오는 50대, 60대의 삶이 그려지지 않는다.

위의 세 가지 사례를 통해 40~50대 여성의 삶을 살펴보았다. 어느 하나 아니라고 부정할 수 없는 우리 주변 여성의 모습들이다. 사례들 하나하나에 꽉 막혀 답을 찾을 수 없을 것 같은 문제들이 가득하다. 우리는 좌절하고 있을 수만은 없다.

60세 이상 고령 여성, 노동시장을 지탱하다

우리는 60세가 되면 은퇴할 것이라고 생각한다. 현실은 그보다 훨씬 빨리 40대에 퇴직하는 사람이 있는가 하면, 반대로 많은 사람들이 70세 넘어서까지 일을 한다. 이러한 양상은 여성 고령 노동에서 더욱 확연히 나타나고 있다. 2000년 한국인의 건강수명은 67.4세였으나 2019년에는 73.1세로 늘어났다. 60세 이상 고령자의 노동시장 참여율은 꾸준히 증가해 2010년대 초반 약 30%에서 2022년 36% 정도로 늘었다. 이러한 고령 노동은 OECD 국가 평균이 15%인 것과 비교해 보면 두 배 이상 높은 수치다.

60대 이상의 여성 노동은 청소 미화를 포함해 큰 틀의 돌봄노동으로 점철된다. 돌봄노동은 그 특성상 기계로 대체되기 매우 어렵고 대인적 측면이 요구된다. 이에 디지털 전환 과정에서도 보건·간병·가사 노동 등의 직종은 감소하지 않을 것으로 예상되기도 한다. 그뿐 아니라 우리나라의 저출산 고령화 사회에서 돌봄노동의 수요는 향후 더욱 증가할 것으로 보인다. 돌봄서비스가 본격적으로 시작된 2008년부터 2021년까지 60세 이상 노동자 비중이 25배가량 늘었다.

'2024년 1분기 임금근로 일자리 동향'에 따르면 전체 임금근로 일자리는 전년 대비 31만4천 개 증가한 것으로 나타났다. 이 증가분의 약 50%를 60대 이상 여성이 차지했다. 그 이유는 보건사회복지 분야의 돌봄 영역이 일자리 증가를 이끌었는데 그러한 일자리에는 거의 60대 이상의 여성들이 종사하고 있기 때문이다. 사회복지서비스업 종사자 중 40세 이하 비중은 2008년 64%(9만9천 명)에서 2021년 22.8%(19만7천 명)로 대폭 줄었다. 반면 60세 이상은 같은 기간 1.8%(2만7천 명)에서 25.3%(22만 명)로 급증했다.

한국노동연구원에서 발간한 '필수노동자 실태와 정책과제'에 따르면 2022년 기준 우리나라 돌봄서비스 종사자는 130만 명가량이다. 이 중 여성의 비중은 꾸준히 90%를 넘기고 있다. 60대 이상의 여성이 다수 종사하는 돌봄·보건서비스 노동자의 월평균 임금은 153만 원(2022년 기준)으로 당시 최저임금인 191만여 원에도 못 미치고 있다.

사례를 통해 살펴보자. 한아무개(68)씨는 방문요양기관에서 일하고 있다. 그녀는 한 달에 60시간 이상 근무해야 4대 보험을 들 수 있는데 기관에서는 일부러 59시간만 일하게 한다. 초단시간 근로자로 만들기 위해서다. 그러다 보니 한씨는 생활을 위해 세 곳의 방문요양업체에서 일하고 있다. 요양기관마다 이동을 하고 근무시간 간 대기시간이 있어 매일 아침 7시에 집을 나서고 밤 9시가 넘어서야 돌아와도 한 달에 손에 쥐는 급여는 200만 원이 채 되지 않는다. 겨우 최저임금 수준의 급여를 받고 한씨는 어떤 일을 하고 있을까. 그 일은 정말 최저임금 수준의 기술과 노력, 책임과 작업조건을 가지고 있을까.

한씨는 혼자 10명의 어르신을 돌보고 있다. 한씨도 거동이 가능한 어르신들이 선선한 가을 날씨에 산책을 하고 연계활동을 하면 훨씬 인지 및 신체기능에 도움이 된다는 것을 알고 있지만, 센터 밖으로 나갈 엄두를 낼 수조차 없다. 근무시간 동안 한 번도 엉덩이를 붙이지 못하고 여러 어르신을 돌보다 보면 완연한 가을 날씨임에도 온몸이 땀으로 흠뻑 젖는다. 각각의 어르신들의 신체 및 인지 기능에 대한 파악과 적정한 돌봄 제공도 한씨의 몫이다. 돌봄 노동자들에게는 근속 인정 같은 것은 없다. 한 기관에서 10년을 일해도 월 급여 차이는 많아야

10만 원 정도다. 다른 기관으로 옮기면 그마저도 사라진다. 한씨는 "처음 일을 시작한 10년 전을 생각하면 올챙이가 개구리 됐다"고 한다. 요양보호사 자격증을 땄을 때만 해도 센터에서 어떤 일을 해야 할지, 어르신을 어떻게 돌봐야 할지 전혀 몰랐다면 지금은 숙련이 3배는 높아졌다고 자신 있게 말할 수 있다는 것이다. 그런데 그에 대한 보상은 어디에도 없다. 한씨의 숙련은 센터에서 그를 더 싼값에 부리는 것으로 귀결될 뿐이었다.

이와 같이 여성 고령 노동자의 노동은 우리가 생각한 그대로다. 현재 한씨의 모습이 너무나 당연해서 다른 대안을 마련하는 것을 이상하게 여길 정도다. 돌봄 영역은 상당 부분 공공의 문제로 해결되어야 하지만 돌봄노동이 지나치게 시장 논리로 움직이는 과정에서 질은 매우 낮은 상태에 머물렀다. 돌봄 노동자의 생활 또한 열악한 상황이 지속적으로 악순환되고 있다. 이 악순환의 고리를 끊기 위해서는 돌봄노동의 가치를 사회적으로 인정해야 하며 이를 임금과 노동조건에 반영하기 위한 노력이 요구된다.

여성 노동시장의 미래를 위한 제언

지금까지 여성의 생애를 중심으로 여성들이 노동시장에 어떠한 모습으로 존재하는지, 통계 수치와 더불어 개별 사례를 들어 살펴보았다. 이를 통해 여성들이 변화하는 노동시장을 구성하면서도 종속되어 있는 모습을 확인할 수 있었다. 20대부터 60대 이상 전체 여성들은 각기 다른 모습으로 존재하고 있음에도 묘하게 닮은 노동의 굴레 속에 있는 것으로 보인다.

통계와 사례를 통해 살펴본 여성 노동자들의 삶은 몇 가지 공통된 특징을 보인다. 첫째, 대기업이나 공공부문 정규직에 속해 있지 않은 여성 노동자들은 경력이 임금으로 환원되지 않는다는 점이다. 이는 여성 노동자들의 임금이 만 35세에 최고 수준에 도달한 이후 감소하는 현상으로 나타난다. 또한 사례에서 여성 노동자들은 30대, 40대, 50대가 되어서도 최저임금에서 크게 벗어나지 않은 일을 수행했다.

둘째, 여성 노동자들은 불안정한 고용형태를 가지고 있다. 여성 노동자들의 불안정한 고용 상황은 여성 일자리의 저임금 구조와 맥락을 같이한다고도 볼 수 있다. 대부분 여성 노동자의 일자리는 당장 그만두어도 아쉽지 않다. 그만한 일자리는 언제든지 다시 구할 수 있기 때문에 일자리에 대한 미련이 없는 것이다. 한편, 여성 노동자들이 유지하고 싶은 일자리에서는 고임금으로 이행경로가 단절되어 있으며 강력한 유리천장이 존재하고 있다.

셋째, 공고한 직무 분리로 인해 여성 노동자들이 종사하는 일자리의 분야가 한정적이다. 산업구조의 변화 속에서 서비스업이 70% 이상을 차지하고 있는 상황에서 여성들은 보건의료서비스를 비롯한 환대, 교육 등의 직무에 집중되어 있다. 이러한 일자리들이 국가 경쟁력과 산업 발전 과정에서 어떠한 비전과 결합되며 여성 일자리의 질 향상을 가져올 수 있을지에 대한 고민이 절실하다.

우리나라의 미래 노동시장을 전망하는 연구들은 여성 노동의 중요성을 더욱 강조하고 있다. 2023년 기준 합계출산율이 0.7 이하로 나타나고 있는 상황에서 향후 20년간 생산가능인구는 1천만 명 이상 감소할 것으로 예상된다. 이제 더 이상 여성 노동의 사회적 필요성은 가정에 머무를 수 없다.

기존에 다양한 측면에서 여성 노동의 변화와 이에 대한 대응책들이 도출되어 왔다. 본고는 기존의 대응책들에서 나아가 근본적인 여성 노동에 대한 비전을 가지고 접근해야 할 필요성을 제기한다.

이를 위해 첫째, 여성 페널티가 남성 프리미엄이 되는 메커니즘을 개선해야 한다. 최근 정부는 남성과 여성의 육아휴직을 기존 1년에서 1년6개월로 늘리고 네 번까지 분할하여 사용할 수 있게 하고 육아휴직급여도 인상하였다. 이러한 출산·육아 정책이 성평등하게 활용되기 위해서는 지속적인 사회적 노력이 필요하다. 그 이유는 현재의 성별 불평등한 노동시장에서 보통의 경우 남성보다 여성이 육아휴직을 하면 가정에서 소득을 보전하기에 유리할 수 있기 때문이다. 따라서 이를 개선하기 위해서는 채용 과정에서 성별 차별을 근절하여 노동시장 진입과정에서 성별 임금격차를 최소화해야 한다. 그래서 남성과 여성, 둘 중 어느 누가 육아휴직을 사용해도 임금 페널티의 차이가 없는 기반을 마련해야 한다. 육아휴직을 늘리고 지원해 주는 것에서 한발 나아가 일하고자 하는 육아기 엄마 아빠가 밖에서 마음 편히 일하고 돌아와 기쁜 마음으로 아이들을 돌볼 수 있는 사회를 만들어야 한다. 이를 위해서는 아이돌봄 시스템의 질적·양적 성장이 뒷받침되어야 할 필요가 있다.

둘째, 여성 다수 종사 직무의 사회적 재평가를 이루어 내야 한다. 우리나라에서 여성 노동자의 임금이 남성에 비해 낮은 이유는 성별에 따라 일하는 직종이 나뉘어 있고, 여성 다수 종사 직종은 그 자체로 낮은 임금의 일자리이기 때문이다. 여성 다수 종사 직무는 경제적 논리로 그 가치가 평가되고 있으며, 이 과정에서 사회적 가치가 전혀 반영되지 못하고 있다. 돌봄 영역의 여러 직무가 그러하다. 여성 노동의 직무가치가 제대로 평가되고 임금에 반영되어야만 성평등한 노동시장의 선순환 매커니즘이 가능하다. 이를 위해서는 노동시장에서 소외된 노동자들이 이해대변을 통해 사회적으로 노동력의 가치를 재평가받을 수 있는 기제가 필요하다. 이를 위해 국가는 여성 노동자들이 여성 다수 직종과 산업 수준에서 노동조합을 결성하고 집단적 이해대변을 바탕으로 사회적 직무급 체계를 구축할 수 있도록 장기적 비전을 만들고 실행할 필요가 있다.

노동 전환이 빠르게 나타나고 있는 현재, 여성 노동의 재구성을 위해서는 이러한 큰 비전과 장기적 관점을 바탕으로 숙련-임금 구조 형성의 메커니즘을 바꾸는 것이 무엇보다 중요하다. 또한 이러한 거시적인 변화와 더불어 그에 정합한 구체적인 정책이 실행, 구현될 때 여성 노동 현실을 변화시킬 수 있을 것이다. 이러한 접근에서만이 기존에 효용성을 높게 평가받은 성별 임금공시제도, 여성의 경력단절 예방 정책, 남성의 육아휴직 활성화 등이 여성 노동에 대한 차별적이고 불합리한 시장 상황에 대한 저항 속에서도 제 기능을 할 수 있을 것이다.

07

정의로운 전환에서 노동의 전환으로

김현우
탈성장과대안연구소 소장

정의로운 전환의 연원과 배경

'정의로운 전환(Just Transition)'은 미국의 전설적 노동운동가 토니 마조키(Tony Mazzocchi)의 경험과 제안에서 출발한 것으로 알려져 있다. '작업장의 레이철 카슨'이라는 별명을 가졌던 그는 석유화학원자력노동조합(OCAW)에서 정책담당자로 활동하면서 환경 노동조합주의를 개척했다. 화장품 공장에서의 노동 경험은 노동자와 소비자에게 유해한 '독성 경제'에서 탈피할 필요성을, 그리고 2차 대전 직후 연방 정부가 고향에 돌아온 군인들의 생계 대책과 취업 훈련을 위해 제정한 제대군인 원호법(GI Bill)의 효과는 비상한 상황에서 공공부문이 주도하는 산업과 일자리 정책의 필요성을 그에게 일깨워 주었다.

미국에서 최초의 '지구의 날' 행사 기획을 하고 비핵 군축 운동에 열성적으로 합류했던 그는 점점 더 노동운동이 공장의 담벼락에 갇힌 분배 투쟁에서 벗어나야 하고 노동자도 자신의 노동과 그 영향에 대하여 선택권을 가져야 한다고 생각하게 되었다. 마조키는 심각한 환경 파괴를 복원하기 위해 고안된 제도인 '슈퍼펀드'가 노동자에게도 필요하다고 주장했다.

그래서 그는 1980년대 후반 '노동자를 위한 슈퍼펀드(Superfund for Worker's)'와 새로운 일자리를 위한 직무훈련을 제안했다. 이러한 인식을 같이하는 노동조합 활동가들과 시에라클럽 같은 환경단체, '걱정하는 과학자들의 모임(Union of Concerned Scientists)' 등이 머리를 맞대고 기업의 여론 지배를 극복하고 환경 문제의 사회적 해결을 모색하는 대안을 강구하기 시작했다.

1995년 유독물질 제조 공장의 퇴출을 진지하게 논의하기 위해 열린 한 회합에서 마조키의 동료인 레스 레오폴드(Les Leopold)는 '슈퍼펀드'라는 부정적 느낌의 이름 대신 '정의로운 전환'이라는 명칭으로 바꾸자고 제안했다. 레오폴드는 기업이 노동자들에게 환경보호가 일자리 상실을 가져올 것이므로 다른 대안이 없다고 겁박할 때 이를 방치하는 노동조합의 방어적이고 소극적인 태도에서 탈피해야 한다고 주장했다.(김현우, 2014)

노동조합들도 하나둘씩 이러한 아이디어에 공감하기 시작했다. 마조키가 활동한 OCAW가 1997년에 정의로운 전환을 자신의 정책으로 채택했고, 2001년에는 미국의 가장 큰 노동조합인 서비스연맹이 정의로운 전환 요구를 포함하는 공식 에너지 정책을 발표했다.

캐나다에서는 더욱 실천적인 정책이 발전했는데, 이를 주도한 것은 통신에너지제지노동조합(CEP)에서 활동한 브라이언 콜러(Brian Kohler)다. 캐나다에서는 이미 1989년에 캐나다노총(CLC) 직업보건안전위원회의 하부 단위로 환경위원회가 설치되었고, '노동자 환경권'이라는 이름으로 10개 환경 프로그램이 만들어졌다. 1993년에 와서 환경위원회는 CLC 내의 상설위원회가 되었고, 환경단체들도 회의에 참관자로 들어오기 시작했다. 캐나다의 에너지화학노동조합(ECWU)이 정의로운 전환을 채택하고, ECWU가 CEP로 통합되면서 정의로운 전환은 곧 CLC의 정책으로 받아들여졌다.(김현우, 2020)

그런데 정의로운 전환이 순탄하게 그리고 단선적으로 발전한 개념과 정책이 아니라는 점을 먼저 환기할 필요가 있다. 1970년대 미국의 급진적 사회운동의 분위기 속에서 아이디어가 탄생했다가, 80년대 석탄산업의 위기 속에서 노동자 고용에 초점을 두어 정치적 제안으로 발전했다. 이후 신자유주의 공세 속에 미국 노동조합에서도 정의로운 전환이 잠시 주춤했고, 그동안 캐나다·스페인 등의 전국 노조와 산별 노조에서 정책 틀거지로 발전하여 자리를 잡게 되었다.

최근 기후위기 대응과 연결되면서 정의로운 전환은 대중적인 구호와 정책이 됐다. 2006년 케냐 나이로비에서는 '노동과 환경에 관한 노동조합 총회'와 새로운 통합 세계 노동자조직인 국제노총(ITUC) 창립 총회가 이어서 개최되었다. 교토의정서를 대체할 새로운 기후체제 수립이 예정된 가운데 주요국 정부뿐 아니라 사회운동도 이에 대한 기대와 대응의 물결이 함께 높아가고 있던 시기에 돛을 올린 ITUC는 환경 이슈, 특히 기후변화를 자신의 중심 의제로 자연스레 받아들였다.

ITUC는 2008년 폴란드 포즈난에서 열린 제14차 유엔 기후변화협약 당사국총회(COP14)에서부터 기후변화에 대한 분명한 입장과 개입을 시작했다. ITUC는 기후변화 대응의 맥락에서 '정의로운 전환'을 자신의 정책으로 채택했고, 2010년 2차 총회에서 정의로운 전환이 기후변화에 맞서 싸우는 '특별한(the)' 접근이라고 선언했다.

ITUC는 2009년 덴마크 코펜하겐에서 열린 제15차 기후변화협약 당사국총회(COP15)에서 '정의로운 전환'이 유엔 기후체제의 한 원칙이 되어야 한다는 요구를 관철하기 위해 적극적인 캠페인을 전개했다. 코펜하겐 회의 초안에는 정의로운 전환이 명시되었으나 당사국들의 최종합의 자체가 불발되어서 노동조합 활동가들에게 실망을 안겼다.

그러나 ITUC 등의 지속적인 요구의 결과로 2015년 파리협정의 전문(前文)에 기후변화 대응은 "노동의 정의로운 전환과 괜찮은 노동과 양질의 일자리 창출이라는 원칙을 고려하여야 한다"는 문구가 삽입됨으로써 정의로운 전환은 국제적으로도 공인된 개념이 되었다. 정의로운 전환은 이후 각국의 노동운동으로 더욱 널리 확산되었다. 이 과정에서 노동조합 운동 내에서 노동자의 권리와 함께 탈화석연료 전환 과정에서 나타나는 불평등과 위기를 다루며 더욱 적극적인 내용을 포함하게 되었고, 기후운동의 확산과 함께 영역도 노동운동을 넘어서게 되었다.(김현우, 2014)

대체로 정의로운 전환은 노동자와 사회에 유해하고 지속가능하지 않은 산업과 일자리가 안전하고 더 좋은 일자리로 전환할 때 그 과정과 결과가 모두 정의로워야 한다는 개념이자 원칙이다. 정의로운 전환은 하나의 프로그램이라기보다는 노동자와 지역공동체가 갖는 취약성의 여러 측면들, 이를테면 일자리 영향에 관련된 불확실성, 일자리 상실의 위험성, 비민주적 의사 결정 과정의 위험성, 광역 경제와 지역 경제의 황폐화 위험성을 다루는 정책 제안의 패키지로 제시된다.

따라서 정의로운 전환은 하나의 정의로 환원되지 않고, 매뉴얼화되어 있는 콘텐츠도 아니다. 그리고 연구자와 운동, 국가 제도와 기업 등 다양하게 변용되고, 협소하게 또는 대단히 넓게 이용(때로는 남용)되는 개념이다.(래첼 외, 2019)

정의로운 전환의 스펙트럼과 쟁점

앞서 보았듯이 정의로운 전환은 처음에 ① 좁게는 독성 경제에서 탈피를 의미하는 전환, 조금 넓게는 에너지 전환의 불가피성, 그리고 ② 노동(조합)운동이라는 배경을 가지고 출발했다. 이 출발점은 이 개념에 한계 또는 독특한 용법을 부여하며, 그것이 개념의 혼선이나 논쟁을 유발하는 것은 당연한 일이기도 하다.

정의로운 전환의 두 날개라 할 수 있는 노동운동과 환경운동 사이의 관계를 생각해 보아도 이런 상황은 어느 정도 이해할 수 있는 것이다. 예를 들어 미국에서도 두 진영의 동맹이 언제나 순탄한 것은 아니었다. 1990년대에 캐나다 브리티시컬럼비아주에서 전개된 고목림 벌목 규제 완화를 둘러싼 '나무 전쟁'에서 특히 그린피스와 캐나다 임업 노조 사이에 심각한 반목이 있었다. 그리고 다급한 노동 사안이 생기면 노동조합에서 환경 문제는 곧잘 현안이라기보다는 부차적인 것으로 치부되곤 했다.

진보적 노동조합들은 시간이 흐르면서 점점 더 환경보호를 '사회적 노동조합주의(Social Unionism)'의 일부로 인식하게 되었고 큰 환경단체와 노조의 교류가 늘어났다. 그러나 여전히 노동조합을 환경오염을 발생시키는 기업과 한편으로 의심하는 시각도 존재한다.

살충제 반대 운동, 암 예방 연대, 독성물질 감시 그룹 등의 구체적 공동 활동이 이러한 의구심과 노동조합에 대한 환경운동의 적대감을 완화하는 데 많은 도움이 되었다. 이제 노동조합이 주도하는 환경 이슈는 녹색일자리 창출과 산업 환경의 변화 과정에서 노동자를 위한 정의로운 전환 개념을 중심으로 전개되고 있다.

그럼에도 정의로운 전환에 대해서는 여전히 상반된 이해가 존재하며 반응도 여러 갈래다. 미국의 '지속가능성을 위한 노동자 네트워크(LNS)'에서 2015년에 진행한 인터뷰 조사는 정의로운 전환에 대한 다양한, 그리고 매우 현실적인 인식들을 담고 있다.

한 노조 활동가는 정의로운 전환에 원칙적으로 동의하지만 실제로는 사라지는 산업과 일자리에 그냥 '멋진 장례식' 정도를 만들어 주는 것 아니냐고 말했다. 노동조합이 사회운동 및 지역사회와 참신한 대안 프로그램을 만들고 부분적으로 성공하는 사례들도 보고되지만, 정의로운 전환이 결국은 지금의 자본주의 체제 속에서 위험에 대비하는 '보험'이거나 기후위기 대응을 지연하는 변명거리로 머무는 것 아니냐는 비판도 제기된다. 전환이라는 말이 부드럽고 대부분 쉬운 과정으로 들린다면 그것은 다분히 현 체제 유지와 거리가 멀지 않은 것이라는 반증이다.(김현우, 2021)

정의로운 전환의 수용과 해석의 다양한 스펙트럼은 정의로운 전환에 대하여 학계와 사회운동 사이에서의 명확한 합의가 아직 없는 것과도 관련이 있다. 그래서 정의로운 전환 공동연구회(JTRC)는 세계 여러 노동조합과 사회운동 조직에서 주장하고 정책 또는 운동으로 수용하고 있는 정의로운 전환의 사례들을 현상유지적 접근, 개혁관리적 접근, 구조개혁적 접근, 변혁적 접근으로 수준을 구분하기도 한다.(JTRC, 2018)

하지만 이러한 분류가 곧 어떤 유형의 정의로운 전환이 유일하게 정당하거나 유효하다는 의미는 아니다. 그리고 이런 유형들은 전환의 추진 주체가 갖는 정치 전략과 지향에 의해 만들어진 것이라기보다 개별 사례와 운동의 특수성이나 맥락에 기인한 결과일 수 있다. 게다가 이러한 유형화를 놓고 상위 수준이 더 규범적 가치가 있다거나 상위 단계로의 단선적 발전을 전제한다고 볼 수 있을지도 논의가 필요하다.

정의로운 전환은 노동조합에는 위기를 헤쳐갈 기회의 담론이지만 이 개념의 역사적 연원과 배경인 두 출발점은 그것의 한계를 규정하기도 한다. 대표적인 문제 제기는 전통적인 노동 주체인 제조업, 정규직, 남성 노동자가 다가오는 산업전환의 위기에, 그러한 '주류적인 노동'의 존재 방식과 조건을 그대로 유지하기 위해 정의로운 전환이라는 프레임을 활용하는 게 아니냐는 것이다.

정의로운 전환을 아무리 급진적으로 말하더라도 자본주의 동학의 일부인 끊임없는 경제 성장, 노동과 자본 사이 그리고 노동자 내부의 권력관계를 전제하는 것이 아니냐는 비판도 가능하다. 노동자와 노동자 조직 스스로가 지금의 위기를 초래한 체제와는 다른 생산과 재생산, 다른 노동과 비노동을 상상할 수 없다면 정의로운 전환은 방어적이고 현상유지적인 속성을 벗어나기 어려울지 모른다.(김현우, 2022b)

특히 현 체제와 성장 이데올로기의 관계에서 보면 정의로운 전환의 담론 지형은 노동조합 운동에서도 보수적인 쪽에 가깝다. 노동 역사학자 스테파니아 바르카(Stefania Barca)는 유럽 적록정치와 노동자 환경주의의 역사와 현재를 살펴보면서 실제로 여러 갈래가 존재하지만 주류 또는 공식적 조직들의 입장은 '생태적 현대화', 즉 좋은 녹색 기술을 활용하여 경제를 현대화함으로써 생태 위기를 해결한다는 관점을 수용하는 것으로 봐야 한다고 주장한다. 특히 국제적 산별 수준에서 대부분 노동자 조직들의 입장은 공공 투자와 세금 인센티브에 기반하는 정의로운 전환 전략을 옹호하는 '녹색 성장' 블록에 가까운 것이 분명하다고 분석한다.

그리고 정의로운 전환 전략은 세계적 범위에서 젠더화되고 인종화된 노동 분업의 지속에 기반하면서 '녹색' 양식을 갖는 자본주의와 임노동의 지속을 심지어 강하게 고착화하는 문제를 갖는다고 평가한다. 반면에 성장주의 비판과 남성 부양자 가족 모델 비판 같은 다른 조망과 급진적인 대안에 대한 진지한 토론을 배제하며, 따라서 생태적 불평등과 사회적 불평등의 구조적 원인을 효과적으로 몰아낼 가능성도 가로막는다고 지적한다.(Barca, 2017)

그래서 바르카는 돌봄노동 같은 비가시화된 노동의 재평가를 주장하는 에코페미니스트 경제학자 마리아 미스(Maira Mies)의 논의를 통해 정의로운 전환을 보완할 것을 요청한다. 말하자면 정의로운 전환이 기존 남성 정규직 노동자 중심의 노동시장을 어떻게든 유지하기 위한 프로그램으로 그쳐서는 안 되며, 기후위기와 생태 위기에 대응하기 위한 경제와 사회의 전환은 그것보다 훨씬 크거나 프레임 자체의 전환을 요구할 수도 있다는 것이다.

〈표 7-1〉은 유럽에서 정의로운 전환이 공식 노동조합과 사민주의 정치에서 대체로 생태적 현대화의 범주 속에서 보수적 또는 방어적으

로 논의되고 있음을 보여준다. 물론 그것이 유럽만의 현상은 아니다. 환경 정의를 강조하는 입장에서는 탈성장 이론과 운동 프로그램을 활용하여 정의로운 전환을 급진적으로 만들려 시도하고 있지만 아직 초기적이며 노동운동 조직 및 대중과 접속하는 데에는 한계를 보인다.

〈표 7-1〉 노동 환경주의의 구성과 성격

	생태적 현대화	환경 정의
주체/ 그룹	ETUC와 유럽의회 내의 사민주의 그룹	기후정의, 탈성장 운동
콘텐츠	시장 및 비시장 규제의 조합에 기반한 노동친화적 녹색 성장 계획을 중심으로 함.	유물론적 에코페미니스트의 조망과 결합하고, (생태적) 반자본주의 정치의 정치적 영역으로서 '커먼즈'의 요구 또한 함께 하면서, 탈발전과 지구적 환경정의의 비전을 동력으로 함.
운동	주요 산별노조, 국제적 로비. 정의로운 전환과 기후 일자리 전략들은 노동자를 생태 혁명의 정치 주체로 보기 보다는 기후 정책의 잠재적 희생자로 바라봄.	탄소집약적 활동과 '청정에너지'. 메가 프로젝트 모두에 대한 풀뿌리 수준 저항에서분만 아니라 수많은 도시 스쿼팅/가드닝/노동공유 시도들. 이 중 다수는 의식적으로 탈성장의 원칙을 채택.
성격과 평가	계급의 생태학이 계급 기반의 재생산 방어에서 기원하는 변혁적 전략인 반면에, 이 새로운 버전의 노동자 생태현대화론은 생산의 방어를 둘러싸고 세워진 보수적 전략.	나우토피아(nowtopia), 즉 풀뿌리 수준의 제도적 행동을 연결함으로써 도시를 바꾸고자 하는 전략에 의거한 것. 긴축 시대의 빈곤하고 불안정해진 노동 계급의 대중적 지지를 아직까지 획득하지 못하고 있으며, 노동운동 일반과의 건설적인 대화를 만들지 못하고 있음.

자료: Barca(2017)를 필자가 요약

물론 정의로운 전환은 노동자와 공동체의 기획력과 개입력을 키우는 중요한 수단이 될 수 있고 더 나은 사회와 경제의 청사진을 그리는 지렛대로 작용할 수 있는 개념이다. 그러나 그 자체가 대안 체제를 담보하는 프로그램일 수는 없으며, 노동자와 기업 모두에게 현 상태를 유지하도록 하는 구실이 될 수도 있다는 점을 숙고해 보아야 할 시점이다. 예를 들어 2018년 폴란드에서 열린 제24차 기후변화협약 당사국총회(COP24)에서는 '연대와 정의로운 전환에 관한 실레지아 선언'이 채택되었는데 어떤 지역, 어떤 커뮤니티, 어떤 노동자와 시민도 소외되지 않는 사회적으로 공정한 포용적 전환이 필요하며 당사자들의 사회적 대화가 핵심이라는 내용이었다. 그런데 사실 이 표현에는 폴란드에서 여전히 비중이 높은 석탄산업 노사의 이해관계 유지라는 맥락도 깔려 있었다. 즉 충분한 준비와 대화가 전제되지 않는다면 급격한 탈석탄은 곤란하다는 의미를 담고 있는 것이다.

스티븐 해리(Steven J. Harry) 등도 정의로운 전환 개념이 사회적 및 환경적 정의를 융합할 수 있는 잠재력에도 불구하고 '기후 지체주의(climate delayism)'의 한 형태로 동원되고 있다는 우려가 커지고 있다고 지적한다. 이 문제는 여러 갈등적 행위자, 관행 및 담론을 끌어들이기 때문에 노골적인 형태의 기후 부정론보다 더 모호하게 나타난다. 노동조합과 산업 노동자들은 종종 전환에 저항하거나 방해하는 데 연루되지만, 이는 화석 경제의 헤게모니에 대한 구조적 권력 관계와 상당히 관련이 있고, 정의로운 전환을 둘러싼 교섭 자체가 탄소 자본주의 경제의 한 부분이기도 하다. 하지만 스티븐 해리는 노동조합이 환경적 정의보다 사회적 정의를 선호하는 것이 일반적일 수 있지만 보편적이거나 불가피한 것은 아니라고 주장한다. 결국 정의로운 전환은 열려 있고 논쟁의 여지가 있는 정치적 경합의 장이며, 노동-환경주의 투쟁은 정의로운 에너지 미래를 구축하는 데 필수적이라는 것이다.(Harry et al., 2024)

대런 매콜리(Darren McCauley)는 최근의 기후위기 정세 속에서 정의로운 전환을 둘러싼 논점을 세 가지로 제시한다. 첫째, 노동조합만을 위해 노동조합이 개발한 개념이 아닌가? 그러나 바르카도 분석했듯이 노동조합들 사이에도 차이가 있다. 정의로운 전환은 기후정의와 접속하면서 내포와 외연은 확대되고 있으며 동시에 긴장도 존재한다.

둘째, 국제적 엘리트에 의해 포섭된 개념이 아닌가? 유엔 등 국제기구와 기업들이 이 개념을 수용하고 있는 것이 사실이다. 그리고 이런 용법에서의 정책이나 사업은 시민사회에서 급진화된 정의로운 전환과는 상당히 거리가 있는 것도 사실이다.

셋째, 특히 유럽의 경우 그린딜을 통한 그린워싱으로 활용되고 있지 않은가? 정의로운 전환의 기금과 제도가 오히려 화석연료 산업을 계속 지원하는 데에 치중되고 전환을 지체시키는 경향이 있다는 스티븐 해리가 제기한 역설과 같은 지적이고 어느 정도는 사실이기도 하다.

결국 매콜리는 정의로운 전환을 둘러싼 쟁점들이 손쉽게 정리될 수 없음을 인정한다. 다만 여러 수준의 '정의'의 잣대를 규범적으로 적용하는 것을 넘어서는 여러 수준의 지역적 공간적인 차원의 접근으로 이어진다면 정의로운 전환 개념 자체의 발전은 물론이고 노동자의 새로

운 환경주의도 만들어질 수 있으리라고 기대한다.(McCauley, 2023)

정의로운 전환의 전환 요청

이제까지 우리는 정의로운 전환은 개념을 둘러싼 쟁점들이 존재할 뿐 아니라, 정의로운 전환 아이디어의 전용 또는 탈정치화의 위험성이 있음을 인정한다는 점을 살펴보았다. 그럼에도 불구하고 정의로운 전환이 지금의 상황에서 갖는 의미를 다시 확인할 필요가 있다.

스넬(Darryn Snell)과 페어브러더(Peter Fairbrother)는 정의로운 전환은 기성의 환경 정책을 대체하는 것이 아니라 '보완'하는 것이라고 설명하면서, 정부들과 국제 대부기관들이 널리 활용하는 구조조정이 '정의로운 전환'과 혼동돼서는 안 된다는 점을 강조하기도 한다. 또한 이들은 정의로운 전환이 갖는 긍정적 잠재력에 주목할 필요성을 말한다.(스넬·페어브러더, 2019)

이들에 따르면 첫째, '정의로운 전환'은 구조조정을 옹호하는 이들이 허물어트린 접근법인 산업 계획(industrial planning)에 대한 관심으로 노동조합이 복귀하는 것을 함축한다. 둘째, '정의로운 전환'은 역사적으로 사적 이해와 결탁해 일을 진행하는 정부의 영역으로 치부되던 산업 계획에 노동조합, 노동자, 지역 공동체가 기여할 것이라는 전제를 바탕으로 한다. 이런 공동체 안의 노동조합과 노동자들은 적절하고 괜찮은 일자리의 창출을 보장하고, 밀려난 노동자들을 위해 훈련을 실시하라고 주장할 것이다. 셋째, '정의로운 전환'은 사기업을 포함하는 시장 기반 해결책만이 지역과 산업 재활성화의 유일한 방법일 것이라는 지배적 관념에 도전한다.

하지만 이러한 해석이 완전한 정당성을 갖고 '정의로운 전환'의 실현으로 나아가려면 중요한 두 질문이 제기된다. 첫째, '정의로운 전환'을 가능하게 하거나 촉진하는 조건들은 무엇인가. 둘째, '정의로운 전환'이 실현되는 경로에서 노동조합들이 경제적 조건과 정치적 조건들에 영향을 끼치기 위해 가져야 할 역량은 무엇인가.

결국 정의로운 전환을 둘러싼 해석들의 차이는 그런 유형화가 이론적으로 존재하거나 자신이 그중 어떤 입장이 옳다고 생각한다고 주장함으로써 해결될 문제가 아니다. 중요한 것은 이러한 해석과 수용이 가능하거나 특정 방향이 우세하게 되는 조건을 살피고 그런 조건을 바꿀 수 있는 요소와 기회들을 찾는 것이다. 때문에 정의로운 전환 개념 자체가 진보적이거나 변혁적인 정책과 운동을 전제한다고 단정할 수는 없으며, 현재의 노동운동과 환경운동의 한계가 정의로운 전환의 해석과 적용에도 반영될 수밖에 없다는 점에 유의할 필요가 있다.

그런데 이제는 여기서 한발 더 나아가야 한다. 앞에서 정의로운 전환을 둘러싼 쟁점과 비판에서 일부 살펴보았듯이, 이 개념이 예컨대 기후위기의 전망을 충분히 담아내고 있는가라는 더 근본적인 질문도 제기되기 시작했기 때문이다. 말하자면 기후위기가 우리가 능히 예상할 수 있는 패턴과 속도의 생물물리적 변화나 경제적 전환으로 다가오는 것이라면 그에 따라 전환을 설계하면 되겠지만, 기후위기 자체가 그러한 수준의 상황이 아니라는 인식이 퍼지고 있는 것이다.

기후위기가 어떤 '잠재적이고 만성적이며 지속적인 비상사태'라면 새로운 접근이 필요하게 된다. 예를 들어 코로나19 팬데믹 상황은 마크 샤피로(Mark Schapiro)가 기후위기 상황에 대해 사용한 표현인 "정상성의 종말(The end of stationarity)"을 간접적으로 경험하게 했고, 필수 노동의 중요성과 더불어 현재의 공식 경제가 갖는 한계를 드러냈다.

매튜 버크(Matthew J. Burke)는 이러한 여러 번 겹치는 위기는 정의로운 전환이 화석연료 의존에서의 질서 있는 전환이라는 초기 개념에서 벗어나야 하며, 더 이상 끝없는 경제 성장과 생태계 안정이라는 더 넓은 맥락을 전제할 수 없음을 의미한다고 본다. 그래서 그는 '일자리 대 환경' 논쟁을 넘어 사회적 및 생태적 관심의 통합에는 생산 및 소비 시스템을 재구성하고 기존의 경제 성장 척도에 대한 강조점을 재고하고 공유, 자족, 타인에 대한 배려, 자연에 대한 배려, 국경을 초월하는 조정과 연대를 강조하는 전략이 필요하다고 말한다. 또한 궁극적으로 돌봄 또는 재생 경제로의 전환을 요청하는 접근 방식은 유급 고용과 인간 존엄성 사이의 관계를 재고하도록 한다고 주장한다.

임노동과 결부되는 공식적 직업만이 미래에 광범한 사회적 및 생태적 웰빙을 보장하는 유일한 수단이 될 수 없기 때문이다.(Burke, 2022) 그렇다면 정의로운 전환 자체가 열려 있는, 현실의 다양한 사례를 받아들이면서 진화하고 변화해야 하는 개념이라는 관점이 더욱 긴요해진다. 즉 '정의로운 전환의 전환'을 개방적으로 모색할 필요가 있다는 것이다.(김현우, 2022b)

이러한 모색에는 정의로운 전환과 관련된 더 많은 이해당사자를 발견하고 그 목소리를 청취하는 것이 큰 도움을 줄 수 있다. 미국에서 정의로운 전환의 다양한 사례를 파악하고 이제까지 배제되어 왔던 노동자와 지역공동체의 목소리를 파악하기 위해 진행된 "정의로운 전환 듣기 프로젝트(JTLP)"의 주요 발견들은 다음과 같다.

첫째, 전환들은 불가피하며 기후위기와 팬데믹 이전에도 경제 전반에 걸쳐 지속적으로 발생하고 있었다. 둘째, 시장 권력, 기업체, 근시안적인 공공 정책에 의해 주도된 과거 전환들로 인해 노동자와 공동체들은 거의 또는 전혀 지원을 받지 못하고 뒤에 남겨졌다. 셋째, 기존의 전환 정책들은 파편화되고 부적절하여 인적 자본의 파괴와 사회·환경 정책에 대한 깊은 후회와 반대를 초래하기도 했다. 넷째, 전환에 대한 개인 및 집단의 이해는 직업 유형, 계급, 성별, 인종, 연령, 정치적 이념, 환경운동 또는 기후정의운동에 대한 이전의 경험, 노동조합 및 공동체와의 관계에 따라 광범위하게 걸쳐 있다.

그래서 JTLP의 보고서는 우선 어떤 부문에서든 전환을 위해서는 목표로 삼은 단기 정책과 사전예방적인 장기 정책 모두가 필요하다고 본다. 불가피한 에너지 전환의 경우 전부는 아니지만, 일부 화석연료 노동자는 재생에너지 부문에 고용될 것이다. 하지만 이것을 일반화해서는 안 된다. 그리고 화석연료에서 벗어나는 과정에서 노동자와 공동체를 지원하기 위한 계획은 지역 상황에 주의를 기울여야 하며 노동자, 노동조합, 불평등하게 영향을 받는 공동체들의 요구와 열망에 근거해야 한다.

또한 JTLP는 결론적으로 정의로운 전환은 '더 크고(Go Big)', '더 넓고(Go Wide)', '더 미래지향적(Go Far)'이어야 한다고 권고한다.

첫째, 기후로부터 안전한 경제에서 우리가 경험하게 될 전환의 범위와 규모는 우리에게 과감할 것을 요구한다. 우리는 지역, 인구 및 산업 전반에 걸쳐 노동자와 공동체에 미치는 영향을 다루는 포괄적인 접근방식이 필요하다. 둘째, 전환은 또한 전반적이어야 한다. 노동조합과 기타 노동자 조직, 최전선 커뮤니티 조직, 원주민 공동체들이 전환 과정 전반에 걸쳐 깊이 관여할 것을 요구한다. 셋째, 전환은 미래를 내다보아야 한다. 정의로운 전환을 위해서는 노동자와 지역공동체에 대한 장기적인 지원과 투자가 필요하다. 전환을 위해서는 세대 차이에 대한 관심도 필요하다.(J Mijin, Cha et al, 2021)

JTLP의 권고에 비추어 볼 때 최근 충남연구원이 충남의 탈석탄 지역 전환을 둘러싼 여러 이해관계자들의 목소리를 발굴하고 지역의 다층적 전환 전략을 수립한 사례는 좋은 참고가 된다.(여형범 외, 2021) 이 연구에서 보여주듯 조직된 노동자 주체와 노동조합만의 전환에 국한되지 않고, 일자리 보장에만 머무르지 않는 미래 지향적인 정의로운 '전환들'에 대한 대화가 더욱 활성화될 필요가 있다.

한국에서 정의로운 전환의 현실

정의로운 전환이 유엔의 문서에 포함되고, 미국 민주당의 '그린 뉴딜'과 유럽연합의 '그린 딜'에도 핵심적 원칙과 정책으로 자리매김되고 있지만, 한국 정부의 정책에서는 충분한 무게를 확보하지 못하고 있다. 정의로운 전환은 문재인 정부 들어서 한국판 뉴딜 같은 정책 속에서 '공정 전환'이라는 표현으로 등장하기 시작했다. 당시 정부의 문서들은 정의로운 전환을 '공정 전환'이나 '정당한 전환'으로 번역해서 별다른 설명과 내용 없이 적고 있는데, 이는 정의로운 전환을 법률적 절차에 따른 피해 방지와 보상 정도로 보고 있음을 의미한다.

2021년 제정된 기후위기 대응을 위한 탄소중립·녹색성장 기본법(탄소중립기본법)에 '정의로운 전환'이라는 이름을 찾아 포함된 것이 일부 진전이기는 하지만 그 내용은 여전히 미흡하다. 산업전환 과정에서 절차적인 공정성을 보장하거나 사후적 보상을 약속하는 방식이 주를 이루고, 노동자와 지역공동체보다는 기업주 지원에 치중되어 있기 때문이다. 실제로 온실가스 감축 정책과 시장의 변화로 피해가 예상되는 지역을 정의로운 전환 특구로 지정하고 지원 센터를 설치하고 기금을 조성하는 방식은 정의로운 전환을 매우 정형화된 지원 및 교육훈련 프로그램으로 협소화하고 있다.

그런데 한국의 노동조합과 노동운동에도 정의로운 전환이 크게 환영받고 있는 것은 아니라는 점을 생각해 볼 필요가 있다. 한국에서 노동자는 '전환'이라고 하면 일단 정부나 사측에 의한 일방적인 '구조조정'을 떠올릴 수밖에 없다. 현장 노동자와 조직들은 기후변화의 유발자이자 주된 책임자인 기업과 정부가 해결에 나서야 할 일이지, 피해자인 자신들이 표현이야 어찌 되었든 또 한번 구조조정 대상으로 거론

되는 게 유쾌할 리가 없다. 한국에서는 노동조합과 정부 또는 노사정 조직 사이의 신뢰가 매우 약하다. 예를 들어 민주노총은 국제통화기금(IMF) 구제금융 당시 경제위기 극복을 위해 노동자의 희생을 강요했던 기억 때문에 노사정 사회적 대화에 참여하고 있지 않다.

한국의 노동조합 운동은 2009년 제15차 유엔 기후변화협약 당사국총회(COP15)부터 기후운동에 입장을 내고 결합하기 시작했지만, 일부 노조 간부와 정책 단위에 국한된 대응이었다. 한국에서 기후변화 대응이 일부 전문가와 환경단체들만의 일이 아니라 사회운동 공동의 이슈가 된 것은 2019년부터다. 그레타 툰베리가 선두에 선 세계 기후파업(climate strike)의 물결이 한국에까지 이르렀고, 여러 부문의 사회운동 조직들이 기후위기가 자신의 운동 과제와 연결되어 있다는 것을 인식하고 행동에 나서게 되었다.

예를 들어 기후위기가 빈민들의 생존권(빈민과 주거권 운동)이나 재생산 권리(페미니즘 운동), 또는 평화(평화군축 운동)를 위협할 수 있다는 스토리가 만들어졌고, 그래서 자신의 구체적인 구호를 가지고 기후행진에 함께하게 되었다. 이 때부터 민주노총과 한국노총의 공식 문서와 사업에서 기후위기 대응과 정의로운 전환이 많은 빈도로 등장하게 되었고, 사업 부서와 예산을 배정하기 시작했다.

그럼에도 지금의 상황을 살펴보면 노동운동 역시 아직 내용적으로 정의로운 전환을 제대로 받아들이거나 실행하고 있다고 평가하기는 어려워 보인다. 이는 우선 국제기준보다 낙후한 노동 기본권을 상향하고 정부의 탄압에 맞서는 것이 우선인 한국 노동조합 운동의 현실,

그리고 산업과 고용의 문제를 가지고 노동조합이 먼저 구상과 주장을 내놓았던 경험이 부재했던 것의 결과다. 앞에서 언급했듯이 노동조합은 산업의 변화라고 하면 IMF 구제금융 당시의 일방적 구조조정을 떠올리는 피해의식을 강하게 가지고 있다. 그리고 기업 단위의 노동조합이나 현장으로 가보면 정의로운 전환에 대한 노동자들의 일반적 인식은 아직 높지 않고, 일부는 거부감을 표출하기도 한다.

정의로운 전환 연구단이 2022년 4월 발표한 정의로운 전환에 대한 노동자·시민 인식조사 결과를 보면 기후위기 대응 주체로서 중앙정부와 지방정부의 중요도는 높게 평가된 반면, 노동조합 중요도는 가장 낮게 평가되었다. 기후위기 대응주체의 만족도에서도 노동조합은 낮게 평가되었는데(35.7점), 이는 민간기업(44.9점)보다 낮은 것이다. 결국 노동조합이 기후위기 대응에서 큰 역할을 할 수 있다는 느낌이 상당히 약하다는 것인데, 이는 정의로운 전환에서 핵심적 역할을 해야 할 노동조합에 적지 않은 고민을 던져주는 결과다.

정의로운 전환에 유일하고 올바른 노선이나 매뉴얼이 존재하는 것이 아니고, 더 많은 주체를 끌어들이고 변화를 만들어 낼 수 있는 조건 속에서 그것이 발전해 가야 하는 것이라면 한국 노동조합 운동의 진전을 과소평가할 이유가 전혀 없다. 2019년 이후 한국의 여러 기후행동 현장에 노동조합의 깃발이 등장했고 노동조합 내 기후운동 저변도 넓어졌다. 특히 충남의 석탄화력 밀집지역와 울산 등 내연기관 자동차 관련 업체들이 있는 곳의 노동조합과 기후운동이 정의로운 전환을 위한 정책 대응에 나서기 시작한 것은 다행한 일이다.

[그림 7-1] 기후위기 대응주체별 대응 만족도·필요도

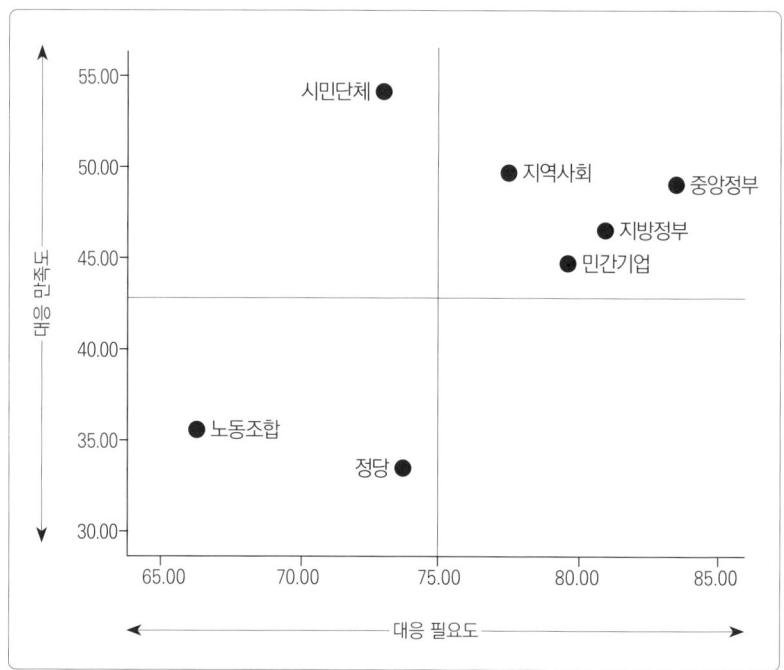

자료: 정의로운 전환 연구단(2022)

특히 주목할 만한 것은 산별과 지역 단위가 정의로운 전환을 업종과 사업장 특성에 기반하여 단협 요구안과 행동의 레퍼토리를 만들고 있다는 것이다. 보건의료 부문의 노동조합에서 기후위기 속에 '의료공공성' 확대가 더욱 절실하다는 내용으로 대의원대회 결의문을 채택하고, 노정 및 노사 교섭에 관련 내용을 포함한 사례가 대표적이다.

사무금융노조에서는 화석연료 개발 프로젝트에 대한 기관의 투자

를 금지하는 요구를 만들었고, 철도노조에서는 기후위기 시대 더 많은 공공철도를 주장하고 있으며, 전교조에서는 학교에서 기후위기를 제대로 가르쳐야 한다고 말한다.

민주노총 금속노조도 이러한 노력에서 인상적인 모습들을 보여주었다. 금속노조는 2021년부터 자동차 업종을 중심으로 민주적이고 정의로운 산업전환을 원칙으로 삼고 이를 위한 협약을 사용자 측에 요구하고 '공동결정법' 입법 운동에 나섰다. 또한 금속노조의 모범 녹색단협안을 작성하고 산별 협약에 이를 의제로 포함하기 위해 노력하고 있다. 금속노조가 2024년에 확대간부들을 대상으로 1박 2일 일정의 기후위기 교육을 배치한 것도 고무적이다. 하지만 아직 기후행동의 효능감과 구체적인 상상력이 금속노조의 일선 활동가들에게 가닿지는 못하고 있는 것 같다. 기후위기 대응은 중요하고 노조가 하면 좋겠지만 아직 무엇을 할지 잘 모르겠거나 다른 대응 현안들에 비해 우선순위에 밀린다는 반응도 있다.

2019년 이후 대략 5년 사이 기후위기 대응에서 한국의 노동조합이 보인 노력은 충분히 긍정적으로 평가할 만하다. 하지만 더 힘을 냈으면 하는 부분들도 많다. 당장 현안으로 부상한 전기차 전환과 관련 지역의 중장기적 대안인 청사진 마련 논의에 더욱 적극적으로 나서는 자세가 필요할 것이다. 의제 측면에서도 돌파구가 필요하다.

예를 들어 여름 폭염 시기 유급휴가 확대를 통해 전력 수요를 조절하는 내용의 에너지 휴가제 도입 제안에 노동조합들은 아직 사업장의 조건과 조직 사이의 여건 차이를 이유로 미온적인 편이다. 교육에서 만난 현장 조합원들은 '주 4일제'에 대해 상당한 관심을 갖고 있음을 확인할 수 있지만, 오히려 노조 지도부 수준에서 총급여 보장과 노동시간 유지라는 원칙 때문에 노동시간 단축에 전향적으로 나서지 못하고 있는 듯하다. 결국 정의로운 전환을 실현하는 개별 정책과 연구를 채워 나가는 작업과 더불어 조합원과 소통하고 시민사회와 대화의 테이블을 다양하게 만들어 가는 시도가 필요한 때다. 정의로운 전환의 폭과 수위를 노동조합 스스로가 제한하지 않아야 한다.

두 개의 트랙 접근

결론적으로 한국에서는 정의로운 전환의 출발점을 다시 돌아보면서 그 개념과 조직적 기반이 갖는 한계를 강조하기보다는 오히려 지금의 조건에 기반한 발전과 전환을 시도하는 것이 나을 것 같다. 즉 기후와 노동(운동)을 손쉽게 일치시키려 하기보다 '따로 또 같이' 하는 연대를 통해 전환에 대한 각각의 깊이를 더하면서 접점을 찾아보자는 것이다.(박태주, 2023)

이는 원칙의 확인이 아니라 지역과 현장의 구체적인 전환 프로그램을 기획하고 실행하는 토론과 일정한 갈등 속에서 가능한 일이다. 정의로운 전환이 구호로만 반복되거나 탄소중립기본법에 명시된 제도(특구 지정, 기금, 센터 등)의 활용에만 매달려서는 안 된다는 것이다. 작업장, 지역, 노동과 시민 조직이 결부된 개별 사례에서 정의로운 전환을 둘러싼 '전환 역량'을 파악하고 전환의 내러티브와 전략을 구성하는 것이 도움이 된다.(김현우, 2022a)

실제로 정의로운 전환은 1~2년이 아니라 30년 이상이 소요되는 경우도 있을 것이고, 하나의 사업장이 아니라 권역이나 국가 수준에서 이루어져야 할 수도 있고, 기존의 조직화된 노동뿐 아니라 공식 임노동의 경계를 허무는 것으로까지 나아가야 할 수도 있다.

정의로운 전환이 한국에 소개된 지 10여 년이 지나고 2019년 기후파업 이후 어느 정도 대중화된 지금은 냉정한 중간 평가의 질문들도 필요하다.

첫째, 정의로운 전환의 담론과 기획이 실제로 (탈화석연료) '전환'에 어떻게 작동하고 촉진하는가 하는 것이다. 기후 지체와 현상 유지를 강화하고 있는지, 아니면 정책과 운동의 노력을 가속화하고 있는지를 따져보아야 한다. 둘째, 정의로운 전환이 정치적 기획으로 만들어지고 있는지, 실제로 어떤 사례를 만들어 내고 있는가를 살펴볼 때다. 셋째, 정의로운 전환이 노동조합을 포함한 사회적 전환 주체 형성과 의제 급진화에 기여하는지, 그리고 개방적이고 적극적인 조망을 형성하고 있는지 하는 것이다.

이렇게 질문하고 대답하는 작업을 두 개의 트랙으로 진행하는 것, 그러나 두 트랙 사이의 긴장을 유지하면서 서로에 대한 개입을 주저하지 않는 것이 논쟁과 운동 모두에서 효과적일 것이라 생각한다. 정의로운 전환의 진화를 위해서는 더 크고, 더 넓고, 더 미래지향적이어야 하기 때문이다.

08

디지털 변화와 프리랜서 노동

김영민
한빛미디어노동인권센터 센터장

어디에나 있는 프리랜서 노동

평생직장이라는 개념이 거의 사라지고 여러 직업을 갖고 있다는 의미의 'N잡러'가 신조어로 등장하였다. 하나의 일자리로 안정적인 삶을 꾸리기 어렵다고 여겨지고, 더 많은 소득을 올리기 위해 부업을 하는 것을 흔히 볼 수 있는 시대가 되었다. 이러한 변화 속에 프리랜서라는 말은 이제 어느 분야에서든 들을 수 있는 말이 되었다.

불안정한 고용이 이제는 너무나 당연한 사회가 되면서, 스스로의 일하는 방식을 프리랜서라고 말하는 사람이 많아졌다. IT개발자나 번역가, 디자이너, 영상 편집자 등 컴퓨터를 사용하여 원격으로 일할 수 있는 많은 종류의 직업에서 프리랜서는 흔히 찾을 수 있다. 일하는시민연구소는 1인 자영업자와 특수고용 노동자의 합쳐서 2022년 기준 프리랜서 규모가 406만4천 명에 이른다고 추정하였다. 전체 취업자 7명 중에서 1명은 프리랜서인 셈이다.

규모는 다양한 방식으로 추정하고 있지만 프리랜서가 무엇인지 엄밀하게 정의되는 것은 아니다. 다만 막연하게 프리랜서는 일하는 시간과 장소가 자유로운 방식이라고 여겨진다. 실제로는 프리랜서들은 일감이 들어오면 언제든 일하는 선택을 해야 한다는 점을 감안하면 시간과 장소가 자유로운 방식이라는 것은 프리랜서 노동의 현실에 착시를 불러온다.

결국 많은 경우 프리랜서를 정의하는 것은 일하는 본인 자신이다. 일하는 본인이 프리랜서라고 생각하면 그것만으로 프리랜서로 규정되는 것이다. 이러한 점에서 프리랜서는 고용형태에 대한 규정이라기보다 정체성으로서 받아들여진다고도 말할 수도 있다. 일하는 방식이 아니라 정체성만으로 노동법의 적용 대상이 아니게 되는 새로운 영역이 열린 것일까. 이는 그만큼 사회권의 사각지대가 넓어진다는 것을 의미한다.

스스로를 프리랜서로 일한다고 하거나, 프리랜서로 계약했다고 하는 말 속에는 현재 하고 있는 노동의 불안정성을 내포한다. 프리랜서로 일한다는 말은 특정한 조직에 속하지 않은 자유로운 상태를 의미한다. 자본주의에서 자유는 '노동하지 않고 굶어 죽을 자유'라는 말을 생각해 보면 당연히 불안정성 위에서 작동하는 것이고, 상시적인 실업의 위협에 시달리는 자유다.

"물 들어올 때 노 저어라"는 말은 그러지 않으면 '도태될 것'이라는 불안을 드러낸다. 과거에는 프리랜서는 어느 정도의 기술과 숙련을 보유하고 있는, 그리고 지식 노동을 하는 자로 여겨졌다. 90년대 신문기사를 살펴보면 프리랜서라는 단어 뒤에는 기자·번역가·아나운서 등의 직업이 따라온다.

그러나 디지털 전환과 숙련의 해체는 이러한 특성을 희석시켰다. 이는 곧 협상력의 약화이고, 프리랜서 노동이라고 하는 것이 새로운 불안정 노동이 되었음을 쉽게 이해할 수 있다. 이제는 프리랜서라는 말은 노동법의 적용을 받지 않기 위한 계약형태, 또는 출퇴근 시간이나 장소가 명확하지 않은, 혹은 불규칙한 노동형태를 포괄하는 단어가 된 것이다.

임시직 노동자의 다른 이름, 프리랜서

프리랜서라고 칭하지만 실제로는 노동자에 가까운 경우가 있다. 먼저 가장 흔한 유형은 단기적인 고용을 프리랜서라는 명칭으로 계약하는 경우다. 단기적인 고용은 이동이 잦아진다는 의미이고, 이는 한 직장에 얽매이지 않게 되므로 마치 자유롭게 옮겨 다니면서 일하는 것처럼 보이게 된다. 사실 이러한 일자리들은 계약직·일용직·임시직으로 불리던 일자리의 다른 이름이다.

노동자이지만 근로계약을 하지 않는 이유는 다양하다. 아주 단순하게는 법적으로 근로계약을 체결해야 하는 사실을 몰라서일 수도 있고, 혹은 번거롭게 생각해서일 수도 있지만 대다수는 노동법을 피하기 위해서다. 혹시 모를 기간제법상의 정규직 고용 의무를 회피하고, 근로시간 규제를 지키지 않기 위해서, 그리고 연장근로 등으로 인한 추가적으로 지급해야 하는 임금을 지급하지 않기 위해서다. 이런 일들은 방송 제작 현장이나 IT 프로그램 개발 회사에서 흔히 일어난다.

대체로 이런 일자리들은 일이 집중되는 특정한 시기가 있다. 단기 프로젝트를 비정기적으로 반복하는 일자리들이다. 노동법의 틀로 본다면 탄력적 근로시간제나 보상휴가 등의 방식을 적용하는 것도 가능하겠지만, 그런 방식으로 2년이 넘으면 계속고용해야 하는 의무가 발생하는 것을 피하기 위해서 그러지 않는 것이다.

이들 일자리의 또 다른 특징은 노동시간이다. 현행 근로시간 규제를 넘어서는 수준의 장시간 노동이 일상적이다. 드라마 촬영장의 경우 일주일에 52시간 촬영을 기본으로 하는 방식으로 운영되고 있으며, 여기에 촬영을 준비하는 시간까지 포함하여 실제 스태프들의 노동시간은 52시간을 넘어선다. 이러한 장시간 노동을 단기간에 압축적으로 진행하는 것은 제작비를 절감하기 위한 방편이기도 하다.

인건비뿐만 아니라, 사용하는 장비를 대여한다거나 세트를 빌리고 설치하거나, 주연 배우의 일정을 확보하는 방식 등의 이유로 단기간에 몰아서 촬영하는 것이 더 유리하다. 그나마 일주일 촬영시간의 총량을 52시간 이내로 줄이게 된 것도 방송업이 노동시간 규제 제외 업종에서 빠지고, 노동시민사회가 문제를 제기한 덕분이었다. 현장의 당사자들이 노동자성을 인정받을 수 있고, 촬영시간이 일주일 동안 52시간을 넘겨서는 안 된다는 것은 알고 있지만, 여전히 제작사 등은 분쟁에 돌입했을 때 프리랜서라는 주장을 반복한다.

여기에 더해 프리랜서라는 이유로 초과 노동시간에 대한 보상을 하지 않는 경우가 대다수다. 그러나 작업량을 기준으로 임금을 지급하는 것만은 아니다. 오히려 일급제나 월급제 방식을 취하고 있다. 촬영·조명·그립 등 기술파트는 촬영을 1회 나가면 얼마를 받는 식의 계약을 한다. 건설현장의 일용직과 유사한 방식에 해당한다.

이런 경우 하루 촬영시간에 대한 제한이 제대로 적용되지 않거나 있어도 초과노동에 대한 추가적인 보상이 없다. 연출이나 제작 파트의 조연출·PD 등은 월 단위로만 급여가 정해진다. 정해진 출퇴근 시간 없이 무제한으로 일하게 되는데, 현재 많은 사무직에 만연해 있는 포괄임금제 관행과 유사하다.

고용 과정이 도급의 성격을 띠는 경우들이 있다. 업무 역량 평가가 철저하게 평판과 인적 네트워크를 통해서 이루어지며, 이는 채용에서도 마찬가지다. 필요한 인력의 충원을 팀장에게 일임하는 경우가 있다. 만일 회사와 개별 계약이 아닌 팀장과 계약서를 작성하였다면, 이를 근거로 회사는 자신이 사용자가 아니라고 잡아뗄 수도 있다.

정규직 고용을 회피하기 위해 사용되는 프리랜서

두 번째 유형으로 정규직 고용을 회피하고자 프리랜서 계약을 하는 경우다. 새로운 인력이 연공서열식 임금체계와 단체협약의 적용 대상이 되지 않도록 하려는 의도다. 이는 노동시장 이중구조와도 관련이 있다. 고용의 안정성, 임금 수준, 노동시간과 휴식권, 복리후생 등 거의 모든 면에서 중심부 노동시장과 주변부 노동시장의 격차가 벌어져 있는 것이 노동시장 이중구조다.

기존에 노사교섭 등을 통해서 형성되어 있는 임금체계 속에 들어오지 못하게 하여 비용을 절감하고자, 정규직으로 신규 채용을 하지 않고 프리랜서로 고용하는 것이다. 이러한 방식은 이미 제조업 대기업에서도 숱하게 쓰였다. 생산직을 사내하청과 비정규직 고용 등으로 채웠다면, 사무직에도 이러한 일들이 프리랜서 고용이라는 명칭으로 이뤄지고 있는 것이다.

가장 대표적인 곳이 방송사다. 기자와 PD는 정규직으로 고용하고,

나머지 직군은 대체로 프리랜서로 1년 단위 계약을 반복한다. 방송작가·아나운서·리포터와 같이 상대적으로 익숙한 직군부터, 주조정실에서 편성운행을 담당하는 MD 등의 기술직군에 이르기까지 다양한 직군이 프리랜서라는 이름의 비정규직으로 고용된다.

이러한 우회는 2020년대부터 사회적 문제가 되기 시작했다. 노동법의 적용을 회피하고자 2년을 넘기면 계약 갱신을 하지 않는 경우부터 연공서열식 임금체계나 단체협약이 적용되지 않는 다른 명칭의 직군을 만들어서 차별이 아닌 것으로 처리하는 경우, 또는 노동자로 인정받을 근거를 없애기 위해 업무지시의 방식을 우회적으로 바꾼다거나 업무에 사용하고 있던 회사 소유 장비를 개인 소유 장비로 교체하도록 하는 경우들이 생기고 있다.

이로 인하여 상시적인 고용불안, 그리고 정규직과 현격한 노동조건 격차가 발생한다. 특히 방송이라는 업종 특성과 노동법의 보호가 제대로 이뤄지지 않고 있는 취약성으로 인하여 프리랜서로 위장된 노동자들은 휴가도 제대로 사용하지 못하는 경우가 다반사다. 개별적인 법적 판단을 통한 권리 보호가 이뤄지고는 있으나, 개별 사례의 양상에 따라서 판단이 다르게 나오다 보니 전반적인 처우개선에는 한계가 명확하다. 결국 단체교섭을 통한 해결, 그리고 분리된 상태에 있는 직군 간의 이해조정이 필요하다고 하겠다.

제도 밖 노동의 다른 이름이 된 프리랜서

마지막 유형은 제도화되지 않은 영역의 노동이다. 아마 이들은 과거였다면 '알바', '보조' 등으로 호명되었을 것이다. 분명 노동법 적용 대상이지만 고용된 사업장이 영세하거나 다른 여러 이유로 제도 밖에 존재하여 그러한 체계를 갖추지 못한 곳이다. 3.3%의 사업소득세를 원천징수하는, 혹은 그조차도 이뤄지지 않는 수많은 일자리들을 생각해 보면 되겠다. 최근에는 누가 보아도 노동법 적용 대상이 되는 편의점이나 식당 같은 곳에서 일하는 아르바이트에게도 프리랜서 계약이라는 괴상한 명칭을 붙이기도 한다.

프리랜서라는 말이 널리 쓰이기 시작하면서 새롭게 등장하는 영역의 노동이 프리랜서 계약으로 칭해진다. 연예인의 의상을 담당하는 패션스타일리스트나 웹툰을 그리는 작가들을 보조하는 팀원들은 어시스턴트로 불린다. 이들은 그들의 사용자에 해당하는 스타일리스트, 웹툰작가와 계약하고 업무지시를 받으면서 일을 한다.

스타일리스트 팀원의 업무는 그들을 고용한 실장의 업무와 크게 차이가 나지 않는다. 실장이 연예기획사와 계약한 여러 담당 아티스트의 스타일링 업무를 나눠 담당한다. 어떤 의상이나 액세서리를 코디할지 실장에게 확인받고 진행한다. 협찬받은 의상을 빌려오고 수선하고 반납하는 등의 업무를 수행한다.

이들은 일하는 시간과 업무의 양이나 성과와 상관없이 고정된 월급을 받는다. 간혹 콘서트나 해외 출장 등으로 인하여 업무의 양이 특히 늘어나거나, 팀의 경영 사정이 좋은 경우에는 보너스를 받기도 하지만 이는 사용자의 선의에 의한 것이다. 계약서도 없고, 정해진 출퇴근 시간이나 휴일도 없다. 하지만 일이 있으면 출근해야 하고, 하루아침에 해고된다. 힘들어서 그만두려고 해도 다음 사람 구할 때까지 일할 것을 요구받는다. 여러 아르바이트 노동이나 '열정페이' 노동에서 볼 수 있는 흔한 양상이다. 급격히 성장한 문화산업의 말단에서 제도 밖에 놓인 노동의 전형적인 양상이 나타나는 것이다.

최근 여러 콘텐츠산업의 핵심이 된 웹툰 영역에서도 마찬가지다. 기존에는 만화가와 문하생의 관계였던 웹툰은 10여 년 만에 전체 콘텐츠산업의 창작 원천이 되면서 급격히 성장해 왔다. 산업이 발전하면서 제작 과정이 분업화되어 스튜디오에서 콘티·선화·채색 등을 수행할 작가를 고용하는 경우가 많아졌다. 여기에는 여러 방식의 고용형태가 혼재되어 있다. 채용공고에는 정규직이나 계약직도 있지만, 프리랜서를 채용한다는 공고를 내기도 한다.

프리랜서를 채용한다는 말 자체가 모순이다. 채용은 고정적으로 고용관계를 맺는다는 의미이기 때문이다. 다른 계약직과는 재택 여부, 업무량 등에서 차이가 있을 뿐, 지휘 종속 상태에 놓여 있다는 점은 다르지 않다. 이렇게 프리랜서로 호명되어 일하는 이들은 웹툰작가로 진로를 정하고 있어서 작가로서 정체성을 강하게 가진다. 그렇기 때문에 프리랜서라는 정체성을 자연스럽게 받아들이고 이를 당연하게 여기게 된다.

제도 밖에 놓여 있는 노동은 프리랜서라는 이름으로 현재의 상태를 정당화한다. 특히 기업의 성장이 고용규모의 증가로 이어지지 않는 다면 이렇게 파편화되는 노동의 양상은 더욱 흔하게 나타난다. 명확히 근로기준법상 노동자에 가까운 영역에서도 프리랜서로 불리는 노동이 흔히 보인다. 이처럼 프리랜서 영역 자체가 커지는 가장 큰 요인은 디지털 전환이다.

디지털 전환과 플랫폼 경제의 확산

기술의 변화가 일자리와 노동에 광범위한 영향을 주는 것은 당연한 일이다. 어떤 노동의 생산성을 높여주기도 하지만, 어떤 노동은 대체하여 일자리를 사라지게 한다. 새로운 상품이나 서비스를 등장시켜서 새로운 일자리를 만들어 내기도 한다. 중요한 것은 기술이 일자리를 없애는지 늘리는지 자체보다는 여기에 사회가 어떻게 반응하느냐의 문제다. 바꿔 말하면 기술의 변화가 어떤 방향으로 작동하도록 할지를 다룰 사회적 주체의 문제다.

2010년대 이후 스마트폰의 대중화와 이를 매개로 한 플랫폼 노동이 본격적으로 등장하였다. 플랫폼은 열차를 타고 내리는 승강장처럼 공급과 수요를 연결하는 공간을 의미한다. 플랫폼 자체는 새로운 것이 아니지만, 온라인으로 디지털화된 플랫폼은 막강한 파괴력을 갖게 한다. 온라인이 공간의 제약을 넘어 무한한 공급과 무한한 수요를 연결할 수 있게 하고, 그러한 공급과 수요를 잘 연결하는 알고리즘을 통해 기존에는 다른 방식으로 이뤄지던 거래를, 혹은 공급과 수요가 만나기 어려워서 이뤄지지 않았거나 시장에서 거래되지 않았던 거래를 플랫폼이라는 공간으로 끌고 온다.

우리가 맛있는 저녁을 먹기 위해서 음식점 후기를 플랫폼에서 검색해 보고 선택하지만, 보통 그러한 정보가 있다고 식사를 두 번 하지는 않는다. 이처럼 디지털 플랫폼은 우리의 삶을 바꿔 놓았지만, 그 자체가 경제적으로 새로운 부가가치를 창출한다고 볼 수는 없다. 다른 시장에서 이뤄지던 거래를 디지털 플랫폼을 통해서 이뤄지게 하는 것은 결국 경제의 다른 부문을 대체하는 것이므로 그것만으로는 새로운 부가가치를 창출한다고 보기는 어렵다는 것이다.

기존에 시장에서 이뤄지지 않는 거래를 시장화한 경우는 새로운 부가가치를 창출한다고 볼 수도 있겠지만, 그런 경우의 대다수는 가사노동과 같이 시장에서 가치를 평가하지 않았던 부문일 뿐이다. 이는 플랫폼 경제 이후의 경제성장률을 살펴보아도 분명해진다.

2010년대 이후 가장 큰 혁신은 디지털 전환과 플랫폼 경제의 확산이지만, 그 이후의 세계 경제성장률은 평균적으로 3% 수준에 머물고 있고, 이런 변화가 가장 활발했던 선진국의 경제성장률은 2% 이하로 내려가고 있다.[13] 파이낸셜타임스의 수석칼럼니스트 마틴 울프(Martin Wolf)도 정보통신 기술에 의한 생산성 상승은 미미하고, 코로나19로 압축적으로 진행된 변화로 인한 것이기에 일회적인 사례에 불

---

13) IMF, 2024, "World Economic Outlook".

과할 가능성이 커졌다고 하였다.[14]

디지털 플랫폼은 그 어느 산업보다도 시장 독점을 추구한다. 독점은 정보 중개 역할이 갖는 힘을 극대화하기 때문이다. 또한 그러한 독점을 추구하지 않는다면 사업을 지속할 수 있는 수준으로 수수료를 결정할 수가 없다. 독점에 가까운 높은 시장 점유율에 사활을 걸지 않으면 지속하기 어렵다는 점에서 플랫폼 경제는 '디지털 지대추구'에 불과하다. 결국 디지털 플랫폼의 확산이 가장 많이 바꿔 놓은 것은 사회적 부가가치 창출보다는 시장 주체들의 거래 방식에 대한 개입이다. 이는 과거의 다른 기술 발전과 비교했을 때 일터에서 노동을 조직하는 방식을 바꿔 놓으면서 고용형태에 큰 변화를 만들어 냈다.

가장 대표적인 부분은 호출노동의 일반화다. 소비자 수요에 맞춰 고용을 최소화하고 유연화한다. 이는 지역기반으로 오프라인 서비스를 제공하는 플랫폼에서 특히 두드러진다. 음식 배달, 가사노동 등은 새롭게 호출노동의 영역으로 등장한 대표적인 분야다. 음식 배달원은 과거에는 하나의 음식점에 속하여 배달 이외의 여러 직무를 병행하는 사람이었다.

가사노동도 특정 고용주에게 상당기간 속하여 일하는 사람이었다. 그러한 영역이 플랫폼을 매개로 아주 작은 수요에도 노동이 공급되기 시작하였다. 과거에는 음식 배달은 중국음식, 치킨 등 일부 업종의 전유물이었다. 그러나 중개플랫폼의 등장으로 이제는 배달이 안 되는 업

---

14) 마틴 울프, 2023, 『민주주의적 자본주의의 위기』.

종을 찾기 어려워졌다. 가사노동도 시간 단위로 쪼개서 고용이 가능해졌다. 쓰레기 분리배출 대행서비스처럼 노동의 종류도 쪼개지고 새로이 등장한다. 대리운전이나 콜택시 등 전통적인 호출노동을 조직하는 공간도 디지털 공간으로 옮겨 간다. 전화로만 이를 매개하는 콜센터를 대신하여 핸드폰 애플리케이션이 이를 점차 대신한다. 노동을 조직하는 과정은 컴퓨터 뒤로 은폐되고, 마치 가상공간에 존재하는 것처럼 여겨진다. 일하면서 문제가 생기면 문제를 제기할 대상은 사람이 아니라 애플리케이션이고, 알고리즘이고, 프로그램인 것이다.

플랫폼을 매개로 하는 경제의 디지털화는 일터의 사회적 관계를 해체한다. 농산물 도매시장을 떠올려 보자. 매일 아침 신선한 농산물이 모여드는 도매시장에서 이를 유통할 상인들이 경매 방식으로 거래한다. 이 공간은 상품의 거래만 이뤄지는 것이 아니다. 유통 과정에서 보고 들은 여러 정보가 교환되는 공간이기도 하다.

유통 상인들이 보고 들은 농촌의 상황이나 작물의 작황에 대해서도 이야기될 것이다. 그런 정보를 매개하는 것은 사람과 사람의 관계다. 그러나 디지털화된 플랫폼은 이러한 정보를 독점적으로 모으고, 그런 교환 과정은 알고리즘으로 매개한다. 이는 노동조합과 같이 일터의 변화를 다룰 사회적 주체가 형성되는 것을 저해하고, 각 주체를 원자화한다. 디지털화된 플랫폼에서 원자화된 개인들은 정보의 우위를 독차지하는 거대 플랫폼에 의해서 각개격파 당할 수밖에 없다.

디지털 직업소개소, 일감 중개 플랫폼의 수탈 구조

이러한 상황은 웹기반 플랫폼 노동에서 적나라하면서도 교묘하게 나타난다. 웹기반 플랫폼은 디지털화된 직업소개소다. 대표적으로 크몽·숨고 등은 디자인, 영상 제작, 번역, 마케팅, IT 등 다양한 서비스 노동을 중개하고 있다.[15] 지역기반 플랫폼에서는 노동조합 조직화가 조금씩 진행되고, 관련한 사회적 공론화가 미약하게라도 진행되고 있다. 여기서는 흩어져서 일하더라도 노동의 과정은 오프라인 공간에서 진행되지만, 웹기반 플랫폼은 노동의 과정마저 주로 온라인을 통해서 교환된다.

일감 중개 플랫폼은 일종의 직업소개소라고 볼 수 있다. 이러한 직업소개소는 노동에 대한 중간 수탈을 막기 위해서 제도적인 규제를 받는다. 대표적으로 중개수수료 규제다. 현행법에 따르면 서비스 수요자(구인자)에게는 최대 3개월치 비용(임금)의 30% 이하로만 수수료를 받을 수 있고, 서비스 공급자(구직자)에게는 1% 이하로 하도록 되어 있다.[16] 여기서는 구직자가 노동법의 보호를 받으므로 최저임금이 적용된다. 따라서 기업이 구직자의 임금을 깎는 방식으로 수수료를 구직자에게 떠넘기는 것을 명목상으로는 막을 수 있다.

그러나 온라인 일감 중개 플랫폼은 그렇지 않다. 이러한 수수료

---

15) 김종진, 2024, '온라인 플랫폼노동·프리랜서 노동 사각지대 현실과 과제'. 일하는시민연구소. 「이슈와쟁점」 N.37.
16) 고용노동부고시 제2017-22호, 2017. 4. 3. "국내유료직업소개요금 등 고시".

는 서비스를 공급하는 프리랜서들에게 손쉽게 전가된다. 일례로 업계 1위 온라인 일감 중개 플랫폼 크몽에서는 서비스 공급자에게 최대 16.4%의 판매 수수료를 받고, 서비스 수요자에게 주문금액의 3.5%를 수수료로 받고 있다. 일하는시민연구소가 조사한 바에 따르면 이런 플랫폼을 이용하는 이들은 소득이 144만 원에 불과하다고 답하였다. 작업에 소요되는 경비의 비율이 평균 19%에 이르므로 저소득에 시달리게 된다.

그리고 이러한 일하는 과정에서 발생하는 계약 조건에 대한 분쟁이나 과도한 업무 수행 요구, 작업 보수 미지급 등 문제에서 플랫폼으로부터 받을 수 있는 보호는 사실상 없다. 오히려 일감을 어느 정도 받기 위해서는 검색 결과 상위에 노출될 수 있도록 플랫폼에 광고비를 지출해야만 한다.

온라인 플랫폼 노동은 코로나19와 비대면 근무의 확산으로 급격히 확산되고 있다. 크몽의 영업이익은 2019년 75억 원에서, 2023년 334억 원으로 5배 가까이 증가하였다. 기업은 과거보다 다양한 분야의 업무를 외주화하여 비용을 절감하고 지속적인 고용을 하지 않게 된다. 그러한 외주 업무를 중개하는 것으로 플랫폼은 막대한 이익을 취한다. 그러한 노동을 수행하는 프리랜서들은 사회적 안전망에서 배제, 플랫폼의 수탈, 기업 등 작업 의뢰자의 착취까지 삼중고를 겪게 되는 것이다.

플랫폼을 거치지 않고 일감을 구할 방법은 당연히 있다. 적지 않은 프리랜서들이 대개의 경우 인적 네트워크를 통해서 일을 구했다. 그러나 경력이 부족한 신규 진입자는 그러한 네트워크가 없으므로 플랫폼에 의존하게 된다. 또는 경력 없이 일을 구할 수 있게 되므로 기존에 프리랜서로 일하고 있지 않았던 이들도 더 쉽게 진입할 수 있는 경로가 된다. 낮아진 진입장벽만큼 과밀 경쟁이 이뤄지게 된다.

자작농이 다수를 이루던 상황에서 온라인 플랫폼에서 농지를 빌려서 농사를 짓는 다수의 소작농이 만들어지는 것이다. 그렇게 소작농이 많아지면 자작농도 영향을 받는다. 온라인 플랫폼에서 일감을 받기 위해서는 가장 변별력 있는 수단은 가격이기 때문에 극심한 저가 경쟁을 할 수밖에 없다. 그런 과정에서 해당 서비스의 가격은 낮아지게 된다. 온라인 플랫폼의 시장지배력은 이를 이용하지 않는 프리랜서에게도 가격을 낮추게 하는 압력으로 이어진다.

유튜브 생태계의 다양한 프리랜서 노동

플랫폼은 일감이 아닌 다른 것, 이를테면 미디어 콘텐츠라는 상품의 소비를 중개할 수도 있다. 유튜브와 같은 온라인 동영상 플랫폼을 둘러싸고도 여러 가지 방식으로 프리랜서 노동이 나타난다.

이슈와 여론을 생성하고 '셀럽'을 만들어 내는 유튜브는 이제 다른 모든 방송사들의 영향력을 합친 것보다 더 큰 영향을 사회에 끼치고 있다. 많은 스타들이 유튜브로 시작해서 방송 프로그램으로 진출하고, 유명인도 기자회견이 아니라 유튜브 개인방송으로 입장을 밝힌다.

급격히 커진 유튜브의 영향력은 다양한 1인 미디어 창작자들이 존재하기 때문이다.

유튜브가 작동하는 방식은 대형 쇼핑몰에 비유해 볼 수 있다. 이 대형 쇼핑몰은 온라인에 있기 때문에 거의 무한할 정도로 다양한 상점들이 입주할 수 있다. 종류가 매우 다양하기 때문에 고객은 자신이 찾는 상품이 있을 것이라는 생각에 이 대형 쇼핑몰을 방문하게 된다. 그리고 특별히 찾는 상품이 있지 않아도 '아이쇼핑'하러 방문하기도 한다. 그렇게 목적 없이 방문을 하거나 이미 사려는 상품을 구입한 고객에게 알고리즘을 통해 개인 맞춤형으로 상점을 재배치하여 최대한 다른 상점에 들어가서 상품을 사도록 만들고 오래 머물게 만든다.

대형 쇼핑몰에 입주한 상점의 점주와 같은 1인 미디어 창작자들은 시청자의 필요를 파악해서 콘텐츠를 마련하는 것이 기본적으로 필요하지만, 이러한 알고리즘에 맞춰서 콘텐츠를 올리는 것이 중요해진다. 알고리즘이 노출을 높여주는 방향으로 콘텐츠를 올리는 빈도·시기·분량 등을 조정하게 된다.

그리고 그러한 알고리즘은 철저히 베일에 가려져서 수시로 변화한다. 높은 영상 조회수를 얻기 위해서 유튜브 알고리즘에 올라타는 방법을 소개하는 콘텐츠는 흔하게 볼 수 있지만, 유튜브에서 공식적으로 확인해 준 사항은 없다. 꾸준한 빈도로 영상을 제작해서 올리기를 유도하기 때문에 유명 '유튜버'들조차 끊임없는 창작활동에 지쳐서 활동을 중단했다는 소식도 흔하게 들려온다.

유튜브는 온라인 공간만 조성했을 뿐이지만, 어떤 영상의 조회수를 높일지를 결정하는 것은 결국 유튜브다. 그리고 그러한 조회수에 대한 광고수익 일부를 창작자에게 배분하여, 더 높은 조회수를 얻을 수 있는 콘텐츠를 올리도록 독려한다. 영상에 자동 재생되는 광고수익에서 40% 이상을 유튜브가 가져간다. 이러한 수준은 단순히 온라인 공간만을 제공하는 수수료라고 볼 수 없다.

유튜브는 방대한 콘텐츠가 업로드되는 만큼 허술하지만 최소한의 관리는 하고 있다. 저작권 침해 소지가 있는 영상이나, 음란물과 같은 유해 콘텐츠 등을 필터링하기 위해서 인공지능을 활용하고, 직접 노동력을 투입하여 걸러낸다. 아무 영상이나 올릴 수 있는 공간이 아니라 유튜브가 정한 정책에 의해서 통제되는 공간이다. 창작자는 콘텐츠를 확산할 수 있는 기회를 얻고, 약간의 광고 수익을 배분받는 대신 유튜브는 영상에 광고를 달아서 수익을 얻어서 일부를 배분하고, 어떻게 유튜브에 오래 머무르게 하고, 자주 오게 할 것인지를 중심으로 영상을 노출시켜서 수익을 극대화하고 있는 것이다.

이러한 과정에서는 창작자 이외의 다양한 방식의 노동이 존재한다. 1인 미디어 창작자는 영상의 기획, 출연, 촬영, 편집, 채널 관리에 이르는 모든 과정을 혼자서 책임진다. 그러나 그런 방식으로 콘텐츠를 혼자서 꾸준히 생산한다는 것은 불가능한 일이다. 어느 정도 수익을 갖게 되거나 규모를 갖춰서 영상을 제작하게 된다면, 제일 먼저 아웃소싱되는 것은 영상 편집이다.

특히 가장 흔한 유형이 개인방송 방식으로 유튜브 영상 콘텐츠를 제작하는 경우인데 원본 영상을 편집할 영상편집자를 따로 두고, 영상 편집 한 편당 보수를 지급하고 있다. 문제는 그러한 보수의 책정 방식이 완성된 영상 1분당 1만 원, 1만5천 원 같은 방식으로 정해져 있다는 점이다. 보통 유튜브에서 가장 많이 소비되는 영상은 10분 내외의 길이인 점을 생각하면 영상 하나를 제작하는 데에 15만 원을 지급하고 있는 것이다. 이는 편집 과정에서 소요되는 시간을 감안하면 최저임금에도 미치지 못할 가능성이 크다.

한빛미디어노동인권센터에서 2023년에 조사한 바에 따르면 영상 한 편에 대해서 받는 보수는 평균적으로 17만 원에 불과하였고, 월 소득은 143만 원이었으며, 시간당 소득은 1만666원에 불과하였다.[17] 이들은 프리랜서라는 이유로 사회보험에 가입되어 있지 않고, 또한 주휴수당이나 연차 등이 존재하지 않으며, 노동에 들어가는 장비 등을 스스로 마련해야 한다. 이를 감안하면 실질적인 처우는 최저임금에 훨씬 미달한다고 봐야 한다. 영상 편집이라는 일정한 기술이 있는데도 저임금에 시달린다.

일하는 시간과 장소를 비교적 조절할 수 있다는 점과 온라인으로만 노동하면서 인간관계에 대한 스트레스를 받지 않는다는 점에 만족하고 있지만, 도리어 '갑질'에 시달리기도 한다. 마감 기한이 한참 남았음에도 잠시 연락이 되지 않았다는 것을 문제 삼거나, 영상에 대한 과도

---

[17] 한빛미디어노동인권센터, 2023, 「유튜브 영상편집자 노동환경 실태조사 결과 발표 토론회 – 유튜브 시대의 이면, 영상 편집자의 노동실태」.

한 수정 요구를 계속해서 반복하거나, 혹은 작업 최종 결과물이 아닌 작업 과정의 프로젝트 파일을 달라고 요구하는 등의 일이 빈번하다.

　빵집에 케이크를 맞춤 주문한다고 생각해 보자. 어떤 방식으로 케이크를 주문할지 설명하면, 가게에서 케이크를 만든다. 만들어진 케이크에 요구사항이 빠졌거나 혹은 사전에 소통하지 않은 문제가 있으면 수정을 요청할 것이다. 만일 케이크를 만드는 과정에 무분별하게 개입하고자 한다면 빵집에 주문하는 것이 아니라 제빵사를 일시적으로 고용하여 케이크를 만들어야 한다. 영상편집자들 대다수는 빵집을 운영하듯이 프리랜서 노동을 제공한다고 이해하고 있지만, 이러한 차이에 대한 이해가 없는 경우가 흔하다. 계약서를 작성하지 않고, 온라인 비대면으로 일하는 경우도 잦기 때문에 보수를 주지 않거나 일방적으로 깎는 경우들도 있다.

　영상 채널의 규모가 커지면 촬영 과정에 필요한 스태프를 두기 시작한다. 주로 촬영 스태프를 두게 되는데, 보통 촬영일에 촬영 장소로 출근한다. 이들은 현장에서 촬영 업무를 수행하는 일용직 노동자로 보는 것이 마땅하지만, 당연하듯 프리랜서 계약을 한다. 마찬가지로 보수를 받지 못하게 되면 노동법의 보호를 받기 어렵다.

　소규모 촬영은 촬영 스태프가 한 명인 경우도 많다. 명목상으로는 촬영 감독이지만, 촬영에 대한 모든 업무를 수행하게 된다. 그러나 촬영 감독이므로 업무에 대한 자율성이 높다고 보고, 또한 보수에 장비에 대한 부분이 포함되어 있거나 자기가 소유한 장비를 사용한다는 이유 등으로 종속성을 너무 쉽게 부정당한다.

앞서 잠시 이야기하였듯이 유튜브에 직접적으로 종속되어 있는 프리랜서 노동도 있다. 유해 영상을 필터링하는 작업을 수행하는 콘텐츠 모더레이터이다. 이들은 대개는 계약직으로 계약되어 있고, 온라인 플랫폼을 통해서 건당 계약하는 도급계약이 이뤄지기도 한다. 고용구조의 불안정성보다 심각한 것은 심리적 안전 문제다. 늘 유해 콘텐츠를 봐야만 하는 노동의 정서적인 악영향은 상상하기 어려울 정도이지만, 일하는 과정에서 받게 되는 정신적 고통은 개인이 알아서 해결해야 한다. 최소한의 휴식시간이나 법이 보장한 휴식권조차 보장받지 못하고 있는 경우도 많다.[18]

유튜브 생태계에서 벌어지는 다양한 프리랜서 노동의 모습은 유튜브만의 것은 아니다. 인스타그램·틱톡 같은 소셜미디어나 SOOP(아프리카TV), 네이버 치지직과 같은 인터넷 방송 플랫폼에서도 유사한 방식으로 존재한다.

생태계를 무너뜨리는 온라인 플랫폼과 프리랜서 노동

방송미디어 산업은 유튜브의 부상으로 직격탄을 맞았다. 2020년대의 방송미디어 산업은 온라인 플랫폼이 기존 산업 생태계를 송두리째

---

18) 노가빈(2024), '기계에 가려진 노동자, 콘텐츠 모더레이터에 관하여', 『격월간 비정규노동』 169호.

무너뜨리는 대표적인 사례다. 방송미디어 산업은 유튜브의 부상으로 직격탄을 맞았다. 아마 온라인 플랫폼이 기존 산업 생태계를 송두리째 무너뜨리는 예로 살펴볼 수 있겠다.

방송미디어 콘텐츠 제작에는 수많은 종류의 노동이 투입된다. 하나의 드라마를 제작하는 데에는 20개 넘는 직종의 100명 넘는 인력이 짧게는 3개월, 길면 6개월 정도 투입된다. 드라마처럼 대규모 자본과 노동이 투입되는 콘텐츠가 아니어도, 기존의 방송 콘텐츠에는 수십 명의 인력이 투입되는 것이 기본이다. 하지만 유튜브 콘텐츠는 적게는 1명, 많아도 10명 남짓인 경우가 많다. 영상의 질적 수준은 완전히 차이가 나지만 화제성에서는 결코 기존 미디어에 밀리지 않게 되었다.

왜 콘텐츠의 소비자가 기존 방송미디어를 외면하고 유튜브를 보는가에 대해서는 여러 가지 설명이 가능할 것이다. 문제는 그러한 과정에서 기존의 방송미디어 산업에 커다란 충격을 주고 있고, 그리고 그러한 과정에서 노동은 더욱 불안정해지고 파편화되고 있다는 것이다.

기존의 방송미디어 산업은 주로 광고 매출을 통해서 콘텐츠 제작비를 마련한다. 그러나 유튜브와 넷플릭스 등이 주류가 되면서 광고 매체 또한 여기로 쏠림이 강화되었다. 이는 기존의 방송사에서 정규로 제작하던 콘텐츠를 축소하게 하였다. 일일드라마나 요일별로 하는 드라마 상당수가 폐지되었고, OTT를 통해서 방영되는 것은 필수가 되었다. 제작비가 많이 드는 드라마보다는 예능을 많이 제작하게 되었고, 협찬을 용이하게 받을 수 있는 콘텐츠 제작을 우선하게 하였다. 그러한 과정에서 고용이 축소되거나, 더 많은 외주 제작이 진행되게 된다.

그리고 그렇게 줄어든 일자리는 유튜브를 통한 여러 가지 방식의 프리랜서 노동이 대체하게 된다. 기업은 규모가 더욱 축소된다. 글로벌 플랫폼이 자리를 잡으면서 성공의 기회는 무한해졌고, 진입장벽은 매우 낮아졌다. 반면에 실패의 위험은 손쉽게 노동에 전가할 수 있게 되었다. 과거에는 번듯한 제작사가 콘텐츠를 제작하였다면, 이제는 개인사업자가 콘텐츠를 제작하는 격이다. 기업은 과거보다 영세해져서 자영업화되고, 비정규 노동의 문제가 비임금 노동의 문제로 전환되는 것이다.

프리랜서 노동 확산에 대응하는 전략들

이미 광범위하게 일어나는 디지털 전환과 프리랜서 노동의 확산을 사회적으로 어떻게 대응할 것인지는 거대한 공백 상태로 남아 있다. 프리랜서로 대표되는 비임금 노동의 문제에 대응하는 전략이 필요하지만, 개별적인 법률 투쟁에 국한될 수밖에 없는 것이 사회적 역량의 한계다. 그럼에도 불구하고 이에 대응하는 기본적인 방향성을 모색해 볼 수 있다.

먼저 노동조합 이외의 다양한 조직화 전략의 모색이다. 노동자성 인정이 당연하고 그래야만 하는 무늬만 프리랜서 노동도 적지 않다. 그러나 프리랜서 계약이라는 말이 마치 법적인 용어처럼 통용되는 수준으로 익숙해진 상황에서, '당신은 프리랜서가 아니라 노동자입니다'라고 설득하는 것은 당장 권리 구제의 실익도 크지가 않다. 노동조합뿐만 아니라 다양한 사회적 공간을 마련하기 위한 전략이 모색되어야 한다. 협회·공제회·협동조합 등 민주적인 방식으로 만들 수 있는 사회적 공간들이 이들을 포괄할 수 있어야 한다.

그다음으로 보편적 사회안전망이다. 코로나19 시기에 잠시 불이 붙었던 전 국민 고용보험 논의는 다시 답보상태에 놓여 있다. 또한 특수고용 노동자에 대한 산재보험 적용 확대나 상병수당 도입 논의가 절실하다. 광범위하게 확산되고 있는 프리랜서 노동이 이러한 안전망에 포괄될 수 있어야 한다. 사용자의 사회보험 가입 회피 기제가 되고 있는 사회보험 부과체계를 보완해야 한다. 우선 당장은 국세청의 역할이 필요하다. 가짜 3.3 노동자라고 불리는, 3.3%의 사업소득세를 납부하는 노동자 또는 프리랜서에 대하여 단순히 신고만 받는 것이 아니라 적확한 신고인지 검증하고 이에 대한 교정과 벌칙 규정 신설 등이 필요하다.[19]

프리랜서 노동의 조건을 엄격히 제시하는 것도 필요하다. 미국의 경우만 보아도 입증책임을 사용자로 전환하는 문제, 독점적 플랫폼의 사용자 책임을 부과하는 방안 등 논의가 활발하다. 프리랜서 계약이 노동법의 적용을 받지 않는 계약을 의미하는 것이 아니라, 엄격한 요건하에서만 인정되어야 한다.

---

19) 박영삼(2024), '비임금노동자 현황과 쟁점 – 비임금노동자 증가 추세 통계를 중심으로', 한국비정규노동센터 2024년 10월 노동에디션.

현재는 노동자성을 입증하는 과정에서 많은 무늬만 프리랜서들이 경력이 있을수록, 또는 유능할수록 오히려 종속성을 부정당하게 되는 역설이 발생한다. 업무지시를 구체적으로 받지 않고도 주어진 업무를 '알잘딱깔센(알아서 잘 딱 깔끔하고 센스 있게)' 해내면 종속성에 대한 증거가 남지 않는 경우가 많기 때문이다.

노동자가 주체적으로 적극적으로 일할수록 노동자성이 약해진다는 이상한 상황이 반복되는 것이다. 열심히 일할수록 노동권의 보호가 헐거워진다는 것은 소위 산업경쟁력 차원에서도 좋을 리가 없다. 노동법을 우회해서 단기적 수익 창출에만 몰두하는 것이 최선이 되는 사회가 장기적인 발전이 있을 수 없다.

기업에 대한 규제 방식에서도 바뀌어야 한다. 디지털 전환으로 가속화되는 기업의 파편화와 자영업화가 노동의 대응을 더욱 어렵게 만들고 있다. 이는 과거와 달리 기업은 규모화가 비용을 절감하는 것이 아니라 비용을 증대시킨다고 보기 때문이다. 게다가 한국 사회의 많은 제도가 작은 기업일수록 영세하다는 이유로 규제를 덜 받거나 지원하는 방식으로 설계되어 있다. 디지털 기술의 등장으로 일어난 변화를 막지는 못하더라도 제도적으로 파편화를 촉진하는 부분은 바뀌어야 할 것이다. 반대로 독점적 지위에 있는 플랫폼 기업에 대한 글로벌 규제가 모색되어야 한다. 이를 위해서는 플랫폼 기업에 대항할 국제적 연대도 모색해야 할 것이다.

# 09

시간의 불평등, 잃어버린 노동의 시간을 찾아서

김종진
일하는시민연구소 소장

1년 365일, 24시간, 장시간·과로 사회

2015년 찰스 디킨스의 소설 『올리버 트위스트』가 영화로 상영되었다. 산업혁명 시기 아무런 보호도 받지 못한 채 장시간 노동의 굴레에 놓인 아동노동 문제를 다루었다. 산업혁명 초기에는 잠을 자는 시간 이외에 하루 14시간 이상 일을 시켰다. 노동을 상품화해 착취를 발판 삼아 자본이 형성된 시기였다. 1800년대 다섯 차례의 공장법 개정 과정에서 하루 최대 10시간 노동 규제가 핵심이었다.

윌리엄 블레이크의 시 「굴뚝 청소부」(1797년)의 첫 구절도 다르지 않다. 몸이 작은 꼬마들만 가능한 일이었기에 임금이 싼 아동노동을 착취했다. 200년이 지난 지금에는 기업 수요에 맞추기 위해 '주 52시간 상한'이 장애요인라고 언급한다. 낮은 소득을 보충하기 위해 더 많은 일을 하려 사람들까지 막는 것이 불공정이라고 한다. 산업혁명 초기와 무엇이 다른지 반문할 시점이다.

사실 노동이 '상품'으로 전락하지 않기 위한 최소한의 규범은 노동시간의 규율이다. 1944년 국제노동기구(ILO)의 필라델피아 선언과 1948년 UN 세계인권선언에 명시되어 있다. 특히 세계인권선언에서는 '일할 권리' 다음에 '쉴 권리'가 명시되어 있다. 이 모두 산업혁명 시기 일터에서 노동자 건강이 훼손되지 않도록 규제할 필요성 때문이었다. 노동시간 단축은 하루아침에 이뤄진 것은 아니고 적잖은 시간이 필요했다.

일터에 구속된 노동시간과 함정

쉬어도 피로가 풀리지 않는 사람들

"안녕하세요. **택배 배송원 ***입니다. 고객님의 택배('경비실')가 '22시 28분'에 배송되었습니다. 소중한 상품을 찾아가 주시면 감사하겠습니다." 명절 특수까지 겹쳐 늘어난 물량에 늦은 시간까지 일하던 택배기사님이 보낸 문자다. 아마도 아침 7시부터 시작한 일은 밤 11시가 넘어 끝났을 것이다. 끼니도 거른 채 하루 14시간 가깝게 일하다 보니 "힘들어 죽겠다"는 말은 업계에서 낯선 말이 아니다. 로켓 배송이나 크런치 모드와 같은 직업 특성이 반영된 업계 용어는 이제 낯설지 않다.

오랜 숙제처럼 저임금 영세사업장은 장시간 노동이 발생하는 곳이다. 특수고용과 플랫폼 노동자들은 한 건 한 건이 소득과 연결되다 보니 장시간 노동에서 벗어나지 못한다. 우울·불안장애나 스트레스 등 만성적 질환을 앓고 있음에도 병원조차 가지 못한다. 그만큼 장시간 노동은 어느새 턱 밑으로 다가와 우리들의 삶을 위협하고 있다.

IT게임, 영화방송, 물류배송·배달, 방문판매, 설치·수리, 웹 디자인, 경비 업무는 지난 몇 년 사이 과로사가 나타난 직업들이다. 1주일 52시간 상한제가 시행되고 있음에도 아직도 141만 명이 장시간 노동에 놓여 있다.

노동자의 건강과 안전을 위협할 상황에 누가 책임을 질지 모르겠다. 저임금, 영세, 고령, 간접고용, 여성 등 취약 노동자에게 더 가혹한 상황이 될 것 같다. 제조업과 건설업의 장시간 노동 문제는 오래된 이야기다. 병원 간호사, 판교 IT 개발자, 유통 판매직 노동자 4명 중 1명은 52시간 이상 일한다.

열악한 노동환경에서 하루 10시간 이상 일하는 노동자들이 적지 않다. 크런치 모드(Crunch Mode)와 같은 집중 업무는 IT 노동자들의 삶을 파괴하는 대표적 문제점 중 하나다. 퇴근 이후 혹은 휴일·휴가 기간의 SNS 지시와 업무가 노동시간에 고려되지 않은 것도 문제다. 연장 및 야간 근무 등 각종 수당을 약정 임금에 포함하도록 하는 포괄임금은 장시간 노동의 원인 중 하나다. 특히 정부가 이야기하는 스타트업은 더 무방비 상태에 놓여 있다.

은폐된 노동시간들: 수많은 정책 속 제도의 사각지대

노동자들의 건강권을 심각하게 훼손하지만 이에 아랑곳하지 않는다. 특히 주야 맞교대 밤샘 노동은 중대재해 사고로까지 이어진다. 업무상 뇌심혈관계질환과 과로사 승인 건수가 적지 않은 것은 이를 반영한다. 장시간 노동자들의 탈진이나 소진 그리고 우울증과 감정노동의 위험도가 높은 것을 잊으면 안 된다. 게다가 우리 사회는 적절한 휴식과 안정된 일자리는 20% 남짓에 불과하다. 택배나 마트 배송기사들의 현실을 잊으면 안 된다.

불충분한 회복 상태에서 계속 긴장된 상태로 일할수록 피로는 누적되고 건강과 작업장 안전에 부정적 영향을 미친다. 야간노동은 ILO

나 세계보건기구(WHO)에서도 건강을 심각하게 훼손할 노동의 형태로 규정하고 있다. 1990년 ILO의 171호 협약과 권고(178호)는 노동자들이 상품이 아님을 규정한 대표 조항이다. 그런데도 한국은 ILO 협약 비준은 고사하고 자본과 기업의 논리에 법·제도화를 주저한다.

특히 연차휴가나 유급병가조차 없는 곳에 미칠 영향을 우려해야 한다. 야간노동의 형태는 비정규직 및 특수고용과 플랫폼 노동자들이 더 많이 수행하고 있기 때문이다. 공동주택의 아파트 경비노동자부터 24시간 모바일 세탁서비스 '런드리고'의 모습은 이를 잘 보여준다. 그렇다고 기존 노동자들의 야간노동이 개선되거나 해결의 여지가 많은 것도 아니다. 1년 365일, 24시간 운영되어야 하는 병원 교대제 간호사나 항공운수 노동자들의 삶도 예외는 아니다.

이만큼 노동시간 불평등은 생각보다 우리 사회 곳곳에 깊숙이 들어와 있다. 헌법 32조3항에는 "근로조건의 기준은 인간의 존엄성을 보장하도록 법률로 정한다"고 되어 있다. 그렇다면 인간의 존엄성이 보장된 노동시간은 무엇일까. 1일, 1주일의 적정 노동시간은 어느 정도일까. 소위 식사시간으로 활용되는 휴게시간은 누구에게나 보장되고 있을까. 표준적 계약과 고용구조가 새롭게 변화되면서 우리에게는 일터의 안전과 건강의 문턱이 너무 높다.

산재 공장이 된 물류센터의 시간들: 쿠팡 물류센터의 야간노동

쿠팡의 노동현실은 산업혁명 초기처럼 매우 열악하다. 최근 4년 재해율은 5.9%로 전 산업 평균(0.63%)은 물론이고 운수·창고업(1.07%)이나 건설업(1.45%)에 비해서도 3배 이상 높다. 쿠팡 물류센터의 119 소방 출동이 이를 잘 보여준다. 낙상·추락 등에 의한 137건의 근골격계질환보다 과로사 유발 사유가 256건으로 더 많다. 쓰러짐·실신 71건, 두통·어지러움 44건, 호흡곤란 29건, 흉통 12건, 의식 없음 5건 등 56%는 생명이 위태로울 정도의 사유들이다. 최근 1년간 119 출동은 월평균 51회였다. 하루 1.6건의 긴박한 상황이 발생한 것이다. 주 6일 야간에만 일하다 목숨을 잃은 노동자에겐 예견된 재해였다.

실제로 쿠팡은 어느 순간 '산재 공장, 죽음의 일터'가 됐다. 쿠팡 2개 회사의 청년 산업재해 승인 건수가 무려 2천196건이나 된다. 조선업이나 건설업도 아닌 쿠팡이 1위다. 감당 못 할 업무에, 쉴 틈 없이 작업을 채근하니 예견된 결과다. 산재가 높은 것은 높게 설정된 생산성 목표, 과중한 노동강도, 부족한 휴게시간 때문이다. 소위 로켓·새벽 배송과 같은 성과주의 시스템이 핵심이다. 쿠팡의 휴무일 배송률, 프레시백 회수율, 배송 미수행률, 신선식품 수행률 등 10개 성과지표들이 작동했다.

15년 전부터 쿠팡은 미국의 아마존(Amazon) 비즈니스 모델을 그대로 한국에 이식했다. 쿠팡닷컴, 쿠팡페이, 핀테크, 멤버십, 풀필먼트, 물류센터 운영과 인력배치 그리고 배송시스템까지 아마존과 차이가 없다. 아마존은 미국에서 산재 사고가 높은 기업 12곳 중 하나로 꼽히기도 했다. 아마존의 산재 사고는 100명당 5.9건으로 월마트(100명당 2.5건)에 비해서도 많다.

배송기사들의 상황은 어떨까. 쉬어야 할 정도의 사고가 100명당 7.9건으로 동종업체 2.7건에 비해 훨씬 많다. 사고 부상 및 질병 정보를 보고하지 않아 최근 미국 산업안전위생국(OSHA)에서 벌칙금을 부과받기도 했다.

이런 이유로 미국 캘리포니아는 2021년 소위 '아마존법'(AB701)을 제정했다. 물류센터 직원의 휴식이나 화장실 이용 제한을 포함해 노동자 건강과 안전에 미치는 할당량과 벌칙 등을 금지하고 있다. 우리도 국회에서 '쿠팡법'을 제정해야 한다. 새벽배송과 야간노동 규제는 사회적 대화를 통해 해결하자. 산재 저감조치와 프로그램 등 노동환경 개선 및 의무기록 제출 등은 법으로 규율하자. 자본의 이윤 향유가 우선되어 노동이 상품으로 전락하는 것은 막아야 한다. 쿠팡을 더 이상 방치하면 안 된다.

시간의 갈등, 불평등한 시간

15시간의 한계 노동, 초단시간

초단시간 노동자의 절반은 취업규칙도 없는 10명 미만 사업장에서 일한다. 1주일에 10시간 전후의 일을 하다 보니 최소한의 생활을 유지하는 데 필요한 소득에도 못 미친다. 15시간과 14시간 혹은 14시간 30분의 차이는 단지 30분의 차이가 아니다. 근로계약 미작성이나 최저임금 미만을 받고 일하는 사람도 적지 않다.

60대 이상 연령층의 초단시간 노동자 규모가 15년 전에 비해 6배가량 증가한 것도 빈곤한 노동 현실을 보여준다. 언제부턴가 기준 이하의 최소 노동시간만 규정받고 일하는 것에 익숙해졌다. 민간은 물론 공공에서 유연성과 비용절감 등을 이유로 초단시간 일자리가 더 많아지고 있다. 통계 속에 숨겨진 주변화된 한계노동의 단면이다.

주 3일 근무 모집, 사무보조, 판매직, 블로그 업무, 간호조무, 학원 강사까지 인터넷 채용사이트를 검색하면 하루 4시간씩 주 3일 일할 사람을 찾는 건 어렵지 않다. 1주일 총근무시간이 14시간인 '초단시간 노동자'를 찾는 공고들이다. 편의점과 커피전문점 및 패스트푸드점, 멀티플렉스 극장, 키즈 카페 등 프랜차이즈 가맹점에서 곳곳에서 활용되고 있다. 최근에는 각종 행사 스태프, 비대면 시험 감독, 목소리 녹음 등 매우 다양한 곳에서도 볼 수 있다.

초단시간 계약은 공공부문에서도 적지 않다. 아이돌봄과 시니어 일자리부터 도서관 사서는 물론 방과후 강사와 보육전담사까지 학교와 지자체에서 많이 활용된다. 공공기관도 예외는 아니다. 콜센터 상담, 예술단, 임상병리사와 간호사까지 초단시간이 다수 확인된다. 이 정도면 초단시간 노동자 없는 곳을 찾는 것이 쉬울 정도다.

이동노동자들의 숨겨진 대기시간

밖에서 일하는 사람들의 시간은 어떻게 규정될까. 공장이나 사무실과 같은 특정 공간이 아니라 외부에서 일하는 사람들의 환경은 변수가 많다. 여러 곳을 이동하면서 일하는 특징도 있다. 음식배달이나 마트배송 등 운송서비스부터 설치·수리와 방문점검원 그리고 가사서비스까지 직업군도 다양하다. 주위를 둘러보면 민간만이 아니라 공공영역에서도 이동노동자들은 많다. 이들 다수는 특수고용이나 플랫폼 노동자라는 것이 문제 해결의 걸림돌이다. 임금과 시간 같은 노동기준은 찾는 것이 쉽지 않다.

사실 새로운 산업과 일자리는 자본의 이윤추구 전략 속에서 끊임없이 창출된다. 이 때문에 기존과 달리 새로운 일자리나 직무가 만들어지기도 한다. 어떤 직업은 고객의 요구에 의해 부가적 과업이 발생하기도 한다. 고객의 욕구에 부응하기 위한 다양한 서비스는 기본이다. 그러나 노동과정 중 적지 않은 문제들이 발생한다. 고객의 폭언·폭행부터 반려견에게 물리는 사고까지 다양한 위험과 마주친다. 화장실 사용이나 폭염과 혹한 등 이동노동자들이 겪는 애로사항은 적지 않다.

구속된 일터의 시공간을 벗어난 노동시간?

'언제, 어디에서나' ICT 및 모바일을 통해 일한다는 '텔레워크' 활용은 그 파장이 작지 않다. 무엇보다 텔레워크는 전문직이나 사무관리직 혹은 특정 산업과 직업에 국한된 근무형태다. 시공간 활용의 효율성과 자율성이 강조되나 일과 삶의 경계가 모호한 문제가 있다. 직장 생활의 과잉화로 표현되듯 항상 연결된 삶이 문제다. 이메일이나 카톡은 물론 잦은 화상회의 같은 '디지털 알림' 현상으로 스트레스를 호소하는 이들이 적지 않다. 실제로 최근 몇 년 사이에 우리도 퇴근 후 혹은 휴일 중 SNS 업무지시 등이 언론을 통해 알려진 바 있다.

텔레워크는 작업 장소와 강도 및 빈도에 따라 전통적인 재택·원격근무와 전염병 상황에서의 재택·원격근무로 구분된다. 코로나19 같은 팬데믹이 전 세계적으로 재택·원격근무 필요성은 물론 일하는 방식의 변화를 확장시킨 것은 틀림없다. ICT와 결합된 텔레워크 업무는 새로운 디지털 유형의 다양한 작업까지 촉진하고 있다. 그러나 일하는 방식을 둘러싼 쟁점이 적지 않다. 재택·원격근무를 통해 할 수 있는 일과 할 수 없는 일은 어떤 것이고, 일의 시작과 끝의 기준은 어디까지인지 논의할 것이 많다. 텔레워크 단점으로 지적되는 업무강도 증가나 노동통제가 대표적이다.

코로나19 팬데믹 이후 재택·원격근무 같은 텔레워크는 이미 많은 곳에서 제도화됐다. EU(텔레워크 협약, 2002), 프랑스(텔레워크 협약, 2005), 독일(모바일 협약, 2021)의 재택·원격 및 모바일 근무 법·제도를 참조할 필요가 있다. EU는 이미 2002년 7월 16일 '텔레워크에 관한 기본협정'(Framework Agreement on Telework)을 체결한 바 있다. 주요 내용은 원격근무의 자발성, 원격근무 노동자에 대한 동등대우 원칙, 정보보안 등 원격근무에서 노동자 의무, 노동자 사생활 보호, 사용자 비용 부담, 산업안전보건, 노동시간, 교육훈련 보장, 단체 권리 등을 담고 있다.

시간의 정치, 다양한 실험들:
연결되지 않을 권리부터 주 4일제까지

연결되지 않을 권리

기술 발전과 업무 형태의 다양화 등에 따라 일터에서 다양한 통신 수단을 통한 업무와 연락들이 나타나고 있다. 특히 코로나19로 인해 비대면 업무수행 방식이 활성화됨에 따라 카톡·텔레그램 등을 통한 업무 보고나 지시가 많아지고 있다. 퇴근 이후나 휴일, 휴가 기간에도 SNS로 업무 연락을 하는 경우가 일상화되면서 노동자들의 스트레스가 적지 않다. 최근 다양한 연구기관 조사에서도 직장인 10명 중 7명 이상이 문제점을 지적하고 있다.

각종 통신수단을 이용한 근무시간 외 반복적이고 지속적인 업무지시는 공적 공간과 사적 공간의 경계선을 허물어 사실상 노동시간 연장이나 다름없다. 특히 업무시간 이외에 연락하거나 별도의 업무를 위해 일했다면 보상과 관련한 문제로 연동된다. 이에 고용주가 노동시간 이외의 시간에 SNS 등을 이용하여 반복적, 지속적으로 업무지시를 내리는 등 노동자의 사생활 자유를 침해하지 못하도록 하자는 요구가 법제화로 귀결된 것이다.

최근 프랑스와 호주 등에서는 연결되지 않을 권리(right to disconnect)를 시행하고 있다. 우리도 코로나19로 인해 비대면 업무수행 방식이 활성화됨에 따라 SNS를 통한 업무 보고나 지시가 많아지고 있다. 프랑스는 2017년부터 '노동자의 연결차단권'을 법제화하여 전자기기 사용을 규율하는 제도의 수립을 단체교섭 항목으로 명시하고 있다. 호주는 2024년부터 '연결되지 않을 권리'가 법률로 시행되며, 법률 위반 기업은 벌금(9만4천 호주달러) 부과도 가능하도록 했다.

주 4일제 전환의 길목에서

주 4일제는 불가능한가. 허황되고 현실성 없는 주장으로 들릴 듯도 하다. 하지만 불과 15년 전까지만 하더라도 토요일까지 일하고, 학교 가는 게 일상이었다. 당연히 주 5일제 반대도 많았다. 당시 경영계와 보수언론의 반응은 협박에 가까울 정도로 소름 끼친다. "삶의 질을 높이려다, 삶의 터전을 잃습니다"라는 신문 광고와 "주 5일제 시행하면 경제가 죽는다"는 기사들이었다. 기억을 되짚어 보면 혼란은 발생하지 않았고, 경제가 죽지도 않았다. 오히려 대기업 납품단가 후려치기 횡포나 분식회계 같은 위법한 행태들이 경제 악화의 주요 요인 아닐까.

"4일만 일하면 경제는 어떻게"라는 사고와 "3일의 휴식과 재충전이 필요해"라는 접근은 서로 다른 철학에서 출발한다. 그렇기에 1966년 제정된 국제인권규약에 노동기본권을 담은 이후 정책의 상상력은 입법의 틀과 경제 문제에 항상 가로막혀 있었다. 그러나 이제는 일이 삶을 압도한 사회를 벗어나, 일과 삶의 조화가 가능한 사회를 모색할 시점이다. 주 4일제가 정착된 어느 날 "그땐 주 5일 어떻게 일했지"라고 회상할 시기가 멀지 않을 수도 있다.

그러나 최근 몇 년 사이 표준적 시간의 정의를 새롭게 구성하려는 실험에 희망을 갖는다. 벨기에는 전 세계 최초로 주 4일제 청구권을 시행 중이고, 아이슬란드·스페인·오스트리아는 국가 차원에서 실험을 한 바 있다. 2024년 영국 노동당 정부는 집권 100일 노동개혁 프로젝트에 주 4일제 포함 여부를 논의한 바 있다.

영국과 미국은 물론 일본의 몇몇 지자체에선 주 4일제 실험의 효과성을 확인하고 있다. 직원 퇴직률과 번아웃 감소가 대표적이다. 특히 기피 업무에서 신규 채용의 증가나 시민 불만 감소 등 생산성과 직결된 결과들도 확인되고 있다.

오래된 숙제, 노동시간 단축

노동시간 단축의 역사, 노동운동의 결실

노동시간 단축은 노동의 역사와 맥을 같이한다. 1919년 ILO의 1호 협약은 '하루 8시간 노동'이었고, 1939년 47호 협약은 '주 40시간 근로제' 결의였다. 1962년 주 40시간 근무를 사회적으로 달성해야 할 기준으로 선언한 것도 60년이 넘었다. 사실 많은 이들이 모르지만 ILO가 연차휴가 6일 보장을 담은 52호 협약을 제정한 때는 1936년이다. 노동시간의 단축은 유럽연합(EU)의 건강과 안전조치에서 출발했다.

EU는 1993년 건강 및 안전조치 일환으로 주 35시간제를 채택했는데 일자리 창출 목적이 아닌 일하는 사람의 권리를 보장하기 위한 접근이었다. 이처럼 산업화 이후 그 어떤 나라에서도 노동시간 단축이 하루아침에 이루어진 것은 아니다.

산업혁명 초기부터 일터에서 노동자 건강이 훼손되지 않도록 규제할 필요성이 제기되었다. "노동운동의 역사는 노동시간 단축의 역사"라는 표현은 그래서 나왔다. 이 때문에 노동시간 단축은 하루아침에 이뤄진 것은 아니고 적잖은 시간이 필요했다. 자본과 기업은 노동시간 단축을 반대하거나 주저한다. 이들의 반대 논리나 명제는 명확하다. 우선 노동시간 단축 자체의 반대다. 노동시간 단축은 생산성 하락과 직결되고 인력 충원 등 비용 문제가 발생한다는 신념이 존재한다. 그리고 장시간 노동으로 인한 노동자 건강 훼손이나 산업재해 등은 경미한 수준으로 치부한다.

다음은 노동시간 정책의 정당화 논리다. 현행 주 40시간 규정이나 운영에는 아무런 문제가 없다는 논리를 펼친다. 노동시간 단축은 일부 특정 집단에만 적용되거나 혹은 혜택을 본다는 것인데 낙수효과가 없다는 주장이다. 물론 노동자 임금 감소까지도 걱정해 준다. 문제는 노동시간 단축에 대한 대안 부재나 냉소적 태도들이다. '노동의 인간화'나 '보람된 일터'를 위한 노동시간 체제는 하나의 이상적 모델로 특정한다. 대안을 부정하고 국가나 사회적 개입을 문제시한다. 더 많은 이윤 추구를 보장하는 특례 조항은 불가피성을 피력하면서 자본 중심의 유연근로가 일과 삶의 균형 모델인 것처럼 호도한다.

그렇다면 한국(52시간)과 EU 회원국(48시간)의 1주일 연장근로 한

도부터, 한국(15일)과 EU 회원국(20일)의 법정 연차휴가의 차이는 어떻게 봐야 할까. 우리는 1953년 1일 8시간, 1주 48시간의 근로기준법을 제정한 이후 세 차례 노동시간을 단축했다. 그러나 우리는 ILO의 22개나 되는 노동시간 협약 중 주 40시간(47호, 1935) 협약만 비준한 상태다.[20]

독일은 2022년 연방노동법원의 근로시간 기록 의무화를 판시했고, 노르웨이는 2023년부터 재택원격근무를 법제화했다. 게다가 스페인은 최근 시간빈곤 문제를 해결하기 위해 국가적 차원에서 정책을 검토하고 있다.

노동시간 단축, 주 4일제 네트워크 출범

주 4일제 네트워크는 노동시간 단축을 위한 연대체 모임이다. 총연맹부터 산별연맹과 개별 단위사업장 그리고 시민단체까지 참여하고 있으니, 전례가 없다. 2024년 2월 29일 노동시간 단축을 모토로 주 4일제 네트워크가 출범했다.[21] 출범 배경과 목적은 장시간 노동 근절과 일과 삶의 균형을 위한 노동시간 단축이다. 그런데 이전과 다른 차이가 있다. 돌봄과 성평등 및 기후위기 대응 목적이 뚜렷하다. 핵심 목표와 지향은 주 4일제 법·제도화 및 노동시간 정책 추진이다. 주 4일제

---

20) 국제노동기구(ILO) 노동시간 관련 협약 및 비준 조항은 ILO 누리집 참조(https://www.ilo.org/dyn/normlex/en/f?p=NORMLEXPUB:12030:0::NO:::).
21) 주 4일제 네트워크 누리집(https://www.4daynet.co.kr).

네트워크는 노동시간 체제 전환을 지향하고 있다.

모두가 알고 있듯 산업혁명 초기 자본은 노동을 상품화해 착취하면서 이를 발판 삼아 형성되었다. 아무런 보호도 받지 못한 채 장시간 노동의 굴레에 놓였던 시기였다. 1년 365일 밤낮없이 돌아가는 공장에 맞춘 시간이었다. 무엇보다 일터의 산업재해와 장시간 노동에서 벗어날 수 있는 가장 빠른 방법 중 하나도 노동시간 단축이다. 기본적으로 주 4일제 네트워크의 목표도 노동시간 단축이 전제다. 그렇기에 최소한 OECD 평균인 1천700시간대로 한국의 연간 노동시간을 단축하는 것이 1차 목표다.

장시간 노동은 노동자 개인에게는 수면, 생체리듬, 가족생활과 사회생활을 교란해 피로, 기분, 건강과 안전, 작업성과에 부정적 영향을 미친다고 지적된다. 그렇기에 주 4일제 네트워크 단체들은 노동시간 체제 전환의 화두를 던진 것이다. 주 4일제 논의는 자본주의 시장경제와 노동체제의 전환과 맞물려 있다. '주 5일 노동시간 체제'에서 벗어나자는 것이다. 인류가 지속 가능한 사회와 노동을 위한 해답을 얻고자 한다면 더 중요한 목표를 간과하면 안 되기 때문이다.

주 4일제는 돌봄과 성평등 사회 실현의 척도와도 연동된다. 주 4일제로 주어진 하루 8시간은 지역 커뮤니티와 공동체 활성화의 촉매도 된다. 초고령화 시기 평생학습을 준비해야 할 시점에서 생애주기 노동시간 정책의 방향이기도 하다. 늦었지만 기후위기 대응을 위해서라도 주 4일제 논의를 시작해야 한다.

탄소배출 문제와 맞물린 정의로운 전환의 핵심 중 하나도 노동시간 단축이다. 2023년 스페인 발렌시아에서 실험한 주 4일제 목표는 그래서 의미가 있다. 노동자 건강과 돌봄 및 삶의 변화만이 아니라 최종 목표는 바로 기후위기 대응을 확인하는 것이었다.

<표 9-1> 시간의 불평등 해소를 위한 노동시간 정책 목록

영역	세부 영역	주요 활동 내용
임금 노동자	법정 노동시간	1주 장시간 연장근로 한도 48시간, 1일 노동시간 7시간 등 주 4일제 도입 촉진, 노동시간 단축 지원, 포괄임금 폐지
	연장, 휴식, 연차	연장근로 1일(3시간 등), 11시간 연속휴식, 특례업종 폐지, 연차 최초 20일 상향, 유급병가 도입
	초단시간	최소생활노동시간제(1주 15시간 이상 의무화) 연차휴가 시간 비례 적용
	야간노동	야간노동 ILO 기준 법률 규제(예: 쿠팡법) 휴게시간 1.5배 및 인력 충원 등(병원·운수항공)
	5명 미만 사업장	근기법 노동시간 조항 적용 주 60시간 적용 규정 폐지
공통	텔레워크	재택·원격근무 법제화(ILO, EU)
	연결되지 않을 권리	퇴근·휴무휴일 등 연락 금지(EU, 프랑스, 호주 등)
	성평등 실현	함께 일하고 함께 돌보는 사회 문화 및 제도 정착, 노동시간 청구권 보편화
	기후위기, 지역사회	기후위기 대응 (탄소배출, 교통환경&대기질, 지역 공동체 활동, 교육 등)
불안정 노동자	특수고용, 플랫폼 노동	연차휴가 도입, 최소소득 보장, 이동·대기시간 보상 등
	프리랜서	온라인 플랫폼·프리랜서 휴재권 (예시: 연재 웹툰작가 연간 11개)

우리 사회는 연장근무나 야간노동은 물론 교대제와 연차휴가 및 유급병가 등 국제기준에 부합하는 것이 하나도 없다. 게다가 연차휴가는 물론 돌봄휴가 등 다양한 일과 쉼의 휴식은 제도의 지체로 논의가 안 되고, 퇴근 후 연결되지 않을 권리는 중요한 과제임에도 관심 밖이다. 더는 무한 노동으로의 회귀를 방치하면 안 된다. 사회·조직·작업장 그리고 노동자 개인의 시간빈곤(time poverty)에서 벗어나, 시간주권(time sovereignty)을 찾는 것은 노동 의제로서도 매우 중요한 과제다.

주 4일제 네트워크는 출범 당시(2024. 2. 29.) 향후 한국 사회에서 시간의 불평등을 해소하고 노동시간 체제 개편을 위해 구체적 정책을 밝혔다. 노동시간 정책은 담론 수준이 아니라 중범위 수준에서 각 영역과 분야를 대부분 담고 있다. 고용구조와 근무형태, 사업장 규모, 풀타임과 파트타임, 기술 변화와 기후위기 대응 그리고 성평등한 노동시간 정책의 목록들이다. 앞으로 우리가 시간의 정치를 위해 토론해야 할 의제다.(〈표 9-1〉)

10

변화하는 일의 세계와 노동자 대표권

이정희
한국노동연구원 선임연구위원

3개의 열쇠와 진정으로 인간적인 노동체제

하나의 열쇠만으로는 열 수 없는 문이 있다. 국제노동기구(ILO)의 스위스 제네바 본부 건물 앞 철제 정문[22]은 열쇠 3개를 모두 넣어 동시에 돌려야만 열리도록 설계되었다. 이 3개의 열쇠는 노동자·사용자·정부의 대표를 상징하는데, 3주체가 '함께', '같은 문'으로 들어가 '같은 임무'로 협력한다는 것을 의미한다. ILO는 세계보건기구(WHO), 국제통화기금(IMF), 식량농업기구(FAO) 등과 같은 국제연합(UN) 산하 기구 중 하나인데, 산하 기구 중 유일하게 노·사·정이 함께 참여한다.

노·사·정이 함께 짊어진 임무는 바로 사회정의에 기초한 '진정으로 인간적인 노동체제'를 구현하는 것이다. 1919년 설립된 ILO는 헌장에서 "어느 한 나라라도 진정으로 인간적인 노동체제를 도입하지 않는 것은 다른 나라들이 자국에서 노동자들의 지위를 개선하고자 하는 노력에 장애물이 된다"고 천명하였다. 진정으로 인간적인 노동체제는 어떤 체제를 말하는 것일까.

노동법학자 박제성은 2가지 측면에서 답을 찾고 있다.[23] 하나는 노동에 관하여 진정으로 인간적인 체제다. 노동의 이행을 둘러싼 조건들(고용, 적정임금, 노동3권, 사회보장 등)을 인간적인 것으로 만드는 것이다. 내 의사에 반하여 일할 기회를 잃지 않고, 일한 대가로 받는 임금이 적

---

22) ILO 제네바 본부는 설립 이후 신축 건물로 사무실을 옮겼고, 열쇠 3개를 꽂도록 설계된 철제 정문은 현재 국제무역기구(WTO) 건물 앞에 남아 있다.
23) 박제성(2023), '진정으로 인간적인 노동체제에 관하여', 노회찬재단, 노회찬 5주기 추모 심포지엄-복합위기의 시대, 우리가 마주한 질문'들'.

정한 삶을 영위하는 데 부족함이 없고, 적정 시간(예컨대 하루 8시간)을 초과하는 장시간 노동을 하지 않고, 단결하여 교섭하고 행동할 수 있는 권리를 보장받으며 혹여 질병이나 사고로 인해, 혹은 교육이나 재충전을 이유로 타인을 위해 일을 하기 어려운 상황에서도 기본적인 생활을 영위하기에 어려움이 없는 것을 말한다.

다른 하나는 노동 자체가 진정으로 인간적인 것이 될 수 있도록 보장하는 체제다. 노동조건의 인간화만이 아니라 노동 그 자체의 인간화를 지향한다. 이는 타인의 생명과 안전, 공동체와 생태를 위협하는 비인간적인 노동을 금지하고, 재화와 서비스를 만드는 과정에서 자신의 정체성을 형성·실현할 수 있는 체제를 말한다.

이종필 감독의 영화 〈삼진그룹 영어토익반〉을 보자. 이 영화는 자신이 일하는 기업이 유해물질인 페놀이 섞인 폐수를 무단 유출하여 지역사회와 주민들에게 피해를 주고 있다는 것을 목격한 직원들이 진상 규명에 나서는 얘기를 다루고 있다. 주인공 중 한 명인 이자영(고아성 분)은 말한다.

"저는 우리 회사가 사람들에게 도움을 주는 무언가를 만들고 있다고 생각했어요. 근데 제가 하는 일이 결국 사람들에게 피해를 주는 거라면 나는 뭘 위해서 뭘 하고 있는 거지? 돈을 벌기 위해서? 단지 먹고 살기 위해서? 저는 내 대부분의 시간을 보내는 이곳에서의 일이 좀 의미가 있었으면 좋겠어요. 그 일이 사람들에게 도움이 되었으면 좋겠고…"

노동 그 자체의 인간화를 지향하는 체제는 이 대사에서처럼 나의 노동조건만이 아니라 공동체와 생태에 미치는 영향을 함께 고려하며 일을 하고, 그 일을 통해 나의 정체성을 실현하는 그 체제를 말한다.

인간의 존엄, 그 양가적 원칙

"노동은 상품이 아니다"[24]는 천명으로 잘 알려진 ILO 목적에 관한 선언(필라델피아 선언, 1944년 채택)은 진정으로 인간적인 노동체제 형성의 조건을 제시한다. 물질과 정신을 결합한 인간의 존엄성에 관한 양가적 원칙이 그것이다.

선언에서는 "모든 인간은 인종·신앙·성별과 상관없이 자유와 존엄과 경제적 안정 속에서 그리고 평등한 기회로써 자신의 물질적 진보(material well-being)와 정신적 발전(spiritual development)을 추구할 권리를 갖는다"고 천명하였다.

물질적 진보는 빈곤의 위협과 비인간적인 노동조건으로부터의 해방을 뜻하고, 정신적 발전은 그 물질적 진보가 자본이나 정부에 의해 일방적으로 부여되는 시혜의 산물이 아니라 스스로 목소리를 내어 요구하고 그 과정에 참여하는 민주적 과정을 전제하는 것임을 뜻한다. 선언은 "표현의 자유와 결사의 자유는 진보의 필수불가결한 조건이다"고 하면서 개개인의 표현의 자유와 집단적인 결사의 자유 보장이 진

---

[24] 노동하는 인간은 그 자체로 인격을 담지한 자이므로 시장에서 거래되는 여타의 상품과는 다르게 대우되어야 한다는 점을 말한다.

보의 전제조건이라고 밝혔다. ILO의 구성원리이기도 한 3자주의 구현 방안에 대해서도 선언은 언급하였다. "결핍과의 투쟁은 노·사·정이 동등한 지위에서 공동선의 증진을 위한 자유로운 토론과 민주적인 결정에 함께 참여함으로써 달성 가능한 것이다."

이러한 ILO의 정신은 우리 법에도 담겨 있다. 대한민국헌법에서는 인간의 존엄성이 국민 모두의 권리이며 국가는 이를 보장할 의무가 있다는 점을 명시하였다.

"모든 국민은 인간으로서의 존엄과 가치를 가지며, 행복을 추구할 권리를 가진다. 국가는 개인이 가지는 불가침의 기본적 인권을 확인하고 이를 보장할 의무를 진다."(헌법 제10조).

인간으로서의 존엄은 일의 세계에서도 마찬가지로 존중되어야 할 기본 가치다. 헌법에서는 근로계약, 임금, 노동시간과 휴식·휴가, 안전과 보건 같은 근로조건의 법적 기준이 '인간의 존엄성'을 보장하도록 설정되어야 한다는 점을 명시하고 있다.

"근로조건의 기준은 인간의 존엄성을 보장하도록 법률로 정한다."(헌법 제32조제3항)

물질적 진보와 함께 정신적 발전을 위한 근거를 제시하고 있다. 헌법에서는 결사의 자유, 즉 노동3권을 보장하고 있다. 헌법의 하위법령인 근로기준법은 ILO 선언에서 명시한 '근로조건 대등결정'의 원칙을 담고 있다.

"근로자는 근로조건의 향상을 위하여 자주적인 단결권·단체교섭권 및 단체행동권을 가진다."(헌법 제33조제1항)

"근로조건은 근로자와 사용자가 동등한 지위에서 자유의사에 따라 결정하여야 한다."(근로기준법 제4조)

개별적 종속성 vs 집단적 대등성

물질적 진보와 정신적 발전, 즉 노동조건의 인간화와 노동자들이 결사하여 사용자와 동등한 지위에서 자유의사에 따라 자신에게 영향을 주는 각종 정책을 결정한다는 것은 근로계약의 특성을 반영하는 것이다.

일을 하고 그 대가로 임금(소득)을 받기로 하는 계약이 개별적으로, 즉 노동자 개인과 사용자 사이에서 이뤄진다는 점에서 그 계약은 종속성을 띨 수밖에 없다. 사용자가 우월적 지위에 있기 때문이다. 개별적 근로계약은 사용자가 절대적인 힘의 우위를 발휘하는 기울어진 시소와 같은 관계에서 체결된다.

하지만 이 계약은 노동자 자신의 인격과 떼려야 뗄 수 없는 노동력 제공에 관한 것이므로, 이 계약의 특수성을 반영하여 법에서는 노동자들의 단결권과 단체교섭권 및 단체행동권을 부여한다. 개별적 근로계약의 불평등한 관계를 완화하는 기제가 바로 노동3권인데, 이는 '개별적 종속성'을 '집단적 대등성'으로 전환하는 근거가 된다. 이 원리는 '대표(representation)'를 통해 구현된다.

대표권의 다양성

노조는 가장 대표적인 노동자 대표기구다. 노조 외에 기업 내에서 노사 공동의 이익을 증진하기 위한 노사협의회와 같은 기구도 있고, 노동자들이 자체적으로 상호부조와 연대를 실천하는 공제회와 같은 조직도 있다. 이러한 조직 운영이 주로 일터를 매개로 한 오프라인 공간에 이뤄지고 있는데, 최근 디지털 기술 발전에 힘입어 온라인 공간에서 목소리 내기도 이뤄지고 있다. 이와 함께 노동자의 대표가 직접 이사회에 참석하는 노동이사제도 운영되고 있다. 아래에서는 다양한 대표권의 형태와 운영 실태를 살펴보겠다.

노동조합

노조는 노동자들이 자주적으로 단결하여 조직하는 단체다. 가장 대표적인 노동자 이해대표 조직이지만, 노조는 노동자의 이해만을 대표하는 조직이 아니다. 노조가 대표하고자 하는 이해는 조합원, 노동자, 그리고 국민 일반을 모두 포괄한다. 노동법학자 강성태는 이렇게 설명한다.[25] 노동조합 및 노동관계조정법(노조법)상의 "노동조합의 대표자는 … 조합원을 위하여 … 단체협약을 체결할 권한을 가진다"(제29조제1항)는 조항은 노조가 '조합원'의 이해를 대표한다는 점을 명시하고 있다. 같은 법에서는 또한 노동조합에 대해 "근로조건의 유지·개

---

25) 강성태(2015), 「노동조합의 근로자 대표성에 관한 단상」, 『월간 노동리뷰』 2015년 3월호.

선 기타 근로자의 경제적·사회적 지위의 향상을 도모함을 목적"(제2조 제4항)으로 한다고 규정함으로써 노조의 '노동자(근로자)' 대표성을 천명한다. 이와 함께 국민 전체의 이해와 직결되는 각종 위원회, 예를 들어 사회보장위원회·국민연금심의위원회·건강보험정책심의위원회 등에 노조의 참여를 보장하는 것은 노조가 '국민 일반'의 이해를 대표하는 조직이란 점을 보여준다.

한국의 노조 조직률은 2023년 말 기준 13.0%[26]로 낮다. 노동자 100명 중 13명만이 노조를 통해 자신들의 목소리를 낼 수 있다는 의미다.

낮은 조직률도 문제지만 노조 조직화가 양극화되어 있다는 점도 문제다. 기업규모가 클수록, 민간부문보다는 공공부문일수록, 고용형태별로도 비정규직보다는 정규직일수록 노조 조직률이 높다. 조직률은 300명 이상 기업이 36.8%인 반면 30명 미만 기업은 0.1%이고, 공공부문은 71.6%이지만 민간부문은 9.8%다.[27] 정규직은 19.4%이지만 비정규직은 2.8%다.[28] 대표를 통한 목소리 내기가 더욱 필요한 취약계층 노동자들의 대표권이 취약하다는 점을 알 수 있다. 노동시장의 불평등한 구조는 노조를 통한 대표권 행사에서도 그대로 드러난다.

이렇게 대표권이 취약한 이유 중 하나는 법과 법의 해석 과정에서 노조 가입 및 결성의 권리를 제한하고 있기 때문이다. 좁은 의미의 '근

---

26) 고용노동부(2024), 「2022년 전국 노동조합 조직현황」.
27) 위의 글.
28) 김유선(2024), 「비정규직 규모와 실태-통계청, '경제활동인구조사 부가조사'(2024. 8) 결과」, KLSI 이슈페이퍼 제202호.

로자성'을 기준으로 판단하기 때문에 이른바 특수형태근로종사자(특고)로 불리는 노동자들은 계약의 형식을 이유로 노조 가입 및 결성의 권리를 제한적으로 보장받거나 아예 노동법 밖의 존재로 다뤄지고 있다.

노동3권이 보장된 곳에서도 노조 가입 또는 결성이 자칫 고용이나 인사 및 평가에 악영향을 줄 수도 있다는 우려와 노조 가입 또는 결성을 방해하는 사용자들의 행위가 노조 가입 및 활동을 주저하게 한다. 직장갑질119가 2024년 2월, 직장인 1천 명을 대상으로 온라인 설문조사를 한 내용에 따르면[29] 노조에 가입하지 않은 이유 중 "직장 내 불이익 우려"가 39.1%로 가장 큰 비중을 차지했다.

조직률에서 드러난 낮은 대표성은 노조의 주된 활동 단위가 '기업'에 치중되어 있다는 점에서도 드러난다. 노조의 조직형태는 기업과 초기업(산업·업종·지역)으로 나눌 수 있는데, 2023년 말 기준 조직현황 자료를 보면, 초기업노조와 기업노조 비율이 6 대 4다. 이 숫자만 보면 한국의 노조는 산업·업종·지역과 같은 초기업적인 대표성을 갖고 있다고 할 수 있다.

하지만 이는 노조 조직형태가 그렇다는 것이고 주된 활동의 수준, 대표적으로 단체교섭의 수준이 여전히 기업 단위로 제한된다는 점에서 초기업적인 대표성을 발휘하고 있다고 보기 어렵다. 대표성의 범위는 노조 가입 대상의 범위와 함께 단체교섭을 통해 체결한 단체협약의

---

[29] 연합뉴스(2024. 3. 4.) "직장인 71% '노조 필요' … 중소기업에선 불이익 우려로 가입 못 해".

적용 범위에서 확인할 수 있는데, 대부분 그 범위는 해당 '기업 내 조합원'으로 제한된다. 앞서 조직률 격차에서 살펴본 것처럼 기업 단위에서는 규모가 크고 안정적인 기업에서 노조 조직률이 높다. 노조에서도 부익부 빈익빈 현상이 발생하고 있는 것이다.

"노조는 근로자들의 연대 의식을 기본으로 하는데, 잘나가는 기업의 노조만 계속 잘나가는 이런 시스템 아래에서는 연대 의식도 깨지게 된다. (중략) 각설하고, 노조는 기업 안에 있어서는 안 된다. 노조원은 물론 기업 안에 있지만, 노조는 산업별, 직능별로 '외부에' 있어야 한다. (중략) 그렇게 하는 것이 특정 기업 근로자가 아니라 '전체 근로자'의 이익에 부합한다."[30]

한 정치인이 쓴 회고록 일부다. 그의 지적처럼 기업 단위에서는 단체교섭을 아무리 열심히 해도 그 효과가 기업 밖으로 확산하지 않는다. 노조가 있는 기업에서 임금과 노동조건을 상향시키면 시킬수록 노조 없는 기업과의 격차는 더 벌어진다. 이러한 기업별 노조 활동은 불평등과 격차를 확산할 뿐 아니라 노동자들 간의 연대 의식을 훼손하므로 노조 설립 취지에 부합하지 않는다.

앞서 언급한 직장갑질119 설문조사에서 응답자들은 노조에 가입하지 않은 이유로 "불이익 우려" 다음으로 "기존 노조 활동에 신뢰가 없어서"(34.4%), "조합비와 집회 참여 등이 부담돼서"(31.9%), "노조 가입 문턱이 높아서"(19.9%) 등을 꼽았다. 이는 현존하는 노조의 대표성 위

---

30) 김종인(2020), 『영원한 권력은 없다 - 대통령들의 지략가 김종인 회고록』, 시공사, p120.

기를 보여준다.

노사협의회

노사협의회는 근로자참여 및 협력증진에 관한 법률(근로자참여법)에 근거를 둔, 상시 30명 이상을 사용하는 사업장에 의무적으로 설치하도록 한 기구다. 기업 내에서 노사가 참여와 협력을 하여 공동의 이익을 증진하는 것을 목적으로 한다. 노사협의회는 노동자와 사용자를 대표하는 같은 수의 위원으로 구성되며, 3개월마다 정기적으로 회의를 개최하여야 한다.

노사협의회는 이해를 달리하는 사용자위원과 근로자위원이 동수로 구성된다는 점에서 그 자체를 노동자 대표기구라고 볼 수 없다. 하지만 이 글에서는 사용자의 고유권한으로 이해되어 온 제반 경영사항에 노사가 함께 참여하고 협력하는 장이라는 점에서 노사협의회를 노동자 대표권의 한 유형으로 포함하고자 한다.

노사협의회 임무는 보고·협의·의결, 이 세 가지로 구분된다. 우선 보고사항이다. 사용자는 경영계획 전반 및 실적, 분기별 생산계획과 실적, 인력계획, 기업의 경제적·재정적 사항에 대해 노사협의회에서 보고하거나 설명해야 한다. 둘째, 협의사항이다. 동수의 노사 위원들은 생산성 향상과 성과 배분, 노동자의 채용·배치 및 교육훈련, 고충처리, 안전보건, 인사노무관리 제도, 배치전환·재훈련·해고 등 고용조정의 일반원칙, 작업과 휴게시간, 임금제도 개선, 공정 개선, 복지증진, 일-생활 균형 지원사항 등을 협의하여야 한다. 협의할 뿐 아니라 출석위원 3분의 2 이상 찬성이 있으면 의결할 수 있다. 셋째, 의결사항이다. 교육훈련 및 능력개발 기본계획, 복지시설의 설치와 관련, 사내근로복지기금 설치, 고충처리위원회에서 의결되지 않은 사항 등은 노사협의회의 의결을 거쳐야 한다. 노사 위원들 간 의견 불일치로 의결이 이뤄지지 않으면 노동위원회와 같은 제3자에 의한 중재를 받을 수 있다.

살펴본 것처럼 노사협의회는 노동자 대표가 직접 참여하여 기업의 경영계획, 인력계획, 생산성 향상과 성과배분, 고용조정, 임금제도 개선 등에 이르기까지 보고받고 협의하고 의결할 수 있는 기구라는 점에서 실질적인 노동자 경영참여의 장으로 활용될 수 있다.

하지만 현실을 보면 이 기대에 못 미친다. 노조가 있는 사업장에서는 노사협의회를 보충적 단체교섭의 장으로 활용하거나 형식적인 수준에서 운영한다. 반면, 노조가 없는 사업장에서는 사용자 측이 노사협의회를 임금과 노동조건을 결정하는 장으로 활용하기도 한다. 실제 무노조 경영을 했던 삼성그룹은 노사협의회를 임금인상률 결정의 장으로 활용하였다. 노조가 설립된 이후에도 사용자 측이 노조와의 단체교섭이 아니라 노사협의회를 통해 임금인상률을 결정해 오고 있기 때문에 노조는 교섭을 회피하고 무력화시키는 부당노동행위라고 비판하고 있다.

이 같은 노사협의회 위상 약화와 노조 대체 시도는 한국의 노조가 주로 기업 단위에서 활동해 온 역사와 무관하지 않다. 다시 말해 노조가 산업·업종 수준에서 조합원만이 아니라 모든 노동자의 임금과 노동조건에 관한 규범을 형성하고, 기업 수준에서는 노사협의회를 통해 실질적인 경영참여를 하는 것으로 역할이 구분되지 않고 노동자 대표권이 '기업 안'에서만 각축하고 있는 것이다.

공제회 등 노조 외의 조직

노조가 아닌 조직을 통한 노동자 이해대표도 이뤄지고 있다. 노동공제회와 같은 노동자 자조조직이 대표적이다. 2021년 1월 출범한 노동공제연합 풀빵은 3년 무이자 약정으로 1계좌 100만 원씩 신탁을 받아 마련한 기금을 마중물로 삼아 생활의 어려움에 처한 사회적 약자들에게 소액대출을 한다.[31]

이 풀빵에는 '일하는 사람들의 생활공제회 좋은이웃', '라이더유니온', '한국가사노동자협회', '한국대리운전협동조합' 같은 노동조합과 공제조합들이 참여하고 있다. 법상 근로자성을 인정받지 못한 불안정·저임금 노동자들은 노동법과 사회안전망의 혜택에서 배제됨으로써 더욱 취약한 생활 조건을 개선하기 위해 서로가 서로를 돕는 공제회 방식으로 조직하였다. 이 공제회는 노동자 조직화의 한 방편이기도 하다. 풀빵이 제공하는 혜택을 받기 위해서는 노조에 가입해야 하기 때문이다.[32] 이와 함께 직장갑질119, 한국비정규노동센터, 노동권익센터 등과 같이 노조는 아니지만 노동자들의 고충 처리와 이해대표를 통한 주체 형성을 지원하는 조직도 있다.

---

31) 한겨레(2024. 3. 3.), "급전 필요한 노동자 위해 어깨 겯는 노동공제연합 '풀빵' 운영합니다".
32) 박미경(2024. 11. 6.), "소액대출이 필요한 노동자들" 매일노동뉴스.

온라인 플랫폼과 온라인노조

앞서 설명한 대표권이 조직형태에 관한 것이었다면 네 번째로 언급하고 싶은 것은 발언의 공간에 관한 것이다. 노동자들의 목소리가 대표되는 공간은 일터 현장일 수도 있고, 조직 외부의 공간인 온라인 광장일 수도 있다.

'말하기(voice)'는 민주주의의 핵심 요소 중 하나다. 우리는 언론이나 출판의 자유, 집회와 결사의 자유에 기반하여 특정 사안에 목소리를 내고, 선거 때에는 모든 유권자가 동등한 비중을 갖는 표(vote)를 행사하는 방식으로 목소리를 낸다.

일터에서도 예외가 아니다. '말하기'는 체계적인 구조와 수직적 위계를 갖춘 기업이라는 조직 내에서뿐만 아니라 느슨하고 수평적인 관계망으로 연결된 조직 밖의 광장에서 이루어지기도 한다. 특히 최근에는 블라인드(Blind), 카톡 오픈채팅방, 네이버밴드, 다음카페 등과 같은 SNS를 통한 목소리 내기가 활발하다.

그동안 디지털 기술은 노조의 조직화 과정에서 활용도가 높아진 새로운 수단으로 여겨져 왔다. 노조가 면대면(face-to-face) 방식을 넘어 사회관계망서비스(SNS)를 활용하여 물리적 거리를 좁히는 방식으로 조직화를 시도하는 것에 관한 분석, 즉 노조라는 조직이 조직화의 수단으로 디지털을 이해하고 활용하는 방식에 대한 것이었다.

이에 비해 온라인 플랫폼은 이용 주체가 노조와 같은 '조직'이 아니라 '개별 노동자'라는 점에서 기존 접근법과는 차이가 있다. 이러한 특징은 노조 주도의 디지털 기술 활용을 통한 조직화가 상의하달식

(top-down organising)인 반면, 온라인 플랫폼이 익명성을 기반으로 개개인의 목소리를 모아내고 스스로 움직이게 하는 방식(bottom-up mobilizing)이라는 차이점으로 연결된다.

블라인드에서는 대한항공 땅콩회항 사건, 금호아시아나 회장에 대한 미투 사건, 두산인프라코어의 신입사원 명퇴 사건 등이 노동자 주도로 발화되었다. 공공부문 비정규직의 정규직 전환을 둘러싼 다양한 의견을 개진하는 장이자 스타벅스커피코리아 노동자들이 처우개선을 요구하며 '트럭시위'를 조직한 공간이기도 하다.

블라인드가 조직 바깥에 존재하는 온라인 공간이긴 하지만 회사 채널, 업계 채널과 같은 동질성에 기반한 별도 커뮤니티를 운영함으로써 오히려 조직의 경계를 설정하기도 한다는 점에서 조직 내·외부를 자유롭게 넘나드는 유연한 소통창구라는, 이제까지 검토하였던 여느 디지털 수단과는 다른 특징을 갖고 있다. 이러한 온라인 플랫폼 출현에 힘입어 노동자들은 회사에서 이탈(exit)하지 않으면서 회사 밖의 연결망을 활용해 조직 내부의 문제를 고발하고 조직 외부의 정보를 좀 더 손쉽게 얻고 있다.

온라인 플랫폼의 활성화는 노조와의 관계와 관련한 다양한 쟁점을 던진다.[33] 양자 간의 관계가 어떤 유형인지, 즉 보완형/매개형(온라인에서의 문제 제기 및 사회적 공론화 이후 노조 결성·가입으로 연결)인지, 노조 대체형(노조 필요성에 대한 인식 축소)인지, 혹은 병존형(노조와 각각 존

---

33) 노성철·이정희(2021), 「왜 노동자들은 '온라인'에서 목소리를 내는가?」, 『월간 노동리뷰』 2021년 11월호.

재)인지 검토가 필요하다. 오프라인에서 발언하지 못하거나 대표되지 못하는 주체나 이슈들이 온라인을 통해 드러나는지, 즉 오프라인에서의 발언 격차를 온라인에서는 좁힐 수 있을지도 주목된다.

이와 관련, 최근 온라인을 기반으로 활동하는 직장갑질119 온라인 노조가 출범한 것은 주목할 만한 사건이다.[34] 이 온라인노조는 공공부문이나 대기업과 같은 고용이 상대적으로 안정된 곳이 아니면 노조에 가입하기 어려운 현실을 바꿔 보고자 노조 가입 문턱을 낮추고 기업이 아니라 업종·직종별 공통의 이해에 기반하여 활동하는 것을 목적으로 설립하였다. 익명으로 가입이 가능하도록 했고, 조합비는 월 5천 원 이상으로 정해 부담을 낮췄으며, 주로 온라인 카페에서 활동함으로써 시간과 장소에 구애받지 않을 수 있도록 했다. 특기할 것은 이 노조가 '특정 기업'이 아니라 '업종·직종' 수준에서 노동자 처우개선 활동을 한다는 점이다.

노조는 업종과 직종의 동질성을 가진 조합원이 일정 규모(30명) 이상이 되면 업종·직종지부를 결성할 방침인데 현재 사회복지지부·한국어교원지부가 결성되어 있고 앞으로 병·의원, 정보기술(IT), 중소금융기관, 어린이집, 강사, 트레이너 등의 분야에서 추가로 지부를 설립할 계획이다. 노조는 업종·직종 수준에서 조합원만이 아니라 전체 노동자들의 처우를 개선하기 위해 사용자단체 및 정부와 교섭을 추진한다.

---

34) 경향신문(2024. 11. 4.) "국내 첫 '온라인노조' 떴다 … 누구나 쉽게 가입해 활동하는 노조".

노동이사제

노동자 대표권의 한 유형으로 노동이사제를 꼽을 수 있다. 앞서 소개한 네 가지 노동자 대표권이 조직형태나 주된 활동이 이뤄지는 공간의 특성에 기반한 노동자들의 근로조건 개선과 경제적·사회적 지위 향상 관련 대표권이라면 노동이사제는 기업 경영의 투명성, 민주성, 공공성을 제고하기 위한 노동자 대표권을 일컫는다. 노동이사제는 기업의 최고 의사결정기구인 이사회에 노동자의 대표가 다른 비상임이사와 동등한 권한을 갖고 참여하는 제도를 말한다. 헌법에서 명시한 경제민주화 조항에 근거를 두고 있다.

"국가는 균형 있는 국민경제의 성장 및 안정과 적정한 소득의 분배를 유지하고, 시장의 지배와 경제력의 남용을 방지하며, 경제주체 간의 조화를 통한 경제의 민주화를 위하여 경제에 관한 규제와 조정을 할 수 있다."(헌법 제119조제2항)

그동안 한국에서는 '경영권'을 불가침의 권리로 보고 노동의 참여를 배제해 왔다. 한국에 지배적인 주주자본주의 모델은 '1원(1주) 1표', 즉 가진 돈(주식)의 크기만큼 차등적인 무게의 목소리를 낼 수 있다는 것에 기반하는데, 이 모델에서는 '주주 이익 극대화'가 기업 운영 원리로 작동할 수밖에 없다. 하지만 기업이 운영되는 과정, 즉 재화와 서비스를 생산하고 소비하고 유통하는 과정에 관여하는 이해관계자는 주주와 경영진만이 아니다. 해당 기업의 노동자는 물론 소비자, 사회공동체 구성원 모두가 관여된다. 이들은 기업 운영상의 결정에는 참여하지 못하지만 실패에 대한 책임을 함께 진다.

1990년대 말 외환위기가 좋은 예다. 이 때문에 외환위기 직후인 1998년 정부는 외환위기 극복과 기업경쟁력 제고를 위해 기업 구조조정을 추진하였는데, 기업지배구조 개선 일환으로 사외이사제도를 도입하였다.

해당 회사의 상무에 종사하지 않는 외부자를 비상임이사 자격으로 이사회에 참여하도록 한 것은 당시 경제위기 원인 중 하나가 기업의 대주주나 경영진의 독단적 경영에 따른 투명성 및 효율성 저하라고 보고 이 문제를 해소하기 위함이다. 주주자본주의 모델에서 말하는 것처럼 기업이 주주들의 것이라면 정부가 사외이사제를 도입한 것은 비상식적이다. 역사적으로도 회사 제도가 만들어진 목적은 사회 공익(public interest)을 위해서다.[35]

노동이사제는 이 사외이사, 즉 비상임이사 중 일부로 노동자의 대표가 참여하는 것이다. 기업의 가장 핵심적인 이해관계자로서 노동자의 대표가 이사회에 참여하여 현장의 관점과 목소리를 전달하고 기업의 전략적 의사결정을 함께 한다. 2016년 서울시의 조례 제정으로 한국에서 처음으로 노동이사제가 도입된 이후 타 지방정부와 중앙정부 공공기관으로 확산하였고, 2024년 10월 말 현재, 180여 개 공공기관에서 200명에 육박하는 인사가 노동이사로 활동하고 있다.

노동이사제 운영 실태를 분석한 자료[36]에 따르면 노동이사제 도입 이후 경영 투명성과 이사회 운영의 민주성, 기관의 공공성을 높이는

---

35) 손창완(2017), 『진보 회사법 시론: 회사법의 경제민주주의적 해석』, 한울, p268.

에 긍정적 변화가 있었다. 일각에서 제기하는 의사결정 지연 등의 부정적 효과는 찾아보기 어려웠다. 다만, 한국에 노동이사제를 도입한 지 10년이 다 되어 가지만 아주 일부의 공공기관에서만 시행되고 있고, 서울시와 같이 노동이사제를 축소 운영하는 사례도 확인되어 더욱 보편적인 제도로 확산하기 위한 과제를 남긴다.

일의 세계 변화와 대표권

이러한 대표권의 다양성은 최근 급속하게 진행되는 일의 세계 변화와 맞물려 더욱 확대·강화할 필요성을 제기한다. 주목할 만한 변화 중 하나는 전통적 근로계약 관계가 축소되는 한편 새로운, 그리고 다양한 고용형태가 등장하고 있다는 점이다. 다른 하나는 기후위기 심화로 이제까지 화석연료에 기반한 성장 중심의 산업주의와는 다른 방식으로 일의 세계를 재구성해야 한다는 점이다.

우선 고용형태 다변화를 보자. '단일한 사용자, 기간의 정함이 없는 근로계약, 하루 8시간 노동'을 주된 특징으로 한 임금노동자는 정규직과 비정규직으로 분화하였고, 비정규직은 또한 기간제, 시간제, 파견·용역 등으로 더 쪼개져 왔다. 근로계약이 아닌 도급계약을 맺고 일하

---

36) 이정희 외(2019), 「노동이사제 평가·분석 및 노동이사 역량강화를 위한 교육프로그램 개발」, 서울특별시투자출연기관노사정협의회; 박태주 외(2023), 「2023 국가 공공기관 노동이사제 실태조사」, 양대 노총 공공부문노동조합 공동대책위원회.

는, 이른바 특고는 캐디·학습지교사·택배기사·방문점검원·화물차주 등 다양한 직종으로 확산하였다. 전통적인 특고 외에도 최근 디지털 기술 발전으로 플랫폼에 의해 일감을 할당받고 보수와 인사평가까지 받는 노동자들이 라이더(음식배달), 대리운전 기사, 웹툰작가, 가사관리사 등으로 확산하고 있다. 이제는 '업무(task)' 단위로 쪼개진 일을 수행하는 노동자들이 더 확산하고 있다.

하지만 노동법은 여전히 임금노동자 중심성을 유지한 채 예외 규정을 두어 다양한 형태의 노동자들에게 아주 일부의 보호(고용보험, 산재보상 등)만을 제공할 뿐이다. 일을 하고 그 대가로 임금(보수)을 받으며 생활한다는 그 본질이 달라지지 않았지만 기존 고용형태와 다르다는 이유로 이들은 우리 헌법과 노동관계법에서 정한 보호와 권리를 제대로 누리지 못하고 있다.

파견과 용역 등의 이름으로 자신이 일하는 기업과 임금을 받는 기업이 다른 경우, 자신의 근로조건에 실질적인 영향을 미치는 원청기업을 상대로 단체교섭을 할 필요성이 증가하고 있지만 이 역시 계약의 형식에 치중한 법 해석에 가로막혀 권리를 행사하기 어렵다.

갈수록 임금과 비임금 간, 고용과 자영 간 탈경계화가 이뤄지고 있는 상황에서 지금까지처럼 근로자성 입증이나 형식적 계약 당사자에게 지나치게 기대는 관행을 넘어서야 한다.

둘째, 전 인류가 직면한 기후위기는 화석연료 채굴과 사용에 기반한 성장일변도였던 일의 세계를 변화시킬 것을 요구하고 있다. 국제사회는 기후위기로 인한 재앙을 막기 위해 지구 평균기온의 상승을 산업화 이전과 비교할 때 '1.5도' 마지노선[37]을 약속하였지만 이미 이를 넘어서고 있다는 분석이 나온다.[38]

기후위기와 노동은 쌍방향의 관계성을 맺고 있다. 기후위기를 야기하는 온실가스의 많은 부분은 기업의 생산활동에서 발생하고(일터→기후위기), 기후위기는 또한 노동자들의 안전과 건강을 위협한다(기후위기→노동). 대량생산-대량소비-대량폐기 악순환의 지속·확산은 노동이 자연(생태)을 '타자화'해 왔던 역사와 무관하지 않다. 기후위기를 완화(mitigation)하고, 기후위기에 적응(adaptation)할 수 있도록 노동의 대표성을 확장할 필요가 있다.

대응은 두 가지 방향에서 논의되어야 한다. 하나는 기후위기가 노동 및 노동자에게 미치는 영향에 관한 것이다. 기후위기가 초래한 자연재난에 맞서 노동자들의 안전과 보건을 지키려는 노력, 기후위기 대응을 위한 산업전환 과정에서 불가피한 일자리의 상실을 수용하며 녹색일자리로의 전환을 추구하는 노력이 그것이다.

다른 하나는 노동자들의 생산이 기후에 미치는 영향에 관한 것이다. 당장 일자리 상실의 고통이 있지만 석탄화력발전소 폐쇄를 지지하는 것, 내 일터에서 배출하는 온실가스를 줄이기 위해 노사가 함께 조사하고 감축방안(에너지 효율화, 폐기물 절감, 온실가스 저배출 생산품으로의 전환 등)을 마련하여 시행하는 것이다. 한 기업 내에서 활동만으로

---

37) 파리협정 제2조(a). 지구 평균기온 상승을 산업화 이전 대비 2℃ 이하로 억제하고, 1.5℃ 이내로 제한하기 위해 노력한다.
38) BBC(2024. 2. 8.), "World's first year-long breach of key 1.5C warming limit" https://www.bbc.com/news/science-environment-68110310.

는 대처하기 어렵다.

　기후위기가 제기하는 의제는 산업정책과 노동정책만이 아니라 사회정책과 지역정책 모두를 포괄하고 있고, 관할 범위는 전국 및 지역 수준, 산업·업종 및 지역 수준으로 중층적이다. 이는 현재 주로 기업 수준에서 형성되어 있는 노동자 대표권을 중층적으로 재구성해야 한다는 과제를 던진다.

대표권 확장을 위하여
– 누구의, 어떤 이해를, 어떻게 대표할 것인가

　변화하는 일의 세계에서 노동자 대표권의 확장을 위해서는 누구의, 어떤 이해를, 어떻게 대표할 것인지를 지속적으로 묻고 답을 찾아야 한다. 영국의 저명한 노사관계 학자인 리처드 하이먼의 분석 틀[39]을 참고하여 대표에서 중요한 네 가지 요소를 살펴보면 다음과 같다.

　첫째, 이해(interest)다. 이는 노조 조직 구조와 가입 범위에 기반한다. 예컨대 정규직만 가입할 수 있도록 한다거나, 생산직만 가입할 수 있도록 한다거나의 문제다. 누구를 노조로 포함한다는 것은 다른 누구는 배제한다는 의미가 되기 때문이다. 가입 범위를 어떻게 확장할

---

39) Hyman, R.(1994), Changing Trade Union Identities and Strategies, In R. Hyman and A. Ferner (eds), New Frontiers in European Industrial Relations.

것인지, 가입 범위가 다른 경우에도 노조 간 공통의 이해를 어떻게 만들 것인지, 일터 내 노동자들만이 아니라 사회공동체와의 협력을 어떻게 추구할 것인지의 문제다.

둘째, 의제(agenda)다. 의제는 노조가 대표하려는 이해를 행동으로 옮기고자 하는 표현이고, 내부 민주주의와 리더십의 결과이기도 하다. 의제는 양적 의제와 질적 의제로 나눌 수 있는데, 양적 의제는 주로 경제적 이익과 관련된 것이다. 임금, 각종 수당, 복리후생 같은 것이다. 질적 의제는 실질적인 노동조건, 노동강도, 생산에 대한 노동자들의 통제, 노동친화적인 생산방식으로의 전환, 그리고 생태를 위협하는 온실가스를 다량 배출하는 생산방식의 중단 및 생산품 대체를 포함한다.

셋째, 민주주의(democracy)다. 노조는 조합원 참여에 기반한 민주적 조직이라는 특징을 갖고 있다는 점에서 다른 조직과 차별적인데, 노조 내에서 서로 다른 이해가 중첩될 때 어떻게 조정할 것인지, 대표를 통한 리더십과 조합원들의 참여를 어떻게 조율할 것인지의 문제다.

노조가 대표하려는 이해는 민주적 절차를 거쳐 조율된 의제로 드러난다. "노조는 그 조합원들의 단순한 대변자가 아니다. 노조의 교섭력은 그 조직의 강도(strength)에만 기반하는 것이 아니라 실질적인, 잠재적인 조합원들의 요구를 찾아내고 해석하고 통합해 내는 능력, 그리고 이를 노조의 전략적 선택으로 만들어 낼 수 있는 능력에 기반한다."[40]

---

40) Dufour, C. and Hege, A.(1992), Conclusion. In IRES, Syndicalismes: dynamique des relations professionelles. Paris: Dunod, p. 407.

넷째, 힘(power)이다. 노조의 힘은 어디에서 나오는가의 문제다. 좁게 말하면 조합원 수라 할 수 있다. 수가 많을수록 노조의 힘이 클 수 있기 때문이다. 하지만 이는 수량적인 힘이다. 노조의 질적인 힘은 단순한 조합원 수 그 자체에 있다기보다 노조를 통해 만든 임금·노동조건·사회보장 등에 관한 규범의 효력이 어디까지 미치는지에 있다고 할 수 있다.

즉 조합원 수에 제한되는 것이 아니고 노조가 체결한 단체협약의 적용을 받는 노동자들의 수에 있다는 말이다. 그리고 노조가 '기업 내 조합원' 중심의 고용안정과 임금인상을 요구하는 경우보다 노조가 기업이라는 일터만이 아니라 사회공동체와 연결된 보편적인 의제를 제시하고 사회운동과의 동맹을 형성할 때 노조는 더 큰 힘을 발휘할 수 있다.

맺음말

이 글에서는 진정으로 인간적인 노동체제, 즉 노동조건의 인간화만이 아니라 노동 그 자체의 인간화를 위해 노동자들의 이해대표가 중요하다는 관점 아래 노조를 비롯한 다양한 형태의 노동자 대표권의 현실을 보여주었다.

노조는 낮은 조직률만이 아니라 기업 수준의 조합원 대표성을 크게 벗어나지 못하는 한계를 안고 있다. 참여와 협력을 기반으로 노사 공동의 이익을 추구하는 노사협의회도 기업 내에서 각축하는 노조와의 역할 중첩 등의 이유로 활성화되고 있다고 보기 어렵다.

공제회나 온라인노조 같은 새로운 형태의 대표기구가 이러한 공백을 메우고자 하나 아직은 시작 단계다. 온라인 플랫폼을 활용한 목소리 내기가 최근 활성화되고 있으나 전통적인 노동자 대표기구인 노조와의 관계가 어떠할지, 또한 오프라인에서 발생한 발언의 격차를 좁혀낼 수 있는 기제로 활용될지는 아직 지켜봐야 한다.

노동이사제는 공공기관에서 점차 도입이 확산하고 있으나 제도의 한계로 아직은 안정기에 접어들었다고 보기 어렵다. 이러한 대표권의 현실은 일의 세계 변화와 함께 더욱 확장될 필요성이 제기된다.

핵심은 노조의 활동 단위를 산업·업종별로 확장하는 일이다. 기업별 노조이거나, '무늬만 산별' 형태인 노조를 통해서는 고용형태의 다변화나 기후위기에 따른 일의 세계 재구성에 능동적으로 대응하기 어렵다. 노조는 산업·업종 수준에서 임금과 노동조건에 관한 규범을 형성하는 '입법자'가 되어야 한다.

단체교섭을 통한 규범 형성의 수준이 기업이 아닌 산업·업종 수준으로 상향 집중되고 조정되어 있을수록 노동시장 불평등도도 낮고 저임금층의 임금이 높다는 것은 ILO, OECD, IMF 등 다수의 국제기구 연구에서 확인된 바다. '입법자'로서 노조의 활동은 노동자들 내부의 격차를 줄여 기업 간, 고용형태별 불평등을 완화하고 또한 고용·산재·건강·연금·주택 등 사회안전망을 확충하는 것으로 이어진다. 일터의 시민으로서 노동자는 노조를 통해 사회의 시민으로서 역할을 확대한다.

　이러한 산업·업종별 노조 활동을 근간으로 기업 수준의 참여와 협력을 증진하는 노사협의회, 기업 경영의 투명성과 공공성을 확대하기 위한 노동이사제를 양 날개로 배치하여야 한다. 온라인 플랫폼을 통한 목소리 내기나 온라인노조의 활동, 공제회와 같은 새로운 형태의 대표기구는 그 자체로 의미 있는 시도인 만큼 앞으로 더 활성화될 필요가 있다.

11

지역 사회적 대화에서 답을 찾다

채준호
전북대학교 경영학과 교수

왜 지역인가

일자리·노동정책에서 왜 지역이 중요할까. 이는 다양한 일자리·노동 현안이 현장(사업장)에서 불거지고 있고, 현장은 지역을 기반으로 하기 때문이다. 지역의 문제는 지역에서 가장 잘 이해하고 이에 맞는 답도 지역에서 찾을 수 있다는 접근이 필요하다.

코로나19를 경험한 지 수년이 지난 지금 어느 정도 위기 극복의 희망을 품게 되었지만, 경기 불안이 지속되면서 여전히 일자리 문제가 쉽사리 풀릴 것 같지 않다. 항상 그렇지만 위기 상황에서는 취약 노동자·영세자영업자들은 더 직접적이고 더 큰 어려움에 직면하게 된다. 코로나 위기로 확인한 한 가지는 위기는 현장에서 확산하고, 취약 노동자 등 약한 고리를 먼저 타격한다는 점과 결국 이러한 일자리 문제는 지역의 문제라는 점이다. 하지만 이러한 지역의 일자리 위기를 극복하기 위해 지역 주체들의 준비가 부족하고 자신들을 위기 극복의 주체로서 인식하고 있지도 않다. 이글에서는 지역 내 일자리·노동 문제를 논함에 있어 핵심적 열쇳말로 '지역 사회적 대화'를 중심에 두고 우리의 고민을 풀어내고자 한다.

지역의 일자리·노동 문제는 지역의 다양한 문제와 관련이 깊다. 지역 내 좋은 일자리가 충분치 않기 때문에 청년들은 지역을 떠나게 되고 이는 지역소멸로 이어지면서 지역의 고령화는 가속화된다.

현재 지역 차원의 일자리·노동 문제는 지자체 혼자만의 힘으로 극복하기 어려우며 경영계·노동계·시민단체·전문가들과 함께 극복하기 위한 노력이 요구되지만, 그 중요성을 강하게 인식하고 있는 지역은 많아 보이지 않는다. 그 명칭이 지역 차원의 거버넌스든, 협치든, 사회적 대화든 지역 내 다양한 주체들이 함께해야 위기 극복의 실마리를 풀어갈 수 있다. 하지만 여전히 갈 길은 멀어 보인다.

디지털 전환, 기후위기, 저출생, 고령화, 탈세계화 등 복합 대전환 시대의 여러 위기와 위험은 현재 인류의 삶과 생산방식에 근본적인 변화의 모색이 필요한 시점임을 보여주고 있다. 더불어 세계 경제는 장기불황과 블록화 영향으로 불확실성이 더욱 심화하고 있다. 이에 따른 해결책 모색은 일시적이고 근시안적인 대책에 의존할 것이 아니라 지속가능한 대안, 근본적인 해결방식에 대한 고민에서 출발해야 한다. 이러한 고민의 중심에 지역이 있다.

이 글에서는 불평등, 저출산, 청년이탈, 지방소멸 등 당면한 사회문제 해결을 위해서는 '지역 차원'의 '좋은 일자리' 중심 사회발전 전략이 필요하다는 문제의식에서 지역일자리·노동정책의 한계와 가능성을 탐색해 보고자 한다.

이를 위해 우선 지금까지의 시장·중앙정부 중심의 다양한 일자리·노동정책의 결과들이 한국 사회의 다양한 복합위기를 초래했다는 점을 살펴볼 것이다. 둘째, 지방자치단체에서의 일자리·노동정책의 수립과 제도화에 대해 살펴보고자 한다. 셋째, 지역 사회적 대화를 통한 일자리·노동정책의 새로운 시도로서 광주형 일자리 사례와 이를 현시점에서 어떻게 평가할 수 있을지를 고민해 보고자 한다. 끝으로 광주광역시 광산구에서 진행 중인 지역 사회적 대화를 통한 '지속가능 일자리 모델' 사례를 소개함으로써 지역에서의 새로운 일자리·노동정책의 성공 가능성을 엿보고자 한다.

시장·중앙정부 정책 실패, 대안의 열쇠 지역에서 찾아야

한국 사회의 압축 성장은 중앙정부 중심의 산업·경제 정책의 산물이었고, 일정한 성과를 보인 것도 사실이다. 하지만 눈부신 경제 성장의 그늘 뒤에는 노동시장 이중구조, 일자리 질의 양극화 문제 등 우리 사회의 지속가능성을 해치는 숙제들이 산적해 있다.

〈표 11-1〉 한국 사회 8대 지속가능 제약 요인

범주	요인	주요 내용
인구변동	저출산	사회·경제적 격차로 출산율 저하, 생산인구 감소는 성장 잠재력 약화
	고령화	고령층을 위한 고용 인프라 개선 및 지역사회의 통합 돌봄서비스 구축 필요
시장과 정부의 실패	양극화	일자리의 양극화는 불평등과 지속가능성을 저해하는 가장 핵심적 기저
	지역소멸	수도권-지방, 도시-농촌 간 지역불균형은 청년이탈, 기업투자 감소 등 지역소멸 위기 심화
	교육격차	교육격차는 미래세대의 계층 이동 제한, 불균형 가속화
기술 및 규범의 변동	디지털화	기술 변화(4차 산업혁명, AI)에 따른 일과 삶의 방식 근본적 변화
	기후위기	팬데믹, 자연재해의 가속화는 '탄소중립' 경제질서로의 변화 요구
	탈세계화	신냉전으로 인한 경제블록화 강화 및 경쟁·갈등 심화

자료: 채준호·박명준·백경호·권성주(2024)

대표적으로 우리 사회 지속가능성의 제약요인이자 도전 요인으로 크게 8가지 요인, 즉 i) 저출산, ii) 고령화, iii) 양극화, iv) 지역소멸, v) 교육격차, vi) 디지털화, vii) 기후위기, viii) 탈세계화 현상을 꼽을 수 있다.

특히 비정규직 증가, 저임금 장시간 노동, 고용의 불안정성은 소득 양극화와 불평등의 주된 원인으로 지적됐다. 기업의 규모와 고용형태에 따라 일자리의 질과 처우의 격차가 큰 상황이다. 중소기업의 비정규직 노동자들은 대기업 정규직에 비해 고용불안, 저임금, 열악한 근로환경에 직면해 있다. 청년층은 노동시장 진입이 어려워지고 있으며, 자연스럽게 지역 인구는 감소하고 수도권은 포화 상태에 놓여 있다.

대기업 공채의 문은 더욱 좁아지고, 이에 따라 취업 준비 기간이 길어지면서 스펙 쌓기 경쟁이 심화하고 있다. 첫 일자리의 질이 이후 경력에 미치는 영향이 크기 때문에 청년층의 불안정한 노동시장 진입은 장기적으로 전체 노동시장의 질을 떨어뜨릴 수 있다.

플랫폼 노동과 프리랜서 등 새로운 고용형태도 노동시장의 새로운 도전 과제로 언급되고 있다. 이들 대부분은 노동자로 인정받지 못해 사회안전망에서 제외되는 경우가 많고, 고용 불안정과 저임금 문제에 노출된 상황이다.

노동시장의 이중구조, 불평등, 차별은 단지 노동의 문제를 넘어서 소득 양극화를 심화시키고 청년층의 미래를 불확실하게 만들며 성평등 실현을 저해하는 등 사회 전반에 부정적인 영향을 미친다. 현재의 시장 중심, 중앙정부 중심의 정책들은 한편으로는 급격한 경제 성장을 이루었지만, 다양한 사회적 과제를 남겼다. 이제는 이런 정책 수단의 한계를 극복하기 위한 지역 차원의 일자리와 노동정책을 고민해야 할 필요가 있다.(박병규, 2024)

과거처럼 대기업이 투자를 주도하고, 이를 바탕으로 중소기업이 성장하며 일자리를 창출하는 방식은 더 이상 유효하지 않다. 1990년대 이후 무역 분쟁과 글로벌 소싱의 확대로 인해 한국의 대기업들은 국내 투자를 줄이고 해외로 진출했다. 중소기업들도 해외 시장으로 나가거나 국내에서 생존을 고민해야 하는 상황에 직면해 있다.(이규용 외, 2017)

정부 주도의 산업 전략도 더 이상 효과적이지 않다. 고령화와 저출산 현상이 국가경쟁력에 부정적 영향을 끼치고 있어 일자리 창출의 새로운 접근이 요구되고 있다.

과거 정부 정책의 문제점으로는 첫째, 중앙정부 주도형 정책으로 인해 지방정부의 역량 축적과 지역 특성을 반영한 장기 전략 수립이 부족했다는 점을 들 수 있다. 외환위기 이후 중앙정부의 효용성은 점차 감소했다. 둘째, 중앙정부 주도의 정책이 이해관계자의 협치를 포함하지 못해 노사 간 사회적 대화의 취약성을 드러냈다는 점이다. 셋째, 지역에 대한 새로운 접근과 인식의 결여라는 문제가 있다. 세계화와 지방화가 동시에 진행되는 오늘날에는 지역 경쟁력 제고가 필수적이다.

일자리 문제 해결을 위해 중앙 집권형 산업 전략에서 지방 주도형 분권형 협치 모델로의 전환이 필요한 이유다. 다양한 지역 차원의 사회적 대화를 실질화하여 일자리 문제를 극복하기 위한 연구와 모델

개발이 중요한 시점이다.

특히 지역 내생적 성장전략을 바탕으로 한 일자리 창출 전략과 효율적인 노동시장 정책의 구체화가 필요하며, 이는 지역 차원에서 자생적으로 이루어져야 한다. 이를 통해 지역 경제의 역동성과 사회통합, 지속가능성을 담보할 수 있기 때문이다.(이규용 외, 2017) 과거에 중앙정부 주도의 산업정책이 주류를 이루었다면, 오늘날은 이해당사자(노사, 지역주민) 참여형 지역 사회적 대화에 기반한 일자리 문제 해결이 중요시되고 있다.

지방자치단체의 일자리·노동정책 수립과 제도화

국내에서 일자리·노동정책을 수립하려는 지방정부와 관련 논의를 주도한 단체 및 연구자들은 독일의 브레멘·함부르크·뮌헨, 스웨덴의 예테보리, 미국의 위스콘신 등 다양한 지방정부에서 시행된 일자리 및 노동정책을 모델로 삼아 논의를 진행해 왔다. 해외 사례에서 볼 때 지방정부의 일자리·노동정책은 주로 노동표준의 마련과 취약 노동층의 고용 증대를 포함하는 지역 고용정책으로 나누어 볼 수 있다. 지역 고용정책이 강조되는 국제적인 흐름은 신자유주의적 국가 재구조화와 그에 따른 분권화의 맥락 속에서 분석할 필요가 있다.

지방 분권 및 자치 개념은 정부 개입을 줄이고 지역 자원 활용을 강조하는 지역 주도 성장전략에 기초한다. 분권 및 자치 담론은 자체적으로 민주성을 가지고 있지만, 현실에서 지방 분권이 확대되면서 지역 간, 계층 간 격차가 커지고 있는 문제를 고민할 필요가 있다. 한국에서는 지방정부의 노동 관련 사무가 주로 신고 수리 업무와 단순 관리에 그쳤고, 전문성이 필요한 감독·안전보건·고용보험·노사관계 등은 중앙정부가 담당했다. 결과적으로 지방정부는 제한된 노동표준 수립 권한을 가지고 있으며, 대신 지역 고용정책을 담당하도록 권장되었다. 하지만 지역 고용정책 역시 책정된 예산상의 한계, 지역 내 인적자원의 한계 등으로 제대로 실행되지 못하고 있다.

우리나라의 고용·노동정책은 사실상 중앙정부의 노동정책이 주를 이룬다. 지방정부로서는 근로감독 등 제반 권한의 부재로 인해 노동정책 대부분은 개별적 근로관계 영역에 한정된 편이나, 상대적으로 노동친화적인 단체장들이 자치단체장으로 당선되면서 지자체 차원의 노동정책이 형성되고 있다.

특정 지역에서는 사회개혁 의지를 가진 정치세력의 집권을 통해 일자리 및 노동정책이 수립되기 시작했다. 이러한 흐름 속에서 조직된 노동을 사회개혁의 동력으로 보는 관점이 대두되며, 노동정책이 주요 의제로 설정되었다. 2010년을 전후로 진보정당의 지방의회 진출과 개혁 성향 지방자치단체장 당선이 중앙정부와 차별화된 정책 수립을 촉진했다. 진보적인 의제로서 노동정책이 부상했으며, 이 같은 정책이 사회개혁의 동력이 될 수 있다는 공감대가 형성되었다.(김종진, 2016)

2010년대 이후 지방정부의 노동정책은 두 가지 주요 방향으로 접근해 왔는데, 첫째 지역 차원의 노동표준 수립, 둘째 모범적 사용자 역할이 그것이다. 이러한 지방정부의 노동정책 역할은 세 가지 형태로 나눌 수 있는데 규범 설정자, 모범적 사용자, 그리고 지도·감독 및 모니터링 역할의 강화로 구분된다.

지방정부가 정책 형성자와 모범적 사용자로서 기능한다는 것은 능동적 정책 시행의 주체임을 의미한다. 진보적 지방정부 초기의 노동정책은 비정규직 노동센터 설립, 노동 상담 및 교육, 생활임금 도입, 노동안전 관련 부서 설치 등을 포함하고 있다.(김종진, 2016) 이러한 지역 차원의 일자리·노동정책 수립과 제도화에는 박원순 시장 집권 시기 서울시 정책이 직간접적인 영향을 미쳤다.

서울시는 2011년 10월 민선 5기 박원순 시장 취임 이후 지방정부 차원에서 다양한 일자리·노동정책을 추진하였다. 이러한 서울시의 정책은 당시에는 중앙정부의 정책 방향과도 상당한 차이를 보이고 있었으나, 문재인 정부 시절에는 오히려 지방정부 정책이 중앙정부의 정책에 상당한 영향을 미친 것으로 평가할 수 있다. '노동존중특별시'를 내건 서울시의 노동정책은 우선 지자체에서 일자리·노동정책이 가능하다는 것을 보여준 첫 번째 사례에 해당한다고 할 수 있다. '노동존중특별시'라는 목표에 걸맞게 좋은 일자리 정책과 노동자 권리보호 정책 등 지방정부 노동정책의 기반을 마련하였으며, 광주·인천·아산·전주 등 광역·기초 지방자치단체에서도 서울시가 추진한 정책들을 관련 정책 수립에 있어 중요한 이정표로 삼았다.

서울시 일자리·노동정책의 주요 내용은 노동정책 기본계획(2015. 4.)을 통해 6개 핵심과제(① 비정규직의 정규직화, ② 서울형 생활임금제

시행, ③ 서울형 노동시간 단축모델 개발, ④ 노동이사제 등 참여형 노사관계 모델 도입, ⑤ 서울노동권익센터 본격 가동, ⑥ 서울형 근로자보호 가이드라인 마련에서 밝히고 있다. 이는 다시 큰 범주로 비정규직 등 취약근로자 보호와 일자리 창출(노동시간 단축 등), 그리고 노동 관련 거버넌스의 확립(참여형 노사관계 구축 포함)으로 나눌 수 있다.

이런 정책은 정책 입안 과정이나 내용의 측면에서 당시 중앙정부(이명박·박근혜 정부)의 노동정책과 대비되는데 서울시의 노동포용성과 중앙정부의 노동배제성, 서울시의 고용안정성과 중앙정부의 고용유연성이란 측면에서 특히 그러했다.(김호균 외, 2016)

여러 일자리·노동정책 중 서울시의 공공부문 비정규직 정규직화 정책은 추후 문재인 정부의 핵심 노동정책에도 큰 영향을 미쳤다. 서울시는 상시·지속적 업무 담당자는 원칙적으로 무기계약직으로 전환·채용한다는 내용의 「공공부문 비정규직 고용개선 대책 및 추진지침」(2011. 11. 28., 2012. 1. 16.)에 따라 2012년부터 단계적으로 비정규직에 대한 정규직 전환을 추진했다.

상시·지속 업무에 종사하면서도 예산·인력 운용상의 이유 등으로 2년 이내 단기고용 후 교체되어 온 비정규직 노동자들의 고용불안 문제가 시급한 과제로 드러남에 따라 서울시는 1차 정규직 전환 사업을 통해 소위 직접고용 기간제 비정규직을 2012년 5월 1일 무기계약직으로 일괄 전환했다. 2차 정규직 전환 사업은 직접고용 비정규직 노동자보다 열악한 조건이지만 고용의무 회피와 비용절감 등의 이유로 오히려 증가하고 있는 간접고용 노동자 정규직화 정책으로 향후 5년 내 전원

정규직화를 목표로 진행되었다.

서울시의 공공부문 정규직 전환 정책은 고용안정과 고용의 질이 담보된 비정규직 문제 해결을 위한 새로운 모델을 제시한 것으로 평가할 수 있다. 특히 지방정부가 그동안 중앙정부에서도 난제로 방치했던 고용불안 및 저임금 사각지대 취약계층인 비정규직 문제에 전향적인 기준과 원칙을 적용하여 풀어냄으로써 모범적인 정부 역할의 전형을 제시한 점을 높이 평가할 수 있다.

공공부문 비정규직의 고용 관행을 실질적으로 개선하였다는 의의가 있으며, 무엇보다도 가장 열악한 청소·경비·시설관리 등을 직접고용으로 전환한 점은 고무적인 성과였다.

서울시 투자·출연기관에서 노동이사제를 도입한 정책 역시 다른 지방정부로 확산했다. 이후 윤석열 정부의 핵심 국정과제 중 하나로 채택되어 공공기관에서의 노동이사제가 도입되어 운영되고 있다. 노동이사제는 노동자 경영 참여를 통해 경제민주주의를 실현하는 수단으로 도입되었다. 공장 문 앞에서 멈춘 민주주의를 공장 안으로 끌고 들어오는 역할을 한다는 의미에서 이 정책이 시사하는 바는 적지 않다.

그렇지만 서울시가 추진한 노동이사제는 법률적 장치의 부재로 인한 제도의 왜곡과 안정성의 결여, 노조 교섭구조와의 역할중복, '경영협의회'에 대한 논의의 미진, 그리고 지배구조 개선 등의 한계를 내포하고 있다. 하지만 이러한 현재의 한계들은 노동이사제의 도입이 갖는 의미를 퇴색시켰다고 할 수 없으며, 추후의 정책과제를 제시하고 있다고 할 수 있다. 노동이사제 도입이 서울시 노동행정에서 갖는 의미는 그 초점이 시혜에서 참여로 옮겨졌다는 점에서도 의미가 크다. 여기서 참여란 기업의 의사결정 과정에서 노조 또는 노동자 대표가 주체로 나서는 것을 의미한다.

'참여형 노사관계'는 그것이 노동포용적(labor-inclusive)이라는 점에서 노동배제적(labor-exclusive)인 당시 중앙정부 차원의 공공개혁 정책과는 선명하게 대비되었다.(김호균 외, 2016) 한국형 노사관계 모형을 설계하면서 유일하게 실험조차 되지 않았던 영역이 바로 기업 차원의 경영참여, 즉 공동결정제도라는 점을 고려하면 서울시가 공공기관 내 공동결정제도의 한 예로 노동이사제를 도입하려 했던 시도는 단지 지방자치단체 차원의 실험이 아니라 한국의 노사관계에서 새로운 패러다임을 구축하려는 노력에 해당한다고 평가할 수 있을 것이다.

서울시의 일자리·노동정책 중 다른 지방정부에 상당한 영향을 미친 또 다른 제도는 노동정책 기본계획이다. 2015년 서울시를 시작으로 개별적 일자리·노동정책을 총괄할 수 있는 노동정책 기본계획이 점차 확산하였으며, 현재는 많은 광역지방자치단체와 일부 기초지방자치단체에서 노동정책 기본계획을 수립해 이를 기반으로 일자리·노동정책을 운용하고 있다.[41]

---

41) 서울에 이어 2016년 광주, 2017년 충남, 2018년 경기, 2020년 부산, 2021년 인천과 경남·제주, 2022년 울산, 2024년 전북 등에서 노동정책 기본계획을 수립하여 추진함. 아울러 서울·광주·충남·경기는 2차 노동정책 기본계획을 수립하여 추진하고 있음.

〈표 11-2〉 지역별 주요 노동정책 15개 조례 제정 현황

	노동정책 관련 조례	서울	부산	인천	대전	대구	광주	울산	세종	충남	전북
1	노동자권리보호 및 증진을 위한 조례	○	○	○		○	○	○		○	○
2	감정노동종사자의 권리보호 등에 관한 조례	○	○	○	○	○	○	○		○	○
3	청소년 노동인권 보호 및 증진 조례	○	○	○			○			○	○
4	근로자복지시설의 설치 및 운영에 관한 조례	○	○	○	○			○	○		
5	노동이사제 운영에 관한 조례	○					○			○	
6	비정규직의 무기계약직 전환 등 고용환경 개선 지원 조례	○	○	○						○	
7	체불임금 없는 관급공사 운영을 위한 조례	○	○	○	○	○	○	○	○	○	○
8	생활임금 조례	○					○	○	○	○	
9	노사민정협의회 설치 및 운영 조례	○	○								○
10	노사관계 발전 지원 등에 관한 조례	○		○		○				○	
11	비정규직근로자지원센터 설치 및 운영 조례(노동권익센터)	○	○	○			○				○
12	비정규직 유급병가 관련 조례	○						○			
13	프리랜서 권익보호 관련 조례	○						○		○	
14	노동안전보건 관련 조례	○						○		○	○
15	성별임금공시제 관련 조례 (*서울 여성정책과 성평등노동팀)	○									

자료: 채준호 외(2023)
주: 1) 노동이사제는 경기도(2019. 10. 1.), 경남(2019. 5. 2.), 충남(2020. 3. 10.) 조례 제정
　　2) 노동안전 관련 조례는 경기도(2019. 10. 1.), 서울시(2020. 1. 9.), 충남(2020. 10. 5.) 제정

〈표 11-3〉 지역별 주요 노동 관련 협의회 및 위원회 설치 현황

지역	노사민정협의회 및 각 위원회
서울	노동자권익보호위원회, 감정노동조사자권리보호위원회, 노사민정협의회, 생활임금위원회
부산	노사민정협의회, 생활임금위원회, 노동권익위원회
대구	노사민정협의회
인천	노사민정협의회, 생활임금위원회, 일자리위원회, 근로자권익보호위원회
광주	노사민정협의회, 생활임금위원회, 일자리위원회, 노동권익보호위원회, 청년청소년근로조건개선민관협의회, 감정노동자보호위원회
대전	노사민정협의회, 생활임금위원회
울산	경제사회노동화백회의(노사민정협의회), 노동자권익보호위원회, 생활임금위원회, 인권위원회
세종	노사민정협의회, 생활임금위원회, 청년위원회
경기	노사민정협의회, 생활임금위원회, 노동자권익보호위원회, 노동복지기금운용심의위원회, 무기계약근로자전환심의위원회, 감정노동자권리보장위원회
강원	노사민정협의회, 생활임금위원회, 사회보장위원회, 양성평등위원회, 인권위원회, 평생교육협의회
충북	노사민정협의회, 인권위원회, 청년위원회, 평생교육협의회
충남	노사민정협의회, 생활임금위원회, 노동정책협의회, 인권위원회
전북	노사민정협의회, 생활임금위원회, 노동정책협의회, 인권위원회, 노동자권익보호위원회, 노동정책협의회
전남	노사민정협의회, 생활임금위원회, 비정규직노동센터운영위원회
경북	노사민정협의회
경남	노사민정협의회
제주	노사민정협의회, 생활임금위원회

자료: 채준호 외(2023)

주요 지방정부의 노동정책 기본계획은 비전과 목표, 전략과 정책과제의 체계를 갖추고 있으며, 40~60여 개 세부 과제로 구성되어 있다. 지방정부 노동정책의 전반적 체계는 노동권 보장, 좋은 일자리 보장, 거버넌스 및 행정체계 강화 등 크게 세 가지 영역으로 나뉜다.

주요 광역지자체 노동정책 기본계획 발표 자료를 보면 지방정부의 모범 사용자 역할(지역특성 반영, 예방적 차원의 권익보호, 협조체계 구축 등)이 제시되어 있다. 구체적으로 노동정책은 정책 목표, 정책과제, 분야별 단위과제로 제시되어 있는데, 그간의 주요 노동정책과 사업들을 보면 노동시장의 고용불안(비정규직 정규직화), 임금(생활임금제) 부문과 관련된 노동정책이 진행 중임을 알 수 있다.

현재 대부분 광역지자체는 주요 노동 관련 협의체 및 위원회를 구성하고 있는데 노사민정협의회, 생활임금위원회, 일자리위원회, 노동권익위원회, 노동정책협의회 등 다양한 거버넌스(위원회·협의회)가 설치·운영되고 있다.

지역 사회적 대화를 통한 일자리·노동정책의 새로운 시도: 광주형 일자리

지역 사회적 대화를 통해 지역사회의 일자리·노동정책을 지역의 주체가 고민하고 해결하기 위한 시도가 바로 '광주형 일자리' 정책이다.

광주형 일자리 정책은 지역 내 일자리의 창출을 위한 노동정책을 시장이나 기업, 지방자치단체가 주도해 수립하는 과거 방식에서 벗어나 지역 내 다양한 주체들이 참여해 만들고 실행한다.

광주형 일자리는 과거 지자체가 대기업 유치를 통해 일자리를 창출하는 방식과 이별을 고하고 지역의 주요 주체들이 사회적 대화를 통해 지역의 특색을 고려한 일자리 모델을 제시하면 이를 중앙정부에서 평가하고 합당하다고 판단할 경우 예산을 투입해 일자리를 창출하는 모델이다. '우리 지역의 일자리·노동정책은 우리가 만든다'는 정책 방향성을 가지고 시행된 정책이라 할 수 있다. 특히 '우리가 만드는' 과정에서 일부 전문가나 기업, 지방정부 위주의 방식이 아닌 다양한 지역사회 주체들이 참여하는 방식, 즉 사회적 대화를 중시한다.

광주형 일자리는 2014년 광주시장으로 당선된 윤장현 시장의 핵심 공약사업으로 추진되었다. 2015년 관련 연구용역을 실시하였고, 다양한 주체들의 참여를 보장하는 사회적 대화를 위해 '더나은일자리위원회'를 설립해 심도 있는 사회적 대화를 추진하였다.

'광주형 일자리' 모델은 사회적 대화를 통해 새로운 일자리를 디자인하고 그것을 투자자들과 사회협약을 맺어 확약하고 실현해 나간, 일자리 개혁에 있어 의미 있는 시도였다. 사회의 필요와 요구에 맞도록 (노동)시장의 요소들을 재구성했고, 지역을 단위로 한 노동시장 거버넌스의 쇄신을 도모해 그것이 구현될 수 있도록 하였다.

자동차산업이라는 지역 내에서 전략적으로 유의미한 산업을 선정하여 새로운 완성차 공장 생산기지 설립을 실현했다. 동시에 그 내부 노동시장의 원리(임금체계·노동시간·보상원리), 노사관계의 원리(상생협의회 모델), 기업 거버넌스의 원리(투명경영의 원칙) 등에서 일정하게 새로운 조건을 형성해 작동시켜 가게 되었다.(박명준 외, 2015)

투자가 위축된 시대에, 그것도 모든 자원이 수도권에 집중돼 있는 상황에서 지역에 신규 투자를 통해 신규 일자리를 창출한다는 것은 그 자체로 큰 사회경제적인 의미를 지닌다. 더 나아가 그 과정에서 사회적 대화와 교섭에 준하는 논의 과정을 거쳤고, 이후 지역 노사민정협의회 등에 적극적인 역할을 부여하고 광주경제진흥상생일자리재단 등을 출범시키는 등 새로운 노동시장 거버넌스 기제를 발전시켜 낸 측면에서도 광주글로벌모터스(GGM)의 탄생과 운영 과정에서 이루어진 거버넌스 혁신은 우리 사회에 유의미한 시사점을 던진다.(채준호·박명준·백경호·권성주, 2024)

하지만 광주형 일자리에서 사회적 대화를 통해 그간 강조해 온 적정임금, 적정 노동시간, 원·하청 상생, 경영참여 등 4대 의제의 가치가 현재도 유지되고 있느냐는 질문에는 긍정적인 답을 내놓기 어렵다. 윤석열 정부 경제사회노동위원회 의원장의 "GGM 내 노동조합이 없어 감동했다"는 말은 전해지지만, 새로운 공장(GGM)에서 일하는 노동자들의 불만은 잘 알려지지 않고 있다. 가장 큰 문제는 현재 광주형 일자리의 결과물인 GGM에서는 원·하청 상생의 가치나 경영참여의 가치는 찾아보기 어렵다는 사실이다.

왜 이렇게 되었을까. 지역 내 사회적 대화의 틀과 가치가 흔들리면서 결국 애당초 광주형 일자리가 품었던 가치마저 놓쳐 버린 것으로 판단된다. 광주시의 입장에서는 현대차의 투자가 중요했고 이를 확보하기 위해 기존에 노동계나 시민단체들과 함께했던 거버넌스를 형해화하고, 결국 과거처럼 지자체와 대기업이 주도하는 일자리 창출 모델로 돌아갔다고 평가할 수 있다. 나아가 투자자인 현대자동차그룹이 부담스러워하는 의제에 대해서는 협의를 통해 결과를 도출하기 위해 노력하기보다는 오히려 관련 의제를 외면하거나 제대로 된 논의에도 부치지 못한 것이 문제였다.

광주형 일자리 사례는 우리 사회에서 추진되는 지역 차원의 사회적 대화가 얼마나 취약한 구조 속에 있는지를 보여준다. 중앙정부 역시 상생형 지역일자리 사업[42]을 자신들이 제시한 틀에 과도하게 맞추려고 하고 노사 상생 요소보다는 비지니스 모델 관점을 강조하며 당초에 새운 양극화 해소를 위한 일자리 창출이라는 목표를 상실한 측면이 있다.

지역의 주체 역시 거버넌스를 통한 경험이 부족하고 당면한 여러 문제를 극복하기 위한 준비가 되어 있지 않다 보니 지자체나 대기업 논리에 끌려가는 측면이 강했던 것으로 보인다. 지역 차원에서 사회적 대화가 촉발되고 실질적인 현장의 일자리 질을 개선하기 위해서는 반드시 위와 같은 문제를 해결해야 할 것이다.

위기 극복을 위해서든, 새로운 일자리 창출 모델 구축을 위해서든 사회적 대화의 틀을 지속적이고 상시적인 논의 틀로 운영하기 위한 대

---

[42] 문재인 정부 핵심적인 일자리 사업. 광주형 일자리 모델을 다른 지역으로 확산하기 위한 정책이었으며 '광주형 일자리'가 제1호 상생형 지역일자리로 선정된 바 있다.

책을 고민해야 한다. 직면한 위기의식이 다양한 사회 주체들을 사회적 대화 테이블로 불러들이고 있지만 실질적으로 내실 있는 대화의 성과는 좀처럼 보이지 않고 있다.

현재의 위기를 극복하고 새로운 일자리·노동정책 수립 과정에서 사회적 대화가 중앙뿐만 아니라, 실질적으로 위기를 겪는 현장·지역에서 촉발하는 계기를 마련할 필요가 있다. 이러한 측면에서 최근 광주광역시 광산구에서 시도하고 있는 '지속가능 일자리 모델'은 지역 사회적 대화의 새로운 성공 가능성을 보여주고 있다.

광주시 광산구의 '지속가능 일자리 모델': 새로운 가능성을 보다

광주형 일자리가 추구했던 가치 실현이 기대에 미치지 못하자 기초지자체인 광주광역시 광산구는 광주형 일자리를 추진했던 경험을 바탕으로 '진성' 지역 사회적 대화에 기반한 새로운 '지속가능 일자리 모델'을 추진하고 있다.

지속가능 일자리 모델의 기획은 '아래로부터의 민의 집약'과 '섬세한 처방 마련'을 위해 지자체와 지역의 다양한 주체(시민사회·노동조합·사용자단체 등)가 협력하는 것이 효과적이라는 믿음에서 출발한다. 광산구는 근래에 광주형 일자리라고 하는 지역 차원의 일자리 개혁 실험의 경험이 축적된 지역으로, 그러한 성취의 경험이 의미 있는 사회적 자본으로 자리하고 있다.

　나아가 우리나라 어떤 지역 못지않게 시민사회가 발전해 있고 민주주의에 대한 민도가 높다. 또한 다양한 산업 여건을 동시에 보유하고 있어서 개혁의 복합적 실험을 전개하기에 적절한 지역이다. 무엇보다 지자체장의 이러한 실험에 대한 의지가 매우 높고, 이미 광주형 일자리를 주도한 인물로서 그에 대한 경험이 있으며, 확고한 철학을 지니고 있다는 점에서 지역 사회적 대화에 기반을 둔 새로운 지역일자리 모델의 실질적인 성과가 기대된다.

　광산구에서 추진하고 있는 사회적 대화는 기존의 사회적 대화 방식과는 차이가 있다. 첫째, 대화의 중심 주체가 상층이 아니라 기층 시민이라는 점이다. 기존 사회적 대화의 주요 주체들이 조직된 노동이나 사용자단체 등이었다면 광산구의 사회적 대화 주체는 일반 시민이다. 이러한 점에서 광산구의 사회적 대화는 '풀뿌리 사회적 대화'를 기반으로 한다고 평가할 수 있다.

　둘째, 대화의 장(범위)을 일터(산업)에서 삶터(마을)로 확장했다는 점이다. 사업장에서만의 일자리나 노동정책의 고민뿐 아니라 일상생활의 터전 문제를 사회적 대화 테이블에 올렸다는 점이 차별점이다.

　셋째, 행정의 일반적 정책 추진 절차에 '시민 중심의 숙의공론화' 과정을 강하게 결합하였다는 점이다. 끝으로 기존의 지역일자리 사회적 대화가 새로운 일자리 창출에 집중하였다면 광산구에서는 현재 일자리의 질 개선에 중점을 두고 있다는 점 역시 큰 차이점이라 할 수 있다.(채준호·박명준·백경호·권성주, 2024)

광산구에서는 앞서 살펴본 우리 사회의 8대 지속가능성 저해 요인(저출산, 고령화, 양극화, 지역소멸, 교육격차, 디지털화, 기후위기, 탈세계화)을 극복하기 위해 지역 내 다양한 주체들이 참여하는 사회적 대화를 통해 지역 특성을 반영한 일자리·노동정책을 만들기 위한 정책 실험을 추진하고 있다.

이를 위해 광산구는 2023년 상반기 자문위원회를 구성해 6개월에 걸쳐 지속가능 일자리 모델의 정책 방향성을 논의했으며, 2023년 하반기부터 2024년 상반기까지 관련 정책 로드맵 구상을 위한 연구용역을 추진하였다.

연구용역이 마무리된 이후로는 '지속가능일자리 사회적대화추진단'을 구성하고 100인의 지속가능일자리 의제발굴단(제조업, 민간서비스, 공공서비스, 마을 일자리 등 4개 분과로 구성)을 모집해 11월까지 총 5차례 걸쳐 지속가능 일자리 모델 구축을 위한 사회적 대화를 추진하였다. 광산구의 지속가능 일자리 모델 구축을 위한 사회적 대화는 연구용역에서 제안한 4가지 논의 의제[43]를 중심으로 추진되었다.

---

[43] 4대 논의 의제는 i) '지속가능한 일자리를 위한 새로운 노동보상체계', ii) '지속가능한 일자리를 위한 일하는 방식의 개혁', iii) '지속가능한 일자리를 위한 일터 내 사회적 관계의 재구성', 그리고 iv) '지속가능성을 향한 산업구조 혁신과 질서 있는 일자리 변화 등이다.

[그림 11-1] 광산구 지속가능 일자리 모델 구축을 위한 단계별 사회적 대화 구상

사전단계 — 자문단회의 및 연구용역
- 준비단계: (2024년 5~6월)
- 자문단회의 연구용역 수행
- 「지속가능일자리 실무추진단」 구축
- 사회적 대화 과정 구상+논의 어젠다 검토
- 사전단계 이후 과정 설계

1단계 — 녹서(Green book) 제작과 추진단 구축
- 공론화와 녹서 제작과정: (2024년 7~12월)
- (가칭) 지속가능일자리 사회적 대화추진단 구성
- 녹서의 제작: 심화의견 수렴+구체적인 안을 녹여내기 위한 원리정립 과정
  (해당 의제 중심의 일자리 전망과 우려, 해법, 희망사항 등을 제시)
- 공론화동반형 사회적 대화
- 대중의 마음다지기를 지향하는공론화 과정

2단계 — 백서(White book) 제작 추진단에서 추진
- 백서 제작 단계: (2025년 3~8월)
- 백서: 녹서(질문)에 대한 대답을 찾고 개혁원칙, 핵심어젠다 정립모색+사회적합의 공식화
- 녹서의 의견을 분석하고 재정립, 지속가능한 일자리의 원리로 의제화+문제제기 집단이 참여한 사회적 합의 정립

3단계 — 「지속가능한 일자리회」 구축·영역별 사회적 대화의 전개
- (가칭) '광산구 지속가능일자리회' 구축
- 청서 제작 단계: (2025년 5~6월)
- 사회적 대화 전개와 실행: 업종, 직종, 지역(산단), 기업중심
- 청서(실행방안+추진계획) 제작을 위한 구체적 단위 중심의 사회적 대화 구현 (가칭) '광산구 지속가능 일자리회' 주도로 추진
- 2025년 영역별 사회적 합의 구체화+시범사업 실행의 상 제시

후속단계 — 법률화와 특구 지정
- 지속가능일자리모델 성과 보편화 및 확산을 위한 법률제정 모색
- (가칭) 지속가능일자리 특구의 제도적 기반마련
- 후속지원이 필요한 영역 중심의 특구지정, 사업심화 도모
- 특구지정단위업종, 직종, 지역(산업단지), 기업 등

자료: 채준호·박명준·백경호·권성주(2024)

2024년까지의 사회적 대화는 시민들이 직접 느끼는 현재의 일자리 문제에 관한 질문을 끌어내는 것에 집중하였으며, 이들 대화 내용을 정리해 '녹서'를 집필했다. 2025년에는 정리된 녹서(질문)를 기반으로 답을 찾아 나가는 사회적 대화가 예정되어 있으며 그 사회적 대화의 결과인 정책대안은 '백서'로 만들어질 예정이다. 이후 정책대안의 구체적인 세부 정책은 광산구청 내 담당부서들이 결합해 구체적인 일자리 정책인 '청서'로 제작해 추진할 예정이다.

광산구는 2023년 9월 전국 최초로 지속가능 일자리 창출과 확산을 위한 제도적 기반 마련을 위해 '광주광역시 광산구 지속가능 일자리 지원 조례'를 제정했다. 이 조례는 광산구가 역점 추진 중인 시민 참여형 사회적 대화로 추진될 다양한 분야, 다양한 방식의 지속가능 일자리 사업을 체계적으로 지원하고 실행력을 뒷받침하기 위한 제도적 장치다.

구체적으로 사회적 대화, 지속가능 일자리의 기본 정의, 향후 지속가능 일자리 사업의 핵심 기구가 될 '광산구지속가능일자리회' 구성·운영, 지속가능 일자리 모형 선정 기준, 재정 지원 근거 등을 담았다. 광산구 지속가능 일자리 지원 조례는 일자리 기본조례와 지속가능발전 기본법의 취지를 살리면서도 일자리의 질, 사회통합성, 사회적 대화 등을 지속가능 일자리 모형 선정 기준에 담아 일자리의 새로운 방향성을 제시했다고 평가할 수 있다.(전남일보, 2024년 9월 11일)

2025년 현재 광산구의 새로운 일자리·노동정책 실험이 어떠한 결과로 귀결될지는 확신하기 어렵다. 하지만 지역 내 다양한 주체들이

1년 이상을 지역 내 좋은 일자리 창출을 위해 정례적인 숙의 과정을 거쳐 새로운 대안을 모색하기 위해 노력하고 있기에 의미 있는 성과로 이어질 것으로 기대하고 있다.

물론 기초지자체가 가지는 한계가 존재하는 것도 사실이다. 아무리 좋은 정책 대안이 도출된다고 하더라도 기초지자체가 가지는 예산상의 한계나 인적자원의 한계가 있을 수 있다. 이 때문에 지역에서 사회적 대화를 통해 의미 있는 일자리·노동정책을 수립하면 이를 중앙정부에서 일정 기준을 가지고 평가하고 그 결과에 따라 국비를 지원하는 제도 도입 등을 적극적으로 검토할 필요가 있어 보인다.

이미 문재인 정부에서 실시했던 상생형 지역일자리 사업의 경우 지역의 노사민정협의회에서 합의한 지역일자리 모델에 대해 중앙정부가 평가해 예산을 지원한 경험이 있어 관련 법률을 보완한다면 어렵지 않게 지역 사회적 대화 기반의 지역일자리·노동정책 지원책을 마련할 수 있을 것으로 보인다.[44]

---

44) 국가균형발전시책 추진을 위해 '국가균형발전 특별법'의 조항(제11조의2)으로 상생형지역일자리의 선정과 지원사항을 규정, '국가균형발전 특별법 시행령'(제15조의2부터 제15조의10)에 위임하고 있음. '상생형지역일자리의 선정 기준 및 절차 등에 관한 고시'를 통해 지원하는 구조를 이미 가지고 있음.

나오며:
지역 사회적 대화를 통한 일자리·노동정책의 성공 조건

현재 한국 사회가 직면한 다양한 복합위기 상황에서 지역의 주체들이 참여해 새로운 일자리 모델을 구상하고 실현하기 위한 노력은 계속되고 있다. 박원순 시장 재임 시절 서울시에서 추진한 다양한 일자리·노동정책은 다수의 지방정부에 영향을 미쳤으며 중앙정부(문재인 정부)의 일자리·노동정책에도 주요 참고모델이 되었다.

2015년 서울시가 시행한 노동정책 기본계획 정책은 현재는 거의 모든 광역지자체에서 추진하고 있으며, 일정 정도 지역일자리·노동정책을 통한 취약 노동자 노동권 보장, 복지 향상 등 긍정적 효과가 확인되고 있다. 서울시의 일자리·노동정책과 다양한 지역으로의 유사 정책 확산은 긍정적으로 평가할 수 있으나 이러한 정책이 입안되는 과정은 사회적 대화에 뿌리를 두고 있기보다는 해당 지자체가 '선물처럼 제공하는 시혜성 정책'의 성격이 강했던 것도 사실이다.

이 점에서 광주형 일자리는 지역 내 다양한 사회적 주체들이 참여해 해당 지역의 일자리·노동정책을 수립하려고 했던 사례라 할 수 있다. 하지만 광주형 일자리는 자본의 투자유치 과정에서 기존에 유지하고 있던 사회적 대화의 중요성을 간과하고 과거 대기업 중심 일자리 창출 방식의 길을 걸었다.

결과적으로 사회적 대화 과정에서 중시했던 가치(적정임금, 적정시간, 원·하청 상생, 경영참여)는 거의 신경조차 쓰지 않는 상황에 직면했다.

물론 새로운 GGM이라는 공장이 설립되었고 캐스퍼라는 자동차가 생산되고 새로운 일자리는 생겼으니, 외형상 광주형 일자리가 만들어졌다고 할 수 있다. 하지만 애당초 계획하고 기대했던 가치가 스며든 일자리 창출에는 실패했다.

이러한 광주형 일자리 실패에 대한 성찰에서 새롭게 시도되고 있는 일자리·노동정책이 광산구에서 추진 중인 지속가능 일자리 모델이다. 광산구의 지역 사회적 대화 기반 지속가능 일자리 모델은 조직된 단체 위주가 아닌 기층 시민이 중심이 되는 점, 일자리 양보다는 현재 존재하는 일자리의 질 개선에 집중하고 있는 점, 일터와 삶터의 문제를 함께 고민하는 점 등에서 과거 사회적 대화 방식과는 차별성을 가진다.

그렇다면 지역 사회적 대화 기반으로 지역에서 유의미한 일자리·노동정책이 성공하기 위한 조건은 무엇일까.

첫째, 단체장의 적극적인 관심이 중요해 보인다. 광주형 일자리나 광산구의 정책 실험이 현재 수준의 성과로 이어지는 주요 요인은 단체장의 확고한 철학과 의지다. 하지만 이러한 단체장이 많지는 않다. 결국 지역 내 일자리·노동정책의 중요성을 인식하고 다양한 지역 내 주체들이 단체장에게 같은 문제의식을 공유하게끔 만드는 노력이 요구되는 이유다.

둘째, 서울시·광주광역시·광산구의 사례를 살펴보면 정책 입안 과정부터 실행에 이르기까지 이를 위해 헌신한 지역 내 '키맨', 키맨을 중심으로 '키그룹'(외부 전문가와 지역 전문가)이 형성되어 있었으며, 그 키맨과 키그룹에 지역(단체장 포함) 주체들이 힘을 실어줬기에 관련 일자리·노동정책이 가능했다는 점이 확인된다.(이상민 외, 2019) 결국 지역에서 헌신적인 전문가를 발굴하고 그들에게 지자체장을 포함해 지역 주체들이 적극적인 지원을 해야 함을 의미한다.

셋째, 지역 내 일자리·노동정책을 제대로 수립하기 위해서는 지역 현황에 대한 면밀한 연구조사가 필요하다. 종종 해당 지역의 현황 파악을 소홀히 하고 다른 지역의 정책만을 벤치마킹해 결과적으로 정책 실패로 이어지는 경우가 있는데, 이는 지역 내 현황과 문제를 정확히 이해해야지만 관련 문제 해결을 위한 자체적인 대안 모색이 가능함을 보여준다.

넷째, 지역일자리·노동정책은 '늘공'(늘 공무원)이 담당하기에는 한계가 있으므로 외부의 관련 전문가를 채용해 정책을 추진할 필요가 있다. 1년 반 남짓 되는 일반직 공무원들의 직무수행 기간으로는 일자리·노동정책에 필요한 전문성을 갖추는 데 한계가 있으며, 관련 사업을 수행하기 위해 지역 내 노사민정 전문가·단체들과 네트워크를 형성하기에도 한계가 있기 때문이다. 광주형 일자리나 광산구에서의 정책 추진 과정에서도 늘공과 '어공'(어쩌다 공무원)들의 협업이 매우 중요한 추진 동력이 되었던 점을 기억할 필요가 있다.

끝으로, 지역 사회적 대화를 통한 일자리·노동정책 수립을 지원하기 위한 중앙정부의 지원책이 꼭 필요하다. 언급했듯이 지방정부 차원에서 유의미한 일자리·노동정책을 수행하기 위해서는 예산상으로도, 인적자원에서도 여러 한계가 있다. 문재인 정부에서 상생형 지역일자리 사업을 중앙정부에서 평가하고 일정 요건을 갖추면 정부 예산을 지원한 것과 유사하게, 지역 사회적 대화를 통해 지역에서 의미 있는 일자리·노동정책을 수립하면 이를 평가하고 지원하기 위한 중앙정부의 지원책을 마련할 필요가 있을 것이다.

12

불안정 노동자 이해대변을 위한 사회적 대화의 역할

권혜원
동덕여자대학교 경영학과 교수

사회적 대화는 존엄한 노동(decent work)을 받드는 기둥

국제노동기구(ILO)는 일의 세계가 자유, 평등, 안전과 인간의 존엄성을 보장해야 한다고 강조하면서 고용 촉진, 노동권 보장, 사회 보호 확대와 사회적 대화라는 존엄한 노동의 4가지 핵심 기둥을 제시한 바 있다.(International Labour Office, 2013; Ghai, 2003)

사회적 대화가 존엄한 노동을 떠받치는 핵심축 중 하나인 이유는 분명하다. 노동자들은 일터에서 자유롭고 평등한 인간으로서 존중받으며 노동기본권을 누릴 수 있어야 한다. 그러려면 노동자들이 부당한 처우나 노동조건에 맞서 이의를 제기하고 항의하고 협상할 수 있어야 하며, 이와 같은 발언권을 토대로 노동조건을 개선하고 일터에서 인간으로서 존엄을 유지할 수 있어야 하기 때문이다.

이를 위해서는 기업 조직 내에서는 노동자와 노동자 대표가 의사결정의 모든 단계에 개입할 수 있어야 함은 물론이고 산업이나 국가 수준에서도 주요 정책을 논하는 사회적 대화의 장에 노동자 대표들이 참여하여 목소리를 낼 수 있어야 한다. 산업구조나 정책, 기업 전략과 노사관계 정책이 노동조건에 미치는 영향을 파악하여 노동의 이해가 반영되는 정책 방안을 제시할 필요가 있는 것이다. 그렇지 않고 사용자나 정부가 일방적이고 독선적인 방식으로 산업 및 노동정책을 추진한다면 그 결과는 산업민주주의의 종말, 일터 민주주의와 존엄한 노동의 붕괴다.

노동의 개입과 참여를 보장하지 않고 일방적으로 밀어붙이는 정책은 민주주의의 원칙을 훼손할 뿐 아니라 고용 위기, 노동권 축소와 노동조건 악화, 차별과 격차의 존속 등 노동자에게 악영향을 미칠 수 있는 결과를 방치함으로써 노동시장 분절을 더욱 심화시키기 때문이다. 사회적 대화는 이해관계자 참여에 의한 민주적 의사결정 체계와 거버넌스의 핵심이며, 이 핵심을 지키는 것이 존엄한 노동의 초석이 되는 것이다.

노동자의 집단적 목소리 표출되는 사회적 대화의 다양한 층위

산업민주주의와 일터 민주주의의 기초가 되는 사회적 대화는 누가, 누구와 함께, 어떤 주제로 하는 것일까. 대화의 주체는 다름 아닌 사용자와 노동조합을 비롯한 이해당사자이고 3자 간 대화(tripartite social dialogue)는 정부를 포함한다. ILO에 의하면 사회적 대화는 사회·경제적 정책과 관련된 공통의 관심사를 둘러싸고 정부, 사용자, 노동자 대표들 간 이루어지는 모든 종류의 교섭·협의·정보교환을 포함한다.(International Labour Office, 2002)

기업 수준의 사회적 대화는 노사 간 단체교섭을 근간으로 하며 노동조건에 영향을 미치는 모든 사안을 둘러싼 협상, 협의, 정보공유와 소통을 포함한다. 노동의 관점에서 사회적 대화 채널은 노동자 대표가 노동자들의 이해를 대변하여 집단적 목소리를 표출할 수 있는 공간이다. 특히 단체교섭은 개별적으로는 사용자와의 관계에서 열위에 있어서 부당한 노동조건이나 처우에 목소리를 내기 힘든 노동자들의 집단적 이해대변 기제로 작동한다. 노동자와 사용자라는 사회적 파트너 간 협의와 협상을 통해 사용자 주도의 일방적 결정으로 임금과 노동조건이 저하되는 것을 막고 노동의 이해가 반영될 수 있도록 하는 것이다.

사회적 대화는 기업의 울타리를 벗어나 다양한 층위에서 이루어지기도 하며 협의와 교섭 주체도 노사뿐만 아니라 중앙정부와 지방정부 및 공익을 대표하는 전문가들을 포함한다. 흔히 사회적 대화라고 하면 경제사회노동위원회 같은 중앙 노사정 대화기구를 통한 고용·노동정책 및 이와 관련된 경제·사회정책 등의 협의와 합의 과정을 떠올린다. 그러나 사회적 대화는 중앙 수준의 사회적 대화를 포함하기는 하지만 그것이 전부는 아니다. 사회적 대화는 여러 수준에서 다양한 의제를 둘러싸고 전개되는 것으로서 지역·업종·산업 수준의 정책 협의와 사회적 교섭을 포괄하는 것이다.

사회·경제적으로 노사정 모두에게 영향을 미치는 사안에 대해 서로 정보를 나누는 것은 단순 정보교환 수준을 넘어선다. 이는 노사정이 긴밀한 정책 협의를 통해 공동의 문제 해결을 모색하고, 더 높은 수준에서는 합의문이나 협약 체결을 통해 이해당사자 간 조정과 협력을 매개로 산업구조와 노동시장 및 고용·노사관계의 변화에 대응하는 것이다.

근래에는 디지털 전환에 따른 산업구조와 노동시장 변화가 노동배제, 일자리의 질과 노동환경 악화, 노동권 축소로 귀결되지 않도록 노동 포괄적 산업생태계를 조성하고 노동기준을 확립하는 과제가 대두되고 있다. 과제 해결을 위해 전국 수준에서뿐만 아니라 지역·산업·업종 단위에서 노사정 사회적 파트너들 간의 사회적 대화가 요구되고 있다.

중앙 수준의 제도화된 사회적 대화: 갈등과 협력의 이중 변주

우리나라에서 중앙 수준의 노사정 3자 간 사회적 대화 테이블이 본격적으로 마련된 것은 1996년 5월 노사관계개혁위원회 출범을 통해서다. '참여와 협력을 통한 노동정책'을 표방한 김영삼 정부는 민주노총까지 포괄하는 노사관계개혁위원회를 통해 노동법 개정을 추진하였으나 합의에 이르지 못하고 공익위원안을 제시하는 것으로 활동을 정리하였다.

이후 노동법 날치기 통과에 맞선 양대 노총의 공동 총파업을 거치면서 사회적 대화는 긴장과 파국 국면으로 치닫게 되었다. 중앙 수준의 사회적 대화기구가 출범하여 대화가 재개된 것은 1998년 경제위기 국면에서 정부가 노사정 타협을 통해 위기 극복 대안을 모색하면서부터다.

1998년 1월 15일 제1기 노사정위원회(현 경제사회노동위원회)[45]가 공식적으로 출범했고, 김대중 정부는 국제통화기금(IMF)의 요구를 협상 자원으로 활용해 노사의 입장 차를 조정하며 경제위기 극복을 추진하였다.(장홍근 외, 2023a) 당시 IMF는 구제금융의 조건으로 금융산업 구조조정, 콜금리 인상, 일부 분야를 제외한 외국인 직접투자 추가 허용, 노동시장 유연화 등을 요구했다.

노동시장 유연화의 핵심은 정리해고제와 파견근로제 도입이었는데, 노동자들 관점에서 이는 대규모 인력감축으로 인한 생존권 파탄을 예고한 것이어서 타협이 힘든 사안이었다. 이는 노사정위원회에서 정리해고제 조기 도입이 최대쟁점이 될 수밖에 없는 이유이기도 했다.

이를 둘러싼 노사 간 이견이 첨예한 가운데 정부는 사회안전망 구축을 약속하고 사용자는 노동계의 재벌개혁과 노동기본권 주장을 받아들이기로 했으며, 이를 전제로 노동조합이 노동시장 유연화 법안을 수용하기로 합의했다. 그러나 '정리해고제 조기 적용'을 수용한 노사정 대타협에 대해 민주노총 조합원들은 즉각 반발했다. 합의 직후 개최된 임시대의원대회에서 사회협약 승인이 부결되었으며, 지도부는 총사퇴했다.

이처럼 1998년 노사정 대화는 경제위기 극복을 위한 노사정 간 공평한 고통 분담을 내세웠으나 결과적으로 대규모 인력감축으로 노동

---

45) 경제사회노동위원회는 "근로자, 사용자 등 경제·사회 주체 및 정부가 신뢰와 협조를 바탕으로 고용·노동정책 및 이와 관련된 경제·사회정책 등을 협의하고, 대통령의 자문 요청에 응하기 위하여 경제사회노동위원회를 설치한다"는 경제사회노동위원회법을 근거로 설립된 대통령직속 사회적 대화기구. 중앙 수준에서 제도화된 이와 같은 노사정 3자의 사회적 대화기구는 1998년 1월 15일 노사정위원회를 전신으로 하며, 이는 2007년 4월 27일 경제사회발전 노사정위원회로 명칭을 변경하여 운영되다가 2018년 5월 28일 경제사회노동위원회로 다시 명칭을 변경하였다.

자들에게 고통을 전가하고 비정규직 확대로 노동시장 분절을 심화시켰다는 격렬한 비판에 직면했다. 이는 노동계 내에서 사회적 대화 무용론이 제기되는 계기가 되었다. 사회적 합의라는 미명하에 사실상 양보와 희생만 강요하며 노동을 패자로 만드는 승자-패자의 제로섬 게임에 명분을 제공할 필요가 없다는 것이다.

이러한 기조는 2기 노사정위원회를 거치면서 더욱 전면화되었다. 교원노조 설립과 실업자 노조 가입이 쟁점으로 부각한 가운데 교육부와 법무부가 사회적 대화 합의안과 연동된 법률의 제·개정에 제동을 걸고 나섰기 때문이다. 이로 인해 사회적 합의 당사자였던 정부와 노동조합 측 사이에 합의사항 이행을 둘러싼 신뢰가 손상되었고 합의 미이행에 항의하여 한국노총은 1999년 1월 21일 노사정위원회의 조건부 탈퇴를 의결하는 한편 민주노총은 2월 24일 대의원대회에서 노사정위원회 탈퇴를 결의했다.(장홍근 외, 2023a)

무늬만 합의에 불과한, 사실상 노동 배제적인 구조조정을 몰아붙인 정부의 일방적 태도로 인해 갈등이 격화되었고, 그 결말은 노사정위원회라는 제도화된 중앙 단위 사회적 대화의 무대에서 민주노총이 퇴장한 것이다. 그 이후 한국노총은 한국경총과 정부를 상대로 갈등과 협력의 변주를 이어가며 노사정위원회에서 사회적 합의와 항의, 탈퇴와 복귀의 패턴을 오갔다. 민주노총은 1999년 탈퇴한 이후 한 번도 복귀하지 않았다.

사회적 대화는 필요악인가

경제위기 극복을 위한 대타협이 결과적으로 노동자에게 고통 분담이 아닌 고통 전담을 초래한 것처럼 정부가 정책 기조를 이미 정하고 이를 정당화하기 위한 수단으로 합의를 종용하는 경우 사회적 대화 본연의 기능은 사라지고 형해화된 절차만 남는다. 또한 노사 간 이견이 큰 쟁점 사안에서도 정부가 사용자 편에 서거나, 노동조합을 형식적 대화 파트너로 전락시켜 친기업-친시장 정책에 정당성을 부여하는 수단으로 삼는 경우가 다반사다. 사회적 대화가 강요된 합의를 위한 요식행위가 되면 결국 노사정 주체의 소모적 갈등과 이해관계 조정 실패로 인해 노동조합이 사회적 대화기구를 탈퇴하게 되는 것이다.

그렇다면 사회적 대화는 노동자의 이해대변과는 거리가 멀기에 가능한 한 피해야 하지만 상황에 따라 어쩔 수 없이 응해야 하는 성격의 대화인가. 혹은 '답정너' 식 결론 속에서 노동의 희생이 불가피하기에 항상 거부해야 하는 무용지물에 불과한가.

우리는 ILO가 사회적 대화를 자유·평등·안전과 인간의 존엄성을 보장함으로써 노동존중 사회를 받드는 기둥 중 하나라고 명시한 점에 주목할 필요가 있다. 사용자와의 단체교섭은 이 기둥의 가장 기본적인 주춧돌이다. 사용자와의 교섭과 협상을 통해 노동의 요구를 반영하는 과정이 없다면 존엄한 노동의 필수가 되는 적정임금과 양질의 노동조건, 산업안전과 건강, 일-생활 균형과 휴식도 존재할 수 없기 때문이다.

그러나 사회적 대화는 사용자와의 단체교섭뿐만 아니라 사용자와 정부를 포함한 다양한 이해관계자들과의 정보교환, 협의와 교섭까지도 포괄한다. 그러므로 우리는 노동조합이 국가·지역·산업·업종 등 다양한 층위의 사회적 대화에 참여함으로써 시장주도의 구조조정과 반(反)노동적 노동시장 개혁을 제어하고 이 과정을 노동의 영향력에 의해 매개될 수 있도록 조정함으로써 얻는 이익에 주목할 필요가 있다.

노동자들이 빵과 장미를 모두 쟁취하기 위해서는 결사의 자유를 통해 획득한 발언권, 정보 청구권, 교섭권을 행사하면서 다양한 층위에서 사용자 및 정부와 교섭하고 대화해야 할 것이다. 또한 노동조합이 사회개혁의 주체로 서려면 노동시장 분절과 불평등 해소 방안을 모색하는 공론장에 참여하여 정책 의제를 제안하고 변화를 주도하는 과정이 요구된다. 이를 위해 노동조합 스스로 정부와 사용자에게 의사결정과 정책 추진 과정에 참여할 권리, 기회를 요구하여 전국·지역·산업·업종 등 다양한 수준에서 여러 경로로 사회적 대화에 참여하고 개입하면서 광범위한 노동·사회 의제를 주도하는 것이 필요한 것이다.

계층별·업종별 위원회를 통한 사회적 대화

중층적 수준에서 다양한 경로의 사회적 대화가 필요하다는 관점에서 보면 우리나라의 중앙 사회적 대화기구인 경사노위에도 의제별·업종별·계층별 위원회가 설치되어 이와 같은 시도가 이루어졌다는 점에 주목할 필요가 있다. 특히 계층별 위원회는 여성·청년·비정규직 등 그동안 중앙 사회적 대화에 포괄되지 못했던 취약 노동자의 목소리를 대표하기 위해 설치되었다.(손영우, 2018; 장홍근 외, 2023b)

우리나라는 노동조합 조직률이 전반적으로 낮고 대기업과 공공부문 중심으로 노조가 조직되어 있어 비정규직, 여성, 플랫폼·프리랜서 노동자들 다수가 이해대변의 사각지대에 놓여 있다. 이와 같은 광범위한 미조직 취약계층 노동자들은 열악한 조건에서 일하며 부당한 대우와 불평등을 몸소 경험하고 있지만 자신의 목소리를 낼 공간과 조직, 제도적 기반이 부족하여 임금과 노동조건 개선의 기회를 보장받지 못한다. 이와 같은 문제를 극복하기 위해 경사노위에 계층별위원회가 설치되어 여성·청년·비정규직 같은 취약 노동계층의 목소리를 대변할 사회적 대화의 장이 열렸다는 것은 주목할 만하다.(손영우, 2018)

그동안 경사노위는 불평등과 양극화 해소의 목표를 우선순위에 두면서도 당사자인 취약 노동자들의 참여가 힘든 구조였는데 여성위원회, 비정규직위원회, 청년위원회에서 각각 여성, 비정규직, 청년들이 겪는 중층적 불평등과 불안정성의 문제를 의제화하고 정책 대안을 모색했다는 점에서 의의가 큰 것이다. 여성·청년·비정규직의 이해를 직접 대변하는 단체들이 중심이 되어 스스로 당사자 집단의 목소리를 조직했다는 점에서 특히 그렇다.

다만 계층별 위원회에서의 사회적 대화가 양극화와 불평등 해소를 위한 여성·청년·비정규직 관련 현행 제도의 개선방안을 포함한 구체적 정책 대안을 마련하는 데까지 나아가지 못한 점은 한계다.

윤석열 정부 들어서 위원회 임기가 끝나고 '개점 휴업' 상태인 것도 문제다. 노동시장 내 성별 격차 해소 방안, 청년 일자리 대책, 작은 사업장 노동자, 특수고용·플랫폼·프리랜서 노동자들의 권익 보호 방안 등에 관한 사회적 대화가 계층별위원회에서 지속되지 못해 실효성 있는 정책 도입으로 이어지지 못한 것이다.

업종별위원회는 업종별로 해당 업종의 주요 현안과 정책대안을 논의하기 위해 설치되었으며, 해당 업종과 연관된 노사 동수 대표, 정부 대표와 공익위원들로 구성되었다. 우리나라처럼 기업별 교섭이 지배적인 곳에서는 초기업 수준의 단체교섭과 사회적 대화를 통해 업종 전체에 적용될 수 있는 노동기준을 마련하고 임금과 노동조건을 균등하게 만들어가는 노력이 필요하다. 노사정이 교섭 혹은 협의체 구성으로 업종이나 산업 전체에 영향을 미칠 수 있는 환경적 요인과 관련 정책을 평가하고 노동친화적, 고용친화적 관점에서 예측되는 부정적 영향을 완화하고 제거할 방안을 모색해야 한다.

그런 면에서 중앙 사회적 대화기구에서 산업·업종별 주요 현안을 논의하기 위해 테이블을 마련한 것은 의미가 있다. 그러나 한계도 분명했는데, 민주노총이 참여하지 않는 상태에서 중앙 수준의 업종별 사회적 대화가 거의 활성화되지 못하고 확장력이 낮았기 때문이다.(장홍근 외, 2023b)

그러나 업종별 사회적 대화가 항상 무위로 끝난 것은 아니다. 특히 전환기 노동의 이슈와 관련하여 중요한 정책 합의를 만들어 내기도 했는데, 플랫폼 경제의 확산에 따른 플랫폼 노동자 보호 방안에 대한 합의가 대표적이다.

플랫폼 산업 사회적 대화의 필요성

먼저 중앙 사회적 대화기구의 업종별위원회에서 플랫폼 노동과 관련된 의제가 중요하게 제기된 이유를 살펴보자. 플랫폼 기업은 플랫폼 산업의 혁신적 비즈니스 모델이 플랫폼 서비스 수요자와 공급자 모두에게 편의와 혜택을 제공한다고 주장한다.

플랫폼을 통해 일감을 얻어 노무를 제공하는 노동자에게는 낮은 진입장벽으로 인해 더 쉽게 더 많은 일자리에 접근할 기회를 주며 자유롭고 유연한 노동시간을 제공한다는 것이며, 고객에게는 실시간 수요에 맞춰 더 저렴한 가격에 더 빠르고 편리한 온디맨드(on-demand) 서비스를 제공한다는 것이다.

그러나 디지털화로 플랫폼 노동이 증가하면서 플랫폼 노동의 불안정성과 취약성 문제도 함께 대두되었다. 플랫폼 노동자들은 근로기준법상 근로자가 아니기 때문에 법정 근로시간, 휴일·휴게시간 규정이 적용되지 않고 최저임금, 유급휴가 등의 권리도 보장받지 못한다.

또한 노동시간의 자율성과 유연성이 종종 극도의 고용불안정성과 소득불안정성을 수반한다는 문제도 쟁점이다. 미국 플랫폼 기업 크라우드플라워(Crowdflower)의 CEO는 인터뷰에서 디지털 기술의 발전으로 "노동자에게 10분간 일하게 한 뒤 바로 10분 뒤에 해고하는 것이 가능해졌으며, 이런 조건으로 일할 사람들을 구해서 극소량의 금액을 주고 일을 시킨 뒤 필요가 사라지면 제거하는 것이 가능해졌다"고 말하였다.(De Stefano, 2016에서 재인용)

건당 수수료를 받으며 단기 일감을 수행하는 플랫폼 노동자로서는 단속적 노동과 낮은 단가로 인해 불안정성이 증가할 수 있는 것이다. 기업으로서는 주문 건당에 해당하는 금액만 지불하면 계약이 종료되는 것이어서 사용자로서의 책임을 면제받는 것이지만 노동자들로서는 고용과 소득불안정성의 문제가 그림자처럼 따라붙는 것이다. 여기에 더해 플랫폼 노동자들은 산재보험이나 실업급여 같은 사회안전망에서도 제외되기 쉽기에 경제적 불안정성뿐 아니라 사회적 보호에서도 취약한 위치에 놓이게 된다.

최근에는 불공정 계약, 플랫폼이나 고객의 부당한 처우에도 이의를 제기할 고충처리 절차나 분쟁 발생 시 이를 해결할 수 있는 제도가 부재한 이슈, 알고리즘 투명성이 부족한 이슈도 플랫폼 산업 사회적 대화의 핵심 의제로 부상하고 있다. 알고리즘은 일감 배분을 조율하고 고객평가 별점 리뷰 시스템을 통해 성과 통제를 하는데 이 과정에서 플랫폼 노동자에게 부당한 결과나 불이익을 초래할 수 있다. 이 경우 노동자들은 당연히 이의를 제기하고 설명을 요구할 수 있어야 하지만 현실에서 노동자들은 알고리즘과 관련된 어떠한 정보도 얻지 못하고, 알고리즘 도입과 결정에 자신들의 의견이 반영될 기회도 전혀 없어서 부당함을 감수해야 하는 상황이 빈번하다.

이러한 맥락에서 플랫폼 노동의 보호가 사회적 대화의 핵심 의제로 등장한 것은 필연적이다. 플랫폼 경제가 플랫폼 노동자의 불안정성이라는 희생 위에서 자라난다면 허울뿐인 혁신은 존엄한 노동과 지속가능한 사회를 위협하기 때문이다. 그러므로 노사정 주체가 사회적 대화를 통해 플랫폼 노동자를 보호하는 속에서 플랫폼 경제의 발전을 추구할 방안을 마련해야 한다는 공감대가 자라났다.

사회적 대화를 통한 지속가능한 산업생태계 조성

디지털 전환 과정에서 플랫폼 노동의 취약성과 관련된 여러 문제가 불거지면서 플랫폼 노동자 스스로 노동조합을 조직하고 이해대변에 나서기도 한다. 특히 배달플랫폼과 대리운전플랫폼을 통해 일감을 얻어 일하는 라이더와 대리운전 기사들 중심으로 노동조합이 조직되었고 이 노조들은 플랫폼 업체와 단체교섭을 통해 단체협약을 체결하기도 했다.

그러나 그와 같은 단체협약은 기업의 울타리를 벗어나서 효력을 발휘하는 것은 아니어서 배달업종이나 대리운전 업종 전체에 적용되어 공통의 표준을 확립하는 데까지 나아가지 못한 한계를 갖는다. 그러므로 불공정 계약 관행을 바로잡기 위한 업종 차원의 표준계약서 도입 및 활성화, 플랫폼 노동자 사회보호와 산업안전망 강화 방안, 직업훈련 방안, 알고리즘 투명성 강화, 고충처리 절차와 분쟁해결 기구 마련 등을 주요 의제로 한 사회적 대화 필요성이 광범위하게 제기되었다. 이러한 초기업적 업종 수준의 사회적 대화와 협의, 교섭을 통해 단체교섭과 단체협약을 보완하는 사회적 합의가 마련될 것으로 기대된 것이다.

이러한 문제의식을 반영하여 2022년 1월부터 6월까지 경사노위 플랫폼산업위원회 가사돌봄분과위원회와 대리운전업분과위원회가 설치·운영되었다. 양 분과위원회에서는 노사정이 함께 해당 업종에 종사하는 플랫폼 노동자들의 처우개선과 공정 관행 정착을 위한 사회적 대화를 진행하여 각각 2022년 6월 9일과 10일 합의안을 마련했다.

두 위원회 모두 근로자성 판단과 같은 근본적 이슈보다는 합의 가능한 구체적 정책 방안 마련에 초점을 두고 협의를 진행하였다. 대리운전업분과위의 주요 논의사항은 산업재해 및 예방조치를 위한 실효적 방안 마련, 표준계약서 확대 등 공정한 계약의 실효성 강화 방안, 종사자 처우개선과 산업안전 보호 방안 등이다.

특히 계약 당사자 중 일방의 우월적 지위 남용과 불리한 합의를 예방하여 불공정한 계약이 발생하지 않도록 하는 표준계약서의 기능을 강조하면서 향후 공정하고 투명한 계약 거래 관행 조성을 위해 표준계약서 사용을 촉진하는 방안을 마련한다는 내용의 합의가 이루어졌다.

그 외 주요한 논의 및 합의 내용에는 대리운전 종사자와 기업의 보험료 부담 완화를 위해 사회보험료 지원사업 대상 확대 등 다각도의 정책 방안을 정부가 마련하고 지원하기 위해 노력해야 한다는 것, 안정적 야간 이동수단 확보를 위해 정부가 법·제도를 마련하고 근무 중 사고 위험에서 종사자들을 보호해야 한다는 것, 정부가 유해 위험을 파악하여 특성에 맞는 직종별 건강검진을 실시하고 산재 예방 대책을 검토해야 한다는 것 등이 들어 있다.(경제사회노동위원회, 2024).

경사노위 플랫폼산업위원회 대리운전업분과위원회는 사회적 대화를 통해 산업 내 주요 쟁점과 현안을 확인하고 공정한 대리운전업 산업생태계 조성과 종사자 처우개선을 위한 정책과제를 노사정 이해당사자가 공동으로 협의하였다는 데서 의의를 발견할 수 있다.

특히 주요 시장행위자인 카카오모빌리티, 티맵모빌리티, 대리운전총연합회와 한국노총 전국연대노조, 플랫폼운전자지부, 한국대리운전협동조합이 노사 당사자로서 중앙 사회적 대화기구에 처음으로 참여하여 표준계약서 사용 활성화 방안, 종사자 안전보호 대책과 산재예방 대책 강화 방안, 사회보험 확대 방안 등을 논의하여 사회적 합의에 이른 점은 위원회의 큰 성과다. 이러한 합의는 법적 강제력을 갖지 않지만 사회적 합의 정신 존중이라는 규범적 영향력을 통해 불안정 취약 플랫폼 노동자들의 처우개선 정책을 추진할 기반을 확립한다는 점에서 의미가 있다.

가사돌봄분과위원회에서 주로 논의된 의제는 안전한 일자리 환경 조성을 위한 산업안전 제도 마련, 가사·돌봄 영역의 전문화를 위한 직업훈련 강화 및 확대 방안, 종사자 보호와 건강한 생태계 조성을 위한 플랫폼 기업과 사회적 경제 기업의 역할 등에 관한 것이다.

또한 플랫폼 가사·돌봄 노동자들은 특수한 고용관계로 인해 직업훈련 기회가 상대적으로 부족하고 사회보험의 적용을 대부분 받지 못하고 있어서 이중 삼중의 취약성을 안고 있다는 점도 공론화되었으며, 이를 해결하기 위해 플랫폼 가사노동자에게도 산재보험과 고용보험 등을 적용하고 직업훈련 기회를 확대할 필요가 있다는 주장이 제기되었다.

교육훈련과 관련하여서는 현재 각 기업에서 진행하고 있는 교육내용을 확인하고 이를 업종 차원의 범용적 공통 교육커리큘럼으로 발전시킬 방안이 논의되었다. 위원회에서는 직업훈련 사각지대를 해소하고 업종 내 전문직업훈련 체계를 구축할 방안에 대해 논의하였으며, 이를 위해 자체적으로 기업이 직업훈련을 제공하기 힘든 경우 공신력 있는 단체·협회·기업이 연합해 컨소시엄을 구성하고 교육훈련을 실시하는 방안을 검토하였다.

또한 교육훈련이 자격증, 경력, 소득향상과 연계되는 것이 필요하다는 인식에 기초하여 종사자의 경력관리와 자격관리를 위한 중장기적 방안 마련에 대해서도 논의가 진행되었다. 비공식적 노동을 수행해 온 가사·돌봄 종사자들이 전문화된 직업인으로 성장하는 데 필요한 직업훈련과 이력관리 체계를 마련해야 할 필요성에 대한 공감대 속에서 이를 실현하기 위한 노사정 협력 방안과 각자의 역할에 대한 논의가 광범위하게 이루어진 것이다.

산업안전과 관련하여서는 가정을 방문해서 작업을 수행하는 가사·돌봄 노동의 특성상 발생할 수 있는 다양한 위험을 확인하고 종사자 보호를 위한 대책을 마련해야 한다는 취지의 논의가 이루어졌다.

이를 위해 기업이 안전사고 예방 교육을 강화하고, 종사자가 업무상 위험으로 인해 업무를 중지하거나 취소할 수 있는 환경을 마련하며, 서비스 범위를 벗어난 부당한 요구가 발생하지 않도록 소비자 책임을 이용약관을 통해 명시해야 한다는 점에 공감대를 이루었다. 또 성희롱, 성폭력, 인격모독과 괴롭힘 등으로부터 종사자를 보호해야 할 필요성도 제기되었다.

이와 같은 사회적 대화를 통해 플랫폼산업위원회 가사돌봄분과위원회에서는 최종 합의문을 채택했다. 합의문의 주요 내용에는 '① 표준이용계약서 개발·확산·보급을 위한 노력(이해관계자 대표들이 상호 협의를 통해 소비자와 종사자 간 권리 의무를 명시한 표준이용계약서를 개발하고, 정부 등 이해당사자가 이 표준이용계약서의 확산 보급을 위해 노력한다는 내용), ② 직업훈련 확대(종사자 전문성 향상을 위한 정부의 직업교육 훈련 지원 확대, 기업의 종사자 직업교육 및 훈련 실시, 업종 공동훈련 실시 방안 마련), ③ 안전한 작업환경 마련(가사·아이돌봄 분야의 업무환경 및 안전실태 등을 감안한 안전매뉴얼 개발·보급, 정부의 업무매뉴얼 활용 촉진, 종사자에 대한 사회적 인식을 제고하기 위한 정부·기업·노동단체·소비자단체의 홍보캠페인)'이 핵심 내용으로 포함되었다.(경제사회노동위원회, 2024)

가사돌봄분과위원회의 경우 플랫폼 노동정책에서 주변화되어 왔던 여성중심 직종 중 하나인 가사·돌봄 플랫폼 노동 문제를 다루었다. 비공식 부문의 그림자 노동으로 분류되어 제도적 보호의 사각지대에 있던 가사·돌봄서비스 부문이 플랫폼산업위원회의 분과위원회를 통해 공적인 정책적 논의의 대상이 되었다는 점 자체가 지니는 의의가 있는 것이다.

더 나아가서는 가사·돌봄서비스 노동의 특성상 노동의 의제가 젠더 의제와 통합되어 있어 산업안전을 비롯한 다양한 이슈를 다루는 과정에서 젠더 관점에서 이슈 프레이밍이 이루어질 수밖에 없었는데 그러한 점에서도 사회적 대화의 의미가 컸다.

결론적으로 대리운전업분과위와 가사돌봄분과위에서는 플랫폼 종사자 처우개선, 안전한 노동환경 조성 등을 의제화하여 논의함으로써 플랫폼 일자리 질 개선을 위한 방향을 도출하였다. 그러나 '표준계약서 마련이나 사용 촉진', '근무 중 사고 위험으로부터 종사자를 보호하기 위한 대책', '가사·돌봄 플랫폼 노동자들의 직업훈련 방안' 등을 위한 구체적 계획수립과 이행에 대한 논의 없이 추상적 방향 수준에서 합의가 이루어진 점, 합의 내용 이행을 위한 후속 조치의 구체화와 이를 위한 사회적 대화의 향후 일정과 과제를 명시하지 않고 위원회 임기가 종료된 점 등은 한계로 남는다.

또한 플랫폼 기업이나 고객의 불합리하고 부당한 처우, 알고리즘 관리의 불공정 문제가 발생했을 때 이에 대해 공식적으로 이의제기와 항의를 할 수 있는 고충처리 수단이 없는 점도 플랫폼 노동자들의 노동조건을 더욱 열악하게 만드는 요인인데 사회적 대화 과정에서 알고리즘 관리의 투명성 제고 방안, 플랫폼 노동자들의 고충처리 절차 및 분쟁해결 기구 마련 등이 의제화되지 못한 점도 한계다.

이상으로 디지털 전환 과정에서 중요한 사회적 쟁점이 된 플랫폼 노동자 보호 방안과 관련된 경사노위 대화와 합의 과정을 살펴보았다. 이와 같은 사회적 대화는 기그 경제(gig economy)[46]하에서 노동권과

---

46) 기그(gig)는 1920년대 뮤지션들이 전속계약을 맺지 않고 하룻밤 공연을 위해 단기계약을 맺고 소규모 무대에서 연주하는 것을 의미한다. 그러한 단어에서 파생된 기그 경제 개념은 디지털 산업의 발전으로 노동이 거래되는 형태가 전통적 고용관계에서 탈피하여 사람들과 단기계약을 맺고 일감을 주는 방식으로 바뀌었다는 것을 가리키는 것이다.

사회 보호의 사각지대에 있는 취약 노동자들의 권익을 보호할 수 있는 정책 개입을 촉구하였다는 점에 의의가 있지만, 실제 노동 현장을 변화시킬 수 있는 정책의 도입과 이행으로까지 이어지지는 못했다.

그렇다면 사회적 대화는 늘 추상적, 상징적 수준의 합의로 끝날 수밖에 없는가. 장홍근 외(2023b)는 경사노위가 양극화 해소를 위한 사회적 대화 노력을 기울였지만 사실상 획기적인 진척을 보이지 못했다면서 이와 대조적으로 경사노위 밖에서의 비제도적 사회적 대화와 합의 가운데 일부는 상당히 의미 있는 진척을 보았다고 주장한 바 있다.

노동시장 이중화 해소를 위해서는 2차 주변부 노동시장에 속한 불안정 취약 노동자들의 노동조건을 실질적으로 개선할 수 있는 구체적 조치들이 취해져야 하는데, 이와 관련된 진전은 경사노위라는 제도적 틀 밖에서, 노동조합 주도의 업종별 사회적 대화와 협약을 통해 이루어졌다는 것이다. 이하에서는 대표적 사례로 전국영화산업 노사정 이행협약과 화물운송업의 안전운임제 합의 과정을 고찰하여 시사점을 도출하고자 한다.

'밥때' 지켜준 영화 현장: 영화산업 노사정 대화와 이행협약이 만든 변화

영화 〈기생충〉이 칸 국제영화제에서 황금종려상을 수상한 직후의 기자회견장에서 배우 송강호씨는 수상소감에 덧붙여 무엇보다 영화를 찍으면서 '밥때'를 제때 지켜줘서 고맙다고 하였다. 그의 말을 직접 빌리자면 "가장 정교함이 빛난 순간은 식사 시간을 정확히 지켜서 굉장히 행복한 환경에서 일할 수 있도록 해준 것"이다. 끼니까지 거르게 하며 스태프들을 쉼 없이 혹사하는 장시간 촬영 관행에서 벗어나 일하는 시간과 휴식 시간, 식사 시간을 지켜가며 만든 영화라는 찬사다.

이에 대한 기자들의 질문에 봉준호 감독은 개인적 차원에서 수행한 일이라기보다 영화산업 현장에 존속했던 악습과 관행을 변화로 이끈 집단적 실천 덕분이라는 점을 시사했다. 이 지점에서 우리는 밥때를 지키며 영화를 만들 수 있었던 공이 노동조합 주도의 사회적 대화에 있었다는 점에 주목할 필요가 있다.

제도화의 공백 속에서 노동조합 주도로 노사정 대화의 장이 마련되어 노사정 이행협약이 체결됨으로써 영화산업 내 적정 노동기준이 확립될 수 있었고, 이로 인해 비로소 제때 밥 먹고 제때 쉬면서 영화를 촬영할 수 있는 환경이 조성되었기 때문이다.

공공운수노조 전국영화산업노동조합은 영화진흥위원회, 영화제작가협회, CJ E&M, CJ CGV, 쇼박스, 롯데시네마, 롯데엔터테인먼트, 넥스트엔터테인먼트 월드, 메가박스와 국회 문화체육관광위원회 소속 국회의원들로 대표되는 사회적 파트너 간 대화를 추진하였다. 그 배경에는 노동조합 조직률이 10% 안팎이어서 임금·단체협약의 적용률이 낮고, 이로 인해 단체교섭과 단체협약 체결만으로는 열악한 촬영 현장의 현실을 바꿀 수 없다는 문제의식이 있었다.

영화산업 노사정 대화는 2012년 1차 노사정 이행협약, 2013년 2

차 노사정 이행협약, 2014년 3차 노사정 이행협약으로 이어졌으며 이 과정에서 협약내용과 참여 주체의 외연과 범위도 확대되었다. 최종 3차 협약의 내용은 '훈련인센티브 제도 기금 마련 및 추진, 협약 당사자들 투자 제작 시 4대 보험 적용, 표준근로계약서 적용, 단체협약 준수, 영화산업 표준임금 가이드라인 적용, 영화 신문고에서 확인된 임금체불 중인 제작사에 대한 투자·배급·상영 금지, 임금체불 방지를 위한 영화근로자 임금별도관리 제도 도입'을 포함하였다.

과거 영화산업에서는 대부분 '통계약'이라는 형태로 도제 대표가 제작사와 도급계약을 체결한 후 나머지 팀원들에게 계약금과 잔금을 분배하는 관행이 지배적이었다. 팀은 막내로 불리는 최하위 조수부터 제3조수(서드), 제2조수(세컨드), 제1조수(퍼스트)로 서열화되어 있어서 보수도 이에 따라 차등적으로 정해졌다. 막내의 경우에는 종종 무보수나 최저 수준의 보상만을 받으며 일하는 경우가 잦았다고 한다.(노동조합 간부 인터뷰) 또한 이와 같은 계약 관행으로 인해 스태프들이 전반적으로 만성적 저임금과 임금체불 등의 문제를 겪고 있었으며 장시간 촬영으로 휴식권도 제대로 보장받지 못했다.

1~3차에 이르는 노사정 이행협약은 이러한 관행을 타파하기 위한 산업 수준의 기본적인 노동기준을 확립함으로써 촬영 현장을 실질적으로 개선하는 역할을 하였다. 우선 노사정 이행협약은 영화산업 내 표준근로계약서 도입과 정착 계기를 마련했다. 표준근로계약서 내용에는 '주 40시간 근로시간', '시간외근로에 대해 수당 지급', '4대 보험 가입', '1일 유급 주휴일', '연차유급휴가', '산업안전과 재해발생 시 보상조

치' 등이 담겼다.

그러므로 노동조합은 전혀 보호받지 못하던 노동시장에 표준적인 노동기준을 확립함으로써 밥때를 지키며 일할 수 있는 환경을 만든 것이다. 또한 단속적 고용의 특성상 휴지기에 나타날 수 있는 생활 불안과 숙련 감소 등의 문제를 해결하기 위해 실업기간 노사 공동 교육을 수료한 스태프에게 생활지원금 100만 원을 지급하는 훈련인센티브 제도를 도입한 것도 주목할 만한 성과라고 할 수 있다.

이 사례는 사회적 대화를 통한 표준 확립(standard setting) 전략의 효과를 입증한다. 히어리 외(Heery et al., 2004)는 프리랜서 노동조합의 변별적 특성을 조합원들의 유동적 경력을 지원하는 외부 노동시장의 조직화와 이해대변 기능에서 찾고 있다. 전국영화산업노조의 전략도 이와 유사하다.

노동조합은 단일 사용자(single employer)를 대상으로 개별 사업장에 적용되는 임금·단체협약을 체결하는 전략에 의존하기보다 영화진흥위원회와 한국영화제작가협회, 그리고 주요 투자 배급사들 및 국회의원과의 노사정 대화와 협약을 통해 표준근로계약서 작성, 체불임금 금지, 적정임금 기준 마련 등 산업 전체에 적용될 최저기준을 확립하는 전략을 추구하였다.

노동조합이 보기에 개별 기업과의 단체협약은 적용률이 낮아 촬영 현장 전반에 퍼져 있는 불공정 관행과 악습을 철폐하는 데 한계가 있을 수밖에 없었다. 이러한 한계를 보완하기 위해 노동조합은 노사정 사회적 대화를 통해 외부 노동시장 전체를 규율할 수 있는 표준을 확립하고자 한 것이다. 즉, 미조직 스태프들까지 포괄하여 산업 전체에 적용될 보편적 기준으로서 '노사정 이행협약'을 체결한 것이다.(권혜원·권순원, 2016; 이창근 외, 2021) 이는 프로젝트형 노동시장의 불안정 프리랜서 노동자들이 스스로 당사자가 되어 노동조합 주도의 사회적 대화와 협약을 이끌어 촬영 현장에 변화의 파동을 일으킨 사례로서 의미가 크다.

도로 안전과 화물노동자 생존권·노동권 보장을 위한 안전운임제

화물노동자들은 열악한 운임 수준으로 인해 과로·과속·과적 운행에 내몰려 노동의 존엄성을 상실한 채 건강과 안전을 위협받고 있었다. 이들은 특수고용 노동자 신분이어서 근로기준법과 노동조합 및 노동관계조정법(노조법)상 근로자로 인정되지 않아 법상 권리를 보호받지 못하고 노동권 행사에도 제약을 받고 있었다.

화물운송업의 구조적 조건은 상황을 더욱 악화시켰다. 외주화와 최저입찰제 관행으로 인해 낮은 운임 구조가 고착되었고, 최저임금과 같은 최소한의 보호 장치조차 없는 조건에서 오랜 기간 임금과 노동조건의 하향평준화가 이루어져 노동자들의 취약성과 불안정성이 더욱 강화된 것이다. 이와 같은 문제를 해결하기 위한 대안으로 안전운임제가 제시되었다.

화물자동차 운수사업법(화물자동차법) 제2조제13호에서는 화물자동차 안전운임을 "화물차주에 대한 적정한 운임의 보장을 통해 과로, 과속, 과적 운행을 방지하는 등 교통안전을 확보하기 위하여 필요한 최소한의 운임"으로 정의하고 있다.

그동안 화물노동자들은 이와 같은 최소한의 운임을 보장받지 못함으로써 무리해서 과로·과속·과적 운행을 할 수밖에 없었고, 이로 인해 휴식이 있는 인간다운 삶이 사라진 자리에서 과로와 수면 부족에 시달리며 졸음운전, 과속·과적 운행을 하며 늘 건강 악화와 사고의 위험을 안고 일하는 상황에 있었다. 이러한 과로·과속·과적 운행 상황을 막고 노동자와 도로 안전을 지키려면 적정운임을 보장하는 것이 필요하다는 문제의식에서 도입된 제도가 안전운임제였다.

안전운임을 결정하는 곳은 국토교통부 장관 산하 안전운임위원회다. 이 위원회는 화주 대표 3인, 운수사 대표 3인, 화물노동자 대표 3인, 공익 대표 4인으로 구성되었다. 이와 같은 제도가 만들어질 수 있었던 배경에는 2018년 시작되어 수십 차례 이어진 국토교통부와 화주·화물차주·운송업체 간 협의가 있었다.

갈등 속에 이어진 대화와 협의를 통해 도달한 안전운임위는 최종 합의안에서 안전운임제 도입, 과적을 줄이기 위한 삼진아웃제, 운임 저하를 막기 위한 참고원가제, 근무환경 개선을 위한 휴게시간 의무화 등의 내용을 담은 법 개정을 확약했고, 그 결과 화물자동차법 개정안이 통과되어 2020년부터 시행되었다.(장홍근 외, 2023b)

이 사례는 운수사업자들의 거센 반발로 일몰조항을 포함하여 법제화되었다. 이로 인해 2022년 12월 31일까지 한시 시행을 조건으로 특수자동차로 운송하는 컨테이너와 시멘트 품목에 한정하여 운용되는 한계가 분명했지만, 노동조합(화물연대)이 주도적으로 참여하는 사회적 교섭과 합의를 통해 화물운송업 내 적정운임과 노동기준을 만들었다는 데 의의가 있다. 즉 무분별한 비용절감 논리에 의한 운임 하향화 경향을 억제하고 적정운임에 대한 산업 표준을 마련하였다는 데 의미가 크다.

안전운임위를 통해 결정된 운임과 노동조건은 컨테이너와 시멘트를 운송하는 화물차 전체에 적용됨으로써 사실상 초기업 수준의 표준임금을 확립하였다. 비록 모든 화물차에 적용되지 못했으나 과로·과속·과적에 의한 사고 위험에서 화물노동자들을 보호하여 존엄한 노동을 향해 나아갈 발판을 만들었다.

안전운임위에 참여하는 화물차주 대표위원 3인은 화물연대 소속으로 노동자를 대표한다. 사용자 측에서는 개별 기업이 아닌 화주단체(무역협회·대한상공회의소·시멘트협회)와 운수사단체(통합물류협회·전국화물자동차운송주선사업연합회·주선연합회)가 교섭에 참여했다. 그러므로 사회적 대화를 통한 안전운임위의 안전운임 결정은 사실상 초기업적 중앙교섭의 특징을 갖는다.(박귀란, 2024) 이는 화주의 책임을 강화하며 그동안 특수고용 노동자 신분이어서 노동권의 제약을 받던 화물노동자의 단체교섭권을 강화하는 효과를 발휘하기도 했다.

결론적으로 안전운임제는 조직된 노동자의 힘을 바탕으로 미조직 노동자까지 포함한 해당 화물차주 운임을 결정하는 제도다. 이로써 지역, 사업장, 노조 유무에 따라 다르게 책정되던 운임이 안전운임위로 일원화되어 결정됨으로써 내부 격차를 줄임과 동시에 운임단가 하향 경쟁을 억제하여 상향평준화의 기반을 닦았다.

그러나 안전운임제 일몰 이후 운임이 삭감되고 노동조건이 대거 후퇴하고 있어서 화물노동자들의 생존권과 노동권, 건강과 안전이 다시 위협받는 상황이다. 화물운송업 사회적 대화의 과제는 분명하다. 일몰제를 폐지하고 특정 품목에 적용되던 안전운임제를 타 품목으로 확대 적용할 방안을 모색하는 것이다. 적정운임 보장으로 화물노동자들의 존엄한 노동과 모두의 안전을 지키는 길로 모든 화물차를 몰고 나아가야 한다.

복합위기 시대 사회적 대화의 과제: 탈탄소, 불평등 해소와 존엄한 노동을 위하여

앞서 우리는 근로기준법의 사각지대에 있는 프리랜서, 특수고용·플랫폼 노동자들이 사회적 대화를 통해 노동 현장을 바꾸고 일자리 질을 개선한 사례를 살펴보았다. 임금과 노동조건의 경쟁에 의한 '바닥을 향한 질주(race-to-the-bottom)'를 막아내고 산업이나 업종 수준에서 적정 노동기준을 확립하여 노동자들의 생존권·노동권·건강권 보장을 향해 나아갈 수 있던 것이다. 이 과정에서 당사자 주도의 사회적 대화는 초기업적 단체교섭의 대체재나 보완재로서 업종이나 산업 전체에 적용될 수 있는 합의안을 만들기도 하였다.

손영우(2018)는 '을'의 목소리가 표출될 수 있는 통로가 필요하며, 미조직 취약 노동의 경우 공적 권위의 지원을 받아 사회적 대화에 참여하여 목소리를 낼 수 있도록 해야 한다고 주장한 바 있다. 불평등, 기후위기, 디지털 전환에 따른 불안정성 강화 등 복합위기가 심각해지는 오늘날 중앙, 지역, 산업과 업종 수준에서 다양한 경로를 통해 중층적 사회적 대화 채널이 만들어지고 이를 통해 '을'의 목소리가 표출될 필요가 있는 것이다.

경사노위 계층별위원회·플랫폼산업위원회나 영화산업 노사정 대화, 국토교통부 안전운임위원회처럼 다양한 수준에서 취약 노동자의 적정소득 보장, 노동조건 개선과 사회 보호 방안을 마련하기 위해 노사정 주체들이 참여하는 사회적 대화 채널을 확산해야 할 것이다.

노동의 미래와 관련하여 향후 사회적 대화가 포괄해야 할 핵심 의제를 제시하는 것으로 글을 마치고자 한다. 먼저 청년, 여성, 비정규직, 특수고용·플랫폼 노동자, 프리랜서처럼 불안정성과 취약성이 증가하고 있는 노동 계층의 권익 보장과 격차 해소를 위한 노동·사회정책 도입과 실행을 위해 중앙 수준에서뿐만 아니라 지역·업종별로 다양한 채널을 마련하여 사회적 대화를 지속해야 한다. 특히 업종별 사회적 대화는 단순한 정책 협의를 넘어 초기업 단체교섭에 상응하는 협의와 교섭 기능을 통해 실질적인 불평등 완화 효과를 위한 구체적 정책 대안을 마련하는 데까지 나아갈 필요가 있다.

둘째, 돌봄 경제의 구축과 돌봄노동 존중을 위한 사회적 대화의 장이 마련될 필요가 있다. 돌봄 경제 구축을 의제로 하여 초고령사회의 필수 과제로서 돌봄 수요 충족을 위한 공공 돌봄 시설과 돌봄 지원 확충 방안을 모색해야 할 것이다. 또한 코로나19 위기를 통해 우리는 돌봄노동의 사회적·공적 가치와 필수노동으로서의 가치를 확인할 수 있었으나 현실에서 돌봄노동은 저평가되어 돌봄 노동자들은 최저임금 수준의 저임금을 받으며 열악한 노동조건에서 일하고 있다.

그러므로 향후 돌봄 노동자의 존엄한 삶과 노동을 보장하기 위해 돌봄노동의 공적 가치를 고려한 합리적 임금체계가 마련될 필요가 있다. 이를 위해 노사정이 대화·협의기구를 설치하여 직무가치가 반영된 합리적 임금체계를 구축하고 돌봄 노동자의 노동조건 개선 방안을 마련해야 한다.

마지막으로 디지털 전환과 기후위기 속에서 고용 위기, 숙련과 노동조건 하락, 불평등 심화 등의 부정적 영향이 극대화될 수 있으므로 탈탄소 의제를 사회적 포용, 노동존중 의제와 결합할 방안이 여러 층위에서 모색될 필요가 있다. 그린뉴딜과 정의로운 전환을 위한 사회적 대화와 해법이 마련되어야 하는 것이다.

석탄화력발전, 내연기관 자동차, 철강 등 기후위기 관련 리스크가 큰 산업이나 그와 같은 산업이 집중된 지역에서 지방정부, 노동조합과 사용자, 환경단체와 활동가들이 사회적 대화를 통해 정의로운 전환을 추구할 필요가 있다. 탈석탄·탈탄소 과정이 산업공동화와 지역공동체 파괴, 좋은 일자리 소멸로 귀결되지 않고 양질의 녹색 일자리 창출, 격차 해소 등의 정책과 연계될 수 있도록 해야 할 것이다.

13

이주노동자와 공존하며 살아가기

정흥준
서울과학기술대학교 경영학과 부교수

늘어나는 이주노동자

노동시장에 달라진 풍경 중 하나는 이주노동자들이 크게 늘어난 것이다. 먼저 이주노동자와 외국인 노동자라는 용어가 모두 사용되고 있어 그 개념부터 명확히 할 필요가 있다. 외국인 노동자는 적법한 체류 지위를 가진 노동자만을 의미하지만 이주노동자는 미등록 체류자도 포함한다. 이 글은 미등록 체류자 신분의 노동자도 노동시장에서 취업 활동을 하고 있으므로 이주노동자로 통일하여 사용한다.

법무부에 따르면 2024년 한국에 체류하고 있는 외국인은 265만 명이다. 2020년 체류 외국인 수가 204만 명이었는데 4년 만에 29.9% 늘어난 셈이다. 유학생, 취업비자를 가진 외국인, 결혼이민, 영주 자격을 가진 외국인 등 거의 모든 분야에서 외국인들이 늘고 있다. 국가별로는 중국, 베트남, 태국, 미국 순으로 많다.

한국에 체류하는 외국인이 왜 늘어나는 것일까. 여러 가지 이유가 있을 수 있으나 이주노동자의 입장에서 한국은 일자리가 많고 상대적으로 임금이 여타 아시아 국가들에 비해 높아 이주노동자가 한국에서 일하기를 희망하기 때문이다. 결혼이민과 유학생도 큰 부분을 차지하고 있으나 체류 외국인 중 가장 큰 비중은 취업자가 점유하고 있다.

대표적인 취업비자는 비전문취업(E-9) 비자와 방문취업(H-2) 비자다. 2004년 지금의 고용허가제가 도입되면서 제조업·건설업 등에서 일할 수 있는 단순기능 E-9 비자와 재외동포의 방문취업 비자인 H-2 비자가 만들어졌고 해당 비자를 가진 인력이 노동시장에 대거 유입되었다. 2024년 3월 현재 E-9 비자를 가진 인력은 31만3천85명이며 H-2 비자 인력은 10만835명이다. 우리나라에서 외국인이 취업하려면 〈표 13-1〉과 같은 체류 자격을 가지고 있어야 한다.

현재와 같은 고용허가제가 도입되기 이전에는 산업기술연수생제도가 존재했다. 산업기술연수생제도는 1991년 처음으로 도입되었는데 1994년부터 본격적으로 시행되었다. 산업기술연수생제도는 표면적으로는 기술을 배우는 연수였지만 실제로는 중소기업에 부족한 노동력을 공급하려는 의도로 운영되었다.(김기태 외, 2020) 산업기술연수생제도는 연수생 중 상당수가 불법체류로 빠지고 사업주는 이들 외국인에게 인권 침해를 자행해 개편의 필요성이 대두되었다. 외국인근로자의 고용 등에 관한 법률(외국인고용법) 제정에 따라 2004년 고용허가제가 시행되고, 마침내 기술연수생제도는 2007년 폐지되었다.

고용허가제는 정부에 의한 직접적인 관리, 정주화 방지, 국내 노동시장 보충, 기본적인 인권 보장 등을 특징으로 하는데 이는 산업기술연수생제도에서 진일보한 것으로 평가받는다.(김기태 외, 2020) 고용허

〈표 13-1〉 취업비자의 종류

체류 자격	활동 범위
C-4	단기취업
E-1	교수
E-2	회화지도
E-3	연구원
E-4	기술지도
E-5	전문직업 (변호사, 회계사 등)
E-6	예술, 체육계 종사자
E-7	특정 전문직
E-8	계절근로
E-9	비전문취업
E-10	선원취업
F-2	거주
F-4	재외동포
F-6	결혼이민
H-1	관광취업
H-2	방문취업

가제는 정부가 송출국가와 양해각서를 체결하고, 총리실 산하의 '외국인력정책위원회'는 산업별 외국인력 규모 등을 결정해야 한다.

고용허가제로 입국한 외국인 노동자들은 3년간 취업활동을 보장받고 고용주의 요청이 있을 시 1년 10개월을 연장하여 총 4년 10개월을 체류할 수 있으며 건강보험 및 산재보험은 의무가입, 고용보험은 임의가입을 할 수 있다. 국민연금은 송출국가와 맺은 협정에 따라 다르게 적용된다.

이주노동자와 노동시장

이주노동자의 증가는 경제와 사회 전체에 많은 영향을 미치는데 긍정과 부정 효과가 모두 가능하다. 긍정적인 면은 국내에 체류하는 이주노동자가 늘수록 부족한 내국인을 대신하여 생산을 원활하게 유지할 수 있으며 이는 한국의 경제 성장에 바람직한 결과를 가져온다. 그러나 이주노동자가 늘어날수록 내국인 중 저숙련 노동자의 일자리를 대체할 수 있으며 외국인 노동자 차별 등 인권 침해가 발생할 가능성도 커지기 때문에 부정적인 측면이 동시에 존재한다.

선행연구는 대체로 외국인 노동자의 증가가 국내 저임금 노동자의 임금인상을 억제하고 내국인 중 저숙련 노동자의 일자리에 부정적인 영향을 미칠 가능성이 크다고 지적해 왔다. 예를 들어 이규용(2017)은 국내 이민자 대부분이 상대적으로 숙련도가 낮은 직종에 종사하고 있음을 지적하였는데 한진희·최용석(2006)에 따르면 저숙련 이주노동자는 저숙련 남성 노동자의 일자리를 대체하는 것으로 나타난다. 다만 한진희·최용석(2006)의 연구는 산업기술연수생을 대상으로 한 분석이라 해석상 주의가 필요하다.

최근의 연구로 가윤한·최영준(2024)은 E-1~E-10 비자와 H-2 비자를 가진 고용허가제 신분의 이주노동자가 내국인 노동자의 고용에 미친 영향을 연령대별로 나누어 분석하였는데, 그 결과 청년층 이주노동자는 청년층 내국인 노동자의 고용에 부정적인 영향을 미치는 것으로 나타났으며 중년층에는 긍정적인 영향이 있었다. 이러한 결과는 청년층 이주노동자가 국내 청년 노동자를 대체하는 효과가 있지만 장년층에는 오히려 보완효과가 있음을 보여주는 것이다. 청년층 노동자가 청년층 이주노동자로 인해 청년 시기에 일자리를 갖지 못할 경우 장기실업에 빠질 가능성이 있음을 시사한다.

이주노동자가 국내 저숙련 또는 청년 노동자 일자리에 부정적인 영향이 있을 수 있으나 그렇다고 할지라도 이주노동자 수요가 줄어들 것 같지는 않다. 기존 연구는 비전문직 외국인 노동자의 고용이 기업 성과에 긍정적임을 보여주기 때문이다.

강동관(2021)이 한국노동연구원의 '사업체패널조사'를 활용하여 분석한 결과 비전문직 이주노동자가 증가할수록 자산수익률(ROA)과 자본수익률(ROE)이 모두 증가하는 것으로 나타났다. 이러한 결과를 볼 때 비전문직 외국인 노동자인 E-9 비자나 방문취업 H-2 비자를 가진 이주노동자들은 생산에 긍정적인 영향을 미치며 내국인 노동자에 비해 인건비가 낮게 책정되어 있을 수 있다.

최근 통계는 이주노동 관련 단순기능 E-9 인력과 함께 전문 인력인 E-7 인력이 크게 늘어나고 있음을 보여준다. 2024년 E-9 비자는 2020년에 비해 16.6% 증가한 것으로 나타났고, E-7 비자는 2020년에 비해 무려 108%나 증가한 것으로 나타났기 때문이다.([그림 13-1])

[그림 13-1] 비전문 외국인 인력과 전문 외국인 인력

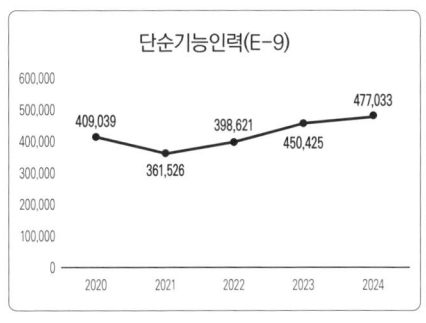
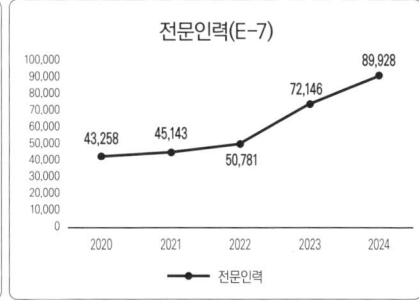

이처럼 비전문직 이주노동자만이 아니라 전문기능직 이주노동자가 크게 증가한 것은 내국인 인력이 부족한 조선소 등의 용접·도장업에 E-7-3 비자를 허용했기 때문이다. 조선소 생산직의 경우 원청 정규직이 20%에 불과하며 나머지 80%는 사내하청에 속한 비정규직들이다.

문제는 조선소 사내하청 노동자의 임금이 유사한 기술을 가지고 있는 건설업 노동자 임금에 비해 낮지만 노동강도나 작업 시 위험도는 더 높다는 것이다. 또한 주기적으로 조선소의 불황 때마다 고용불안도 커 내국인들이 점점 기피하게 된 것이다. 내국인 인력이 부족하다 보

니 이주노동자를 통해 빈자리를 채워야 했고, 정부는 조선소 도장 및 용접에 E-7-3 비자를 허용했다.

앞으로도 전문직 이주노동자는 점점 늘어날 수 있다. 특히 숙련기술 인력의 장기체류 자격을 주는 E-7-4 비자 확대로 내국인 인력이 부족한 뿌리산업 기능공, 농림축산어업 분야 숙련기능공, 일반 제조업 및 건설업 숙련기능공 등이 늘어날 수 있다.

이주노동자를 둘러싼 쟁점

생산가능인구는 점점 줄어들고 제조업 및 서비스업 등에서 인력 부족이 현실화되면서 이주노동자의 활용을 둘러싸고 다양한 쟁점이 나타나고 있다. 그중 하나는 이주노동자를 기업의 수요에 맞게 확대하자는 주장이다. 주로 경영계에서 제기하는 주장으로 부족한 인력을 이주노동자로 대체하자는 주장이다. 이에 대한 우려의 목소리도 존재한다. 필요한 만큼 이주노동자를 활용하는 것은 단기적으로 장점이 많은 것처럼 보이지만 장기적으로는 내국인 일자리와 저숙련 일자리의 전반적인 처우에 부정적인 영향을 미칠 가능성이 크다는 주장이다.

다음으로 이주노동자 처우와 관련해서도 쟁점이 존재한다. 중소기업과 영세사업주들은 이주노동자에게 내국인과 동일한 최저임금과 주 52시간제 등 동일한 노동조건이 아닌 차등적인 노동조건을 적용해야 한다고 주장한다. 이주노동자는 한국어 의사소통 능력이 낮고 지식도 부족해 생산성이 낮다는 것이 주된 근거다.

시민사회단체는 국제노동기구(ILO)가 협약 제97조와 제143조에서 이주노동자에게 내국인과 동등한 대우를 하라고 권고하고 있으므로 내국인과 차별적인 노동조건에 반대한다는 입장을 명확히 한다. 비록 우리나라는 ILO의 이민노동 관련 협약 제97조(취업이주 협약)를 비준하지는 않았으나 국제무역 등을 고려하여 노동인권 관련 국제 표준을 따르는 것이 바람직하다.

마지막으로 이민노동에 적극적인 그룹에서는 이주노동자가 취업 기간이 끝나면 본국으로 돌아가는 것이 아니라 한국에 정주할 수 있도록 정주 여건을 개선해야 한다고 주장한다. 이런 주장은 이주노동자가 급격한 인구감소 및 이로 인한 저성장 경제를 어느 정도 완화할 수 있을 것이라는 기대에서 출발한다. 이주노동자 정주에 신중할 필요가 있다는 반대의견도 적지 않다. 이주노동자가 정주하게 되면 자녀 교육이나 사회안전망 등에 대한 사회적 투자가 동반되어야 하기 때문이다.

정부의 이주노동 정책 평가

이주노동자가 늘면서 현실적인 쟁점이 다양하게 드러났지만 정부 정책은 쟁점을 따라잡지 못한다. 그동안 정부의 이주노동자 정책은 고용허가제로 대표되어 왔으며 이는 취업 이주 노동자에게 최장 4년 10개월 동안 취업 기회를 부여하되, 정주를 최소화하는 방향이었다.

정부는 총리실 산하에 외국인고용정책위원회를 두어 외국인 고용정책을 논의한다고 하지만 현실에서는 고용노동부가 중심이 되어 E-9이나 E-7 등 주요 취업비자의 산업별 규모를 정하거나 법무부 주도로 불법체류자 단속 등을 논의하는 수준이었다.

정부 정책은 앞서 살펴본 다양한 쟁점의 해결 방안을 논의하는 데까지 나아가지 못하고 있다. 예를 들어 향후 이주노동자가 얼마나 늘어날 것으로 전망하는지, 취업 중인 이주노동자의 실태는 어떠한지, 이주노동자가 내국인 일자리 및 처우에 어떤 영향을 미치는지, 불법체류 상태인 미등록 이주노동자 규모는 어느 정도인지, 불법체류 상태의 이주노동자를 어떻게 양성화할 것인지, 이주노동자가 어떤 산업에서 어느 정도 필요한지, 이주노동자의 생산성 향상과 삶의 질과 문화적 이해를 높일 수 있는 한국어 교육은 어떻게 설계할지 등 제기되는 질문은 다양한데 이에 대한 정부의 계획이나 대책은 모호한 상황이다.

가장 걱정스러운 것은 정부의 계획이나 대책이 우리가 잘 모르는 것이 아니라 존재하지 않을 수 있다는 것이다. 윤석열 정부에서는 '노동' 예산을 삭감하면서 이주노동자를 지원하고 한국어 교육 등을 하는 노동자지원센터가 폐쇄되기도 하였다. 정부는 비난이 거세지자 일부 예산을 살려 전국에 9개소를 3년 동안 지원한다고 밝혔다.

중앙정부만이 아니라 지방자치단체도 이주노동자 대책이 부족하기는 마찬가지다. 예를 들어 지방자치단체 가운데 이주노동자 유치·지원 등을 총괄하는 부서가 있는 곳은 광주 광산구, 울산 북구 등 매우 제한적이다. 지방자치단체는 수도권에 비해 지역 경제와 인구를 유지하기 어렵다. 또한 산업단지와 농공단지 등에 안정적으로 일할 수 있는 인력의 공급이 매우 중요하다. 이러한 이유로 지방자치단체는 수도권에 비해 이주노동자 의존도가 높다고 할 수 있으나 반대로 이주노동자들은 내국인과 마찬가지로 수도권에서 근무하기를 희망하므로 지방자치단체는 시간이 지날수록 이주노동자 확보가 어려울 수 있다.

중앙과 지방자치단체의 체계적인 이주노동자 정책이 부족한 데 비해 이주노동자 수요가 늘어나고 한국에 거주하는 외국인의 수도 증가하면서 최근에는 이민청 설립 필요성도 커지고 있다.

이주노동 정책 방향

이주노동자와 관련해 필요한 만큼 활용할 수 있다는 고정관념을 수정해야 한다. 이주노동자 활용은 기업의 수요만이 아니라 우리 사회 전체에 미칠 영향을 충분히 고려해야 하기 때문이다.

생산가능인구가 급속도로 줄어들지만 자동화 등 생산방식은 줄어든 인력을 대체할 정도가 아니어서 당분간 이주노동자에 대한 수요가 커질 수밖에 없고 이에 대한 국민적 공감대도 폭넓게 존재한다. 따라서 이주노동자 활용을 반대하는 것이 아니라면 이주노동자를 우리 경제에 도움이 될 수 있도록 활용하되, 그들도 한국에서 기회를 가질 수 있는 원칙이 정책에 반영되어야 한다.

첫째, 이주노동자를 도구로 보지 말고 그들의 인권을 존중하고 차별하지 않는 정책을 수립해야 한다. 이주노동자는 우리나라에 돈 벌러 온 사람이기도 하지만 우리가 필요해 초청한 노동자이기도 하다. 따라서 이주노동자에게 상대적으로 높은 임금을 지불하므로 필요하면 아무렇게나 쓸 수 있다는 잘못된 인식을 고쳐야 한다. 이전에 비해 국민의 인권 감수성이 높아지기는 하였으나 여전히 일부 사용자의 반인권적인 고용관행이 남아 있기도 하다. 이를 바로잡기 위해서는 이주노동자 인권 개선 국민캠페인과 함께 ILO의 이주노동 관련 국제협약인 제97조와 제143조의 비준을 추진할 필요가 있다. 두 협약을 비준할 경우 국내법과 동일한 효력을 가질 수 있기 때문이다.

둘째, 이주노동자와 내국인이 바닥을 향한 경쟁에 내몰리도록 해서는 곤란하며 양질의 일자리로 꾸준히 개선해야 한다. 이주노동자와 내국인 간의 불필요한 갈등을 줄이기 위해서는, 이주노동자가 내국인 일자리를 대체하는 것이 아니라 보완적 역할을 하도록 해서 궁극적으로 내국인 일자리의 양과 질에 긍정적인 기여를 하는 것이다. 이를 위해서는 정부의 역할이 중요하다. 내국인과 이주노동자를 상대로 더 낮은 노동조건을 내건 경쟁을 부추겨서는 곤란하다. 오히려 내국인이 기피하는 일자리를 개선하여 내국인을 최대한 활용하되, 그래도 모자란 일자리에 이주노동자를 활용하여 궁극적으로 경제 전체에 기여할 수 있도록 해야 한다.

셋째, 중견기업과 대기업의 이주노동 활용은 엄격한 제한이 필요하다. 최근 이주노동자에 대한 수요가 늘면서 중소기업이 아닌 중견기업과 대기업도 인건비 경쟁력이 있는 이주노동자를 업무에 활용할 수 있도록 승인해 달라는 요구가 늘고 있다. 예를 들어 중견기업들이 E-9 이주노동자 고용을 요구하자 최근 고용노동부는 비수도권 뿌리기업에 이를 허용하기도 했다. 또한 조선소 원청의 경우 E-7-3 이주노동자를 직접고용하고 있기도 하다. 그러나 중견기업과 대기업은 고용에 대한 사회적 책임이 크고, 청년 등 내국인도 취업을 희망하므로 이들을 우선 고용하는 것이 바람직하다. 정부 역시 국민의 일할 권리 실현을 위해 대기업의 이주노동력 활용을 통제할 책임이 있다.

넷째, 유학생을 포함해 이주노동자를 인적자원으로 보고 이를 개발할 프로그램을 구체화해야 한다. 현재 국내 유학생은 18만 명 수준으로 해마다 늘고 있다. 국내 유학생은 상대적으로 한국어 능력이 우수하고 대학에서 학습을 통해 한국문화 이해도가 높다. 따라서 교육부와 고용노동부는 우수한 유학생을 대상으로 한국에 정주하면서 고숙련 노동자로 성장할 수 있도록 더 많은 프로그램을 개발할 필요가 있다. 유학생의 국내 정주 확대는 학생이 줄어드는 수도권 이외 대학의 경쟁력 유지와도 관련되어 있으므로 경제만이 아니라 교육에도 영향을 미친다. 한편 E-7과 E-9 비자를 가지고 입국한 취업 이주노동자에게도 교육훈련을 통해 숙련향상 기회를 제공할 필요가 있다.

다섯째, 지방자치단체가 주도적으로 이주노동자 지원·정주 대책을 마련해야 한다. 지방소멸이 가시화되고 있는 가운데 이주노동자의 정주는 지역의 중요한 현안이 되었으나 이를 위한 구체적인 계획은 부족한 상황이다. 이주노동자가 밀집해 있는 지역은 다문화가정만이 아니라 유학생과 취업비자로 입국한 이주노동자의 정주를 위한 구체적인 정책을 수립할 필요가 있다. 최근 중앙정부는 이주노동자를 지원하는 우수 지자체를 선발, 시상하고 있으나 여기에 그치지 말고 지방자치단체 스스로 주도적으로 이주노동 관련 정책을 개발하는 역할을 해야 한다.

이주노동자와 더불어 살아가는 공동체

원하든 원하지 않든 외국인 거주자는 우리나라 전체 인구의 5%에 이르렀으며 앞으로 내국인 인구가 감소함에 따라 외국인 거주 비중은 더 커질 것으로 예상되어 이주노동자와 어떻게 공존할 것인가는 미룰 수 없는 과제가 되었다.

미국·유럽 등 서구의 선진국들은 이민노동에 대해 많은 경험을 축적했으며 이민 관련 정책도 다양하게 고민해 왔다. 이에 비해 우리나라는 지금부터 본격적으로 이주노동자 정책을 체계화하고 수립해야 할 상황이다.

중요한 것은 우리가 지배적인 지위에서 필요하면 쓰고, 필요 없으면 버리는 이기적인 태도로는 이주노동자와 함께 살아갈 수 없으며 이주노동자도 지금처럼 한국을 선호하지 않을 것임을 잊어서는 안 된다. 지금 우리에게 필요한 것은 이주노동자가 우리의 노동시장 및 사회에 미칠 영향을 객관적으로 분석하여 장기적으로 비전을 갖고 필요한 정책들을 조심스럽게 세워가는 일이다.

3부

정의로운 노동을 위한 미래 과제

14

노동의 미래를 위한 전략

조건준
아무나유니온 대표

정은 왜 떨어질까

압축성장으로 선진국이 되었으며, BTS와 봉준호 영화를 비롯한 한류가 세계로 뻗어나가고, 노벨 문학상까지 탄 '대한민국'을 일상에서 어떻게 체험할까. 양극사회, 경쟁사회, 차별사회, 혐오사회, 자살사회 등 부정적 체험이 있다. 다정한 사회를 충분히 체험하지 못한다. 그래서 사회를 설명하기 어려워한다.

2023년부터 다양한 산업의 노동자 인터뷰를 진행하면서 '사회' 또는 '사회성'을 물었을 때 바로 답하는 사람은 없었다. 우리는 일상에서 '사회'라는 단어를 꽤 쓴다. 정보통신 사회, 디지털 사회, 고령화사회 등에도 이 단어가 붙는다. 노사가 맺은 단체협약 맨 앞에 놓인 전문에도 이 단어가 등장한다. 협약을 만든 목적이 "정치·경제·사회·문화적 지위 향상"이라는 대목이다. 사회적 책무에 관한 단체협약 조항에는 '사회'라는 단어가 더 자주 등장한다. 그럼에도 불구하고 조합원과 간부들은 '사회'에 대한 이해가 높지 않고 설명도 어려워했다.

사회는 뭘까. 이 글에서는 '다양한 관계의 앙상블'로 본다. 인간은 태어나 혈연의 정이 흐르는 돌봄을 받고 자란다. 친구를 사귀면서 우정을 나누고, 연인을 만나 애정을 나눈다. 직업을 가지면 업무를 위한 관계를 맺고, 정당 활동을 하지 않더라도 투표권을 가지고 정치에 간헐적으로 참여한다. 시민단체나 노조에 가입하기도 한다. 이렇게 다양한 관계가 어울린 것이 사회다.

관계에 흐르는 에너지는 사뭇 다르다. 가족의 정, 친구의 우정, 연인의 애정과 달리 기업은 '돈'이 흐르는 관계다. 권력을 추구하는 정당에는 힘(권력)이 흐른다. 노조와 같은 시민결사체는 권리를 위해 동료애로 뭉친다. 오직 하나의 에너지만 흐르는 순수한 관계는 없다. 이윤을 추구하는 직업 관계에서도 우정이 생길 수 있고, 가족 사이에 혈연의 정보다 돈이나 권력이 스며 있을 수 있다.

관계의 앙상블이 깨지는 순간이 있다. 혈연의 정이 흘러야 할 부모 자식 관계를 권력욕이 지배하면 부모 형제도 죽일 수 있고, 돈이 지배하면 가족끼리 피 튀기는 싸움이 벌어질 수도 있다. 공동체 감각이 충만해야 할 국가는 권력이 압도할 때 독재나 전체주의가 된다. 이는 사회를 넘어선 '권력의 폭주'다. 돈이 지배할 때 경쟁·차별·불평등으로 절망의 세계가 된다. 이는 사회를 위협하는 '경제의 폭주'다.

정(情)은 가족에게 혈연적 애정, 친구에게 우정, 연인에게 애정으로 나타난다. 노조에서는 조합원의 동료애, 노동운동에서는 노동자 서로에 대한 동지애로 작동한다. 서로 아끼고 존중하는 우호적 에너지인 '정'이 사회적으로 나타나는 것은 동료시민을 존중하는 시민정신, 박애(博愛), 인류애다. '정'의·법·제도적 형태가 인간의 존엄을 위한 '권리'다.

이 글에서는 힘(권력)을 관계의 에너지로 하는 정당이나 정파, 돈을 관계의 에너지로 삼는 기업과 달리 권리를 에너지로 삼는 시민결사체를 구분한다.

권리 결사체는 사이에 있다. 국가권력과 개인, 기업과 개인 사이에 결사체가 있다. 국가권력은 강해서 개인과 견줄 수 없다. 뭉쳐서 집단을 이뤄야 국가권력을 향해 발언하고 요구할 수 있다. 기업은 돈의 힘을 가지고 있어서 노동자 개인과 견줄 수 없다. 노동자는 뭉쳐야 사용자에게 발언하고 요구할 수 있다. 이를 보장하는 것이 결사의 자유이고 노조할 권리다. 국가와 개인, 기업과 개인 사이에 시민단체와 노조라는 사회가 있다. 다르게 말하면 사회는 국가나 기업보다 가까운 '다정한 곁'이다.

인간은 태어났을 때 가족의 보살핌이 없이 생존할 수 없었다. 생계활동을 하기 어려운 황혼에도 마찬가지다. 요람에서 무덤까지 다정한 곁이 있어야 생존할 수 있다. 인간은 사회적 동물로서 본능을 가지고 있기에 진화를 통해 번식했지만, '권력의 폭주'나 '경제의 폭주'는 '다정한 곁'으로서 사회를 지워 버린다. 사회 없는 시민은 힘들다. 그런 동료 시민에게 지금 여기는 '정 떨어진 세계'며 이번 생은 망했다는 느낌이 든다.

'월천 킹산직' 탄생

2024년 5월, 대공장 노조를 상징하는 A기업의 현장 노동자를 만나 연봉을 물었다. 민주노조가 폭발적으로 들어선 1987년을 경험했으며 이젠 퇴직을 1년 남겨둔 그는 2023년 연봉이 1억2천만 원이라고 했다. 월 천만 원의 소득을 말하는 '월천'이다.

2024년 8~10월에 만난 민주노총 소속 중견 사업장 B와 C사의 조합원 연봉은 대략 8천만 원이 넘었다. 그 사업장들도 1987년 노동자 대투쟁 과정이나 그 힘이 흐르고 있던 즈음에 노조를 설립했다. 물론 사업장에 따라서 상황은 다르지만, 웬만한 민주노조 조합원 연봉은 국민 평균소득을 넘어선다. 8천만 원 이상의 연봉을 받으면 상위 10%에 해당한다. N분의 1보다 더 많이 가져가는 위치에 있다. 착취당하는 위치가 아니다. 그래서 '킹산직'이라는 이름을 얻었다.

한국의 노동운동, 민주노조운동은 성공한 것일까. 연봉을 가지고 성공 여부를 따지는 것은 지극히 납작한 경제적 기준으로 보는 것이다. 1987년을 본격적인 출발로 본다면 37년의 역사를 가진 한국 노조운동을 평가하는 것은 매우 다양한 요소를 고려해야 한다.

2023년 한국비정규노동센터 교육위원회에서 실시한 100명의 노동자 인터뷰에서는 사회성과 집단성이라는 기준을 가지고 노조의 성격을 진단했다. 집단성은 노동과정의 집단성, 즉 노동자들이 얼마나 모여서 함께 집단을 이뤄 협업하는가를 의미한다. 모여서 함께 일하면 노조로 뭉치는 데 유리하다. 그러나 최근에 늘어난 프리랜서는 흩어져서 일하기 때문에 뭉치기 어려운 조건이었다.

사회성에 대해 인터뷰 참여자들은 다양하게 받아들였다. 일반적으로는 사교성으로 생각했지만 돈벌이를 위한 생계형, 취미를 공유하는 등 친교형, 서로 모여서 권리를 높이려는 권리형 사회성 등 다양하다. 그러나 이를 엄격하게 구분하지 않고 직관적으로 답하도록 했다. 두 가지 측면을 가지고 노조 유형을 구분하면 아래 [그림 14-1]에서 보듯 네 가지 유형으로 나타낼 수 있다.

[그림 14-1] 사회성과 집단성 기준 노조 성격 분류

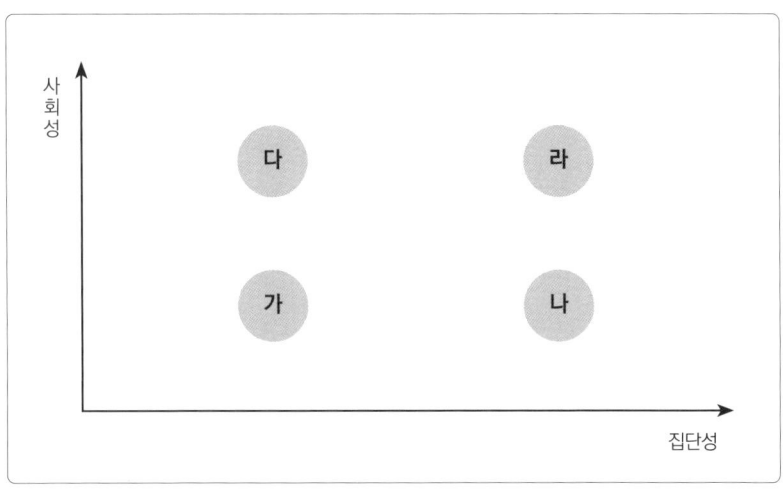

'가' 유형은 집단성도 낮고 사회적 권리의식도 높지 않아 노조를 만들기 어렵거나, 만들어도 약한 노조로 머물 가능성이 크다.

'나' 유형은 집단성은 높고 사회성은 낮아 이익집단의 성격이 강해 "이기적 집단"이라고 공격하는 근거가 된다.

'다' 유형은 집단성은 낮아 뭉치기 어려우나 일부라도 뭔가를 요구하고 나서면 그것이 곧 동종업계 노동자를 대변한다는 점에서 사회성이 높다고 할 수 있다. 하지만 오프라인 조직으로 이어지지 않기에 이슈가 발생할 때 관심을 받지만, 시간이 지나면 집단적 힘을 발휘하지 못하는 모습을 보였다. 2017년 이후에 탄생한 노조들에서 이런 유형이 많다.

'라' 유형은 집단성과 사회성이 높아 조직력도 강하고 권리의식도 높으며 사회적 연대에 적극적이다. 집단성과 사회성이 앙상블을 이룬 '적정노조'라 할 수 있다.

이런 기준에 따라 민주노조운동을 평가한다면 어떨까. 민주노총에 대한 흔한 공격이 있다. '귀족노조'라든지 '이기적 집단'이라는 것이다. 이것을 일부 언론에 물든 평가라고 무시할 수 있을까. 실제 민주노총의 노조들 상당수가 위의 기준에 따라 평가한다면 '라'형보다 '나'형에 가까울 것으로 보인다.

사회성이 약해진 스토리

어떤 인생이든 그 안에 이야기가 있다. 2023년 비정규노동센터 교육위원회의 노동자 인터뷰 프로그램에서 물었던 것이 '스토리라인'이었다. 인터뷰에 참가한 개인, 노조, 혹은 해당 업종의 노동이 체험을 이야기 곡선으로 그리도록 요청했다. 조합원 수를 비롯한 노조의 힘과 지위, 노동조건을 비롯한 제반 분야에서 계속 개선되는 노조는 상승하는 곡선을 가진다. 상승하다가 정체하거나 하락하는 등 다양한 결과를 알 수 있었다.

개별 노조가 아니라 대한민국의 민주노조운동 전체에 적용하면 어떻게 될까. 대략 몇 가지 중요한 사건을 계기로 살펴볼 수 있다. 1987년 노동자 대투쟁으로 민주노조의 탄생과 확산, 1995년 민주노총 설립, 1996~1997년 노동계 총파업과 1997년 외환위기를 거친 후

2000년대의 구조조정과 비정규직 확산, 2010년대 산별노조가 무늬만 산별로 그친 것이 확인되고 진보정당의 분열과 약화가 반복된 시기, 그전에 이미 시작되었으나 2020년대 비임금 노동자 증가 등 노동시장 변화가 분명히 드러난 시기다.

1987년부터 1997년까지를 노동운동의 상승기로 본다면, 1997년 이후에서 2000년대는 하강, 2010년대부터 현재까지는 변화된 노동시장 등 새로운 상황을 마주한 시기다. 노동운동이 하강하던 2000년대에 노동시장은 정규직과 비정규직의 이중노동시장으로 변했고, 지금은 두 개 노동시장으로 구분해서는 현실을 설명할 수 없는 중층적 혹은 다층적 노동시장으로 변했다.

양적으로 규모는 늘어 양대 노총 조합원이 각각 100만 명을 넘어섰지만, 노조의 계급 대표성은 떨어졌다. 탄생기의 민주노조는 노조에 가입해 있지 않은 노동자의 노동조건을 개선하는 효과를 일으켰다. 그러나 정규직과 비정규직으로 나뉘면서 정규직 중심 노조의 노동조건이 개선되는 것과 비정규직의 처우는 별개의 문제가 되었다. 정규직의 지위 상승은 오히려 비정규직과 격차를 늘리는 결과를 낳기도 했다. 지금은 노동권 사각지대에 놓인 노동시민에게 민주노총은 다른 세계처럼 보일 정도다. 노조가 '다정한 곁'으로 감각되지 않는다.

이것은 노조의 사회성 약화다. 유사한 처지에 있는 노동자 중 일부가 들고일어나 노동조건을 바꾸면 그것은 다수 노동자에게 영향을 미쳤지만, 다양하게 분할된 노동시장에서 한 부분에서 어떤 변화를 일으켜도 다른 곳까지 영향을 미치지 못한다. 말 그대로 노동시장이 마디마다 갈라진 분절(分節) 상태에 있다. 이는 구조와 제도에 원인이 있다. 그렇다고 구조나 제도만 탓하면, 더 나은 사회를 추구했던 노동운동은 아무 의미 없는 것이 되고 만다.

날개는 꺾였다

노동운동에 전략이 있었다. 1980년대에는 독재 권력을 무너뜨리려는 민주화와 이를 넘어 노동자 민중이 주인 되는 세상을 향한 혁명의 기운도 확산되었다. 그러나 동유럽 사회주의가 무너지면서 함께 사그라들었다.

1990년대 후반부터 약간씩 얘기되다가 2000년대에 노조에 확산된 '양날개 전략'이 있다. 기업을 넘어서 산업적 차원에서 노조를 만들자는 산별노조운동이 하나의 날개라면, 노동자가 중심이 되어 정치세력화를 하자는 것이 다른 하나의 날개였다. 이는 유럽의 산별노조와 사회(민주)주의를 모방한 수입품이다.

산별노조운동은 겉으로만 산별노조의 모습을 띠고 있을 뿐, 단체교섭은 여전히 기업별로 진행되고 결과도 해당 기업에만 적용되는 기업별 노조의 모습을 벗어나지 못해 '무늬만 산별'이라는 평가가 나온 지 오래다. 노동자 중심의 정치세력화는 2000년대의 민주노동당 창립으로 나타났지만, 민주노동당이 분열하고 해체되었으며, 지금은 진보정당이 분열되어 영향력도 약한 상태다. 수입한 '양날개 전략'은 실패했다.

　유산은 남았다. 민주노총은 산하 노조를 산업별 구획에 따라 나눈다. 정치세력화는 일부 정파가 여전히 주장하면서 민주노총이 지지할 정당이나 선거방침을 둘러싼 논란이 반복되고 있다.

　'양날개 전략'을 훨씬 심각하게 평가할 수도 있다. 사회로서 노조라는 몸을 산별노조와 정치세력화로 쪼갠 것이 그렇다. 노조라는 사회가 이익과 권력에 물들 때 사회적 기능이 약해진다. 실제 의도가 그런 것이 아니었을지라도 현실은 그렇게 드러났다. 현장의 조합원들은 사회적 권리보다 경제적 이익을 우선에 두면서 사회성이 약해지고, 노조 상층의 정파와 활동가들은 정치적 권력을 우선에 두면서 권력 집단으로 변한 측면이 있기 때문이다.

　개인의 자유만 앞세워 사회는 개인을 억압하는 도구로 생각하는 '자유주의'나 개인의 이익을 앞세우는 '시장우선주의'처럼 사회를 개인과 대립시키는 생각도 있지만, 개인은 사회 없이 존재할 수 없다. 개인은 사회화된 존재다. 사회가 치명적인 위험에 처한 것은 개인 때문이 아니라 돈을 향한 욕망과 권력의 힘이 과도해 앙상블이 깨졌을 때다. 노동시민 권리를 확장하는 데 기여할 사회로서 노조가, 이익과 권력이라는 두 길로 갈라지기 시작했을 때 다정한 사회로서 역할은 희미해진다.

사회공장과 유체노동

한때 세계 만물을 만든 '노동창조론'의 주인으로 등장했던 노동계급은 신화처럼 사라졌을까. 한쪽에는 '월천 킹산직'이 있고, 다른 쪽에는 권리 사각지대 노동이 있다. 그 사이에는 대기업 사내하청, 외주화된 비정규직 노동자, 위치기반 플랫폼 노동자, 온라인 기반 플랫폼 프리랜서, 독립계약 프리랜서, 자영업자, 가사노동 등으로 다양하게 펼쳐져 마디마디가 끊기고 나뉘었다.

분절된 노동시장은 사회와 노동운동에 치명적이다. 과거에도 산업은 차별을 만들어 사회에 퍼뜨렸다. 공장과 산업은 상품만 생산하지 않았고 차별을 생산했다. 사장과 종업원, 대기업과 중소 영세기업의 차별을 생산해 사회에 쏟아낸 것이다. 정규직과 비정규직의 요구가 같지 않으며, 정규직이 아닌 모든 노동자를 비정규직이라고 '퉁'치려 해도 정규직이 되고 싶은 대기업 사내하청 노동자와 정규직화에 관심이 없는 독립계약 프리랜서의 요구는 같지 않다. 분절된 노동시장은 계급적 통합 기반을 무너뜨렸다. 노조의 사회성도 약해졌다.

'사회공장(Social Factory)'에 주목하자. 플랫폼 프리랜서나 독립계약 프리랜서를 대규모로 만들어 내는 것은 전통적 공장이 아니라 사회공장이기 때문이다. 2023년부터 청년유니온과 함께 다양한 프리랜서를 만나 진행해 온 집단 혹은 개별 인터뷰를 통해 마주한 것은 사회공장이다.

전통적 공장과 사회공장을 대비해 요약하면, 첫째로 전통적 공장은 고정된 일터로서 직장이지만 사회공장에서 일하는 프리랜서들은 직장은 없고 직업이 있을 뿐이다.

둘째로 공장은 컨베이어 벨트가 놓인 생산라인에 모여 물건과 사람이 접촉하면서 일하지만, 사회공장은 여기저기 흩어진 채 플랫폼에 접속해서 일한다.

셋째로 공장노동은 생산관리를 통해 과정을 통제하지만, 사회공장은 결과를 통제하는 경향이 강하다.

넷째로 공장은 같은 시간에 출근하고 식사하며 퇴근하는 집단적 루틴을 가지고 있지만, 사회공장은 독립적으로 노동하면서 개별적 루틴을 가지고 있다.

다섯째로 공장에서는 공장 내부의 분업과 협업이 이뤄지지만, 사회공장에서는 일에 따라서 다른 클라이언트나 프로젝트 매니저나 동료와 유연한 협업을 한다.

여섯째로 공장은 기업에 소속감을 가지지만, 사회공장은 개인의 존재감이 더 강하다.

일곱째로 공장은 가시적인 중앙집중식 조직문화를 보여주지만, 사회공장은 사업자와 연결된 중앙집중 구조가 있더라도 비가시적이다.

이런 특징을 종합하면 공장노동이 형태를 분명히 갖춘 '고체 노동'이고, 사회공장의 노동은 물과 공기처럼 사회 곳곳에 퍼져 흐르는 '유체 노동'이다.

다른 세계가 시작되었다

노동운동이 폭발한 1987년은 물론이고 2000년대에 확산된 양날개 전략도 벌써 20년이 지난 오래된 얘기다. 상황이 변했다. 노동시장이 변했고, 기후위기라는 압도적인 위험이 다가왔으며, 탈세계화 및 축소경제 시대가 시작되고 있다.

전통적 공장의 시각에서 감각할 수 없는 사회공장의 확산과 노동시장의 변화는 앞에서 말했다. 다가온 기후위기도 마찬가지다. 그런데 거대 인공지능을 독점하고 있는 사람들의 상당수가 기후위기를 아무것도 아닌 것으로 취급하는 이데올로기를 퍼뜨린다.

우주로 나가 식민지를 만들겠다는 일론 머스크는 대표적 '장기주의자'로 알려져 있다. '장기주의(longtermism)'는 현재의 기후불평등을 장기적 인류 역사로 보면 90세 노인이 어렸을 적에 발가락을 다친 정도에 불과하다고 여기며, 당장 '먹고사니즘'에 급급한데 탄소를 줄여야 한다는 것에 불편함을 느끼는 사람들 마음을 사로잡으려 한다.

기술 발전을 가속해 급진적인 사회변혁을 일으키려는 '가속주의'는 장기주의를 비롯해 다른 사람을 가장 효과적으로 도울 수 있다는 '효과적 이타주의'와 결합한다. 엄청난 부자이며 미국 대통령에 당선된 트럼프는 이런 흐름과 친밀한 관계로 알려져 있다.

한국의 출산율 저하는 새로운 뉴스가 아니다. 주관적인 희망으로 미래를 부풀리지 않는다면, 한국의 출산율을 1.5 이상으로 높이려는 계획은 실현 가능성이 낮다. 인구 축소는 불가피하고, 아무리 인공지능을 비롯한 일부 산업이 가속 페달을 밟아 발전시키려 해도 성장할 산업은 부분에 불과해 경제는 정체나 마이너스로 바뀔 것이라는 예측이 설득력 있다.

경제가 축소되면 미칠 사회적 결과를 생각해 보자. 대공황 때 세계경제는 급격히 위축되었다. 금융위기를 비롯해 한국에서는 외환위기 때 경제위축을 경험했다. 급격히 경영상태가 나빠진 회사에서도 그런 상황을 경험하고, 사업이 망하거나 실직으로 수입이 급격히 줄어든 가정에서도 그런 경험을 한다. 하지만 어찌어찌 노력하면 다시 성장으로 돌아설 수 있다는 희망을 품고 빠져나오기도 했다. 다가온 미래는 다르다. 축소될 경제를 받아들이며 살 방법을 찾아야 한다.

이런 상황에서 인류에게 적어도 두 가지 장애가 있다. 첫째로 인류의 긴 역사로 보면 고도 성장기는 불과 200~300년에 불과한데 이 체험이 너무 강렬해서 '성장중독증'이 생겼다. 성장중독에 걸린 사람들은 축소경제 시대를 살아갈 방법을 찾으려 하지 않는다. 둘째는 한정된 자원을 차지하려고 경쟁하는 시장경제 습관이 뿌리 깊은데, 축소경제가 오면 차지할 자원은 줄어들고 경쟁이 격화될 수 있다.

그러나 분명한 한 가지 희망은 있다. 인간은 진화를 통해 습득한 사회적 동물로서 본능을 가지고 있다는 것이다. 다정한 사회를 구축하려는 본능, 그것이 돈과 권력에 압도된 성장중독증이나 '가속주의', '장기주의' 같은 이데올로기를 이겨낸다면 희망은 있다. 칼 폴라니는 자본주의 역사를 설명하면서 '이중운동'을 얘기했다. 사회를 무너뜨리는 것에 맞서 '사회의 자기보호 운동'이 작동한다고 했다. 사회는 자기 보호에 성공해 왔기에 지금도 유지되고 있다.

하나의 몸 전략

축소경제가 사회까지 찌그러뜨려 축소사회를 낳을까. '곳간에서 인심 난다'는 속담이 있다. 먹을 것이 줄어들면 인심이 사나워져 서로 다투게 된다는 것이다. 개인만이 아니라 집단, 집단만이 아니라 최악의 경우 국가 사이에 전쟁으로 치달을 수 있다. 그러나 "콩 한 쪽도 나눠 먹는다"는 속담이 있다. 인간에게는 어려울 때일수록 작은 콩이지만 반으로 나눠서 먹으며 생존하는 지혜가 있다. 힘든 시기를 함께 겪을 때 유대감이 깊어진다. 함께 군 생활을 한 사람들이 그 기억을 강력하게 공유하면서 관계를 이어가는 것은 힘든 시기에 서로의 정이 깊어졌다는 것을 의미한다. 어려울 때 정이 흐르는 관계는 끈끈해지는 것이다. 그것은 어려움 속에서 사회가 강화될 수도 있음을 의미한다.

1997년 외환위기 때 기업이 위축되자 사용자들은 해고를 확대했고 실업의 고통을 겪으며 사회는 위축되었다. 그러나 집 안에 있는 금붙이를 내놓아 외환보유고를 채우려는 금모으기운동도 있었다. 기업에서 정리해고가 벌어질 때, 동료들을 쫓아내서 자기만 살려고 하는 '너 죽고 나 살자'는 구조조정이 벌어진 곳이 있었다. 하지만 콩 한 쪽도 나누자는 정신으로 노동시간을 줄이고 줄어든 임금을 동료들과 나누며 '함께 살자'는 지혜를 발휘한 곳도 있다. 평소에 동료애가 약하고 노조가 없거나 약한 곳과 동료애가 돈독하고 사회로서의 노조가 튼튼한 곳은 달랐다. 정부의 태도도 큰 영향을 미쳤다. 2009년 쌍용차 사례가 보여주듯 정부가 뼈를 깎는 구조조정을 해야 한다며 정리해고를 부추기면 기업의 동료 관계는 무너지고 사람이 죽는 처참한 결과를 낳는다. 국가가 폭주해 사회를 무너뜨린 것이다.

거대 기술을 다루고 빅 테크(Big Tech) 기업을 운영하며 '장기주의'에 빠진 사람들은 다가온 기후재난에서 사람들이 죽는다고 해도 먼 미래에 인류가 살아남는 것에 비하면 아무것도 아닌 것으로 여긴다. 부와 권력을 쥔 그들은 위험한 이데올로기를 떠들며 사회가 위축되는 것에 신경 쓰지 않을 것이다. 성장기에는 채울 수 있지만 수축경제 시대에는 채울 수 없는 욕망을 뒤틀린 혐오와 적대로 뒤틀어 사회를 붕괴시킬 수 있다. 이미 곳곳에서 혐오와 적대가 드러나고 있다.

축소경제의 시대에 더 많은 소유와 성장에 대한 욕망은 일부의 사람을 제외하면 실현하기 어렵다. 가능한 것은 경제의 양적 성장이 아니라 사회의 질적 성숙이다. 가능한 것은 개인의 부의 확장이 아니라 개인 삶의 깊이가 더해지는 문화적 성숙이다. 세계 곳곳에서 도넛경제학·생태경제학을 비롯한 새로운 경제학이 논의되는 것, 장기침체를 겪은 일본에서 '후퇴학'과 같은 사유가 등장한 것, 한국에서도 탈성장 논의가 늘어난 것은 다가온 기후위기와 축소경제의 시대에 맞는 적정사회를 찾고 있음을 보여준다.

우리에게 경제적 이익도 필요하고, 정치적 권력도 필요하지만, 중요한 것은 결코 그것에 무릎 꿇지 않는 사회다. 경제가 축소되면서 사회까지 약해지면 살기 어려운 세계가 될 것이고, 축소경제에도 강한 사회가 있을 때 인류는 성장중독증을 넘어서 다른 삶을 찾을 것이다. 인간에게는 성장중독과 축소경제가 뒤섞인 위험을 극복할 강력한 희망이 있다. 인간의 사회를 구성하고 지켜온 진화적 본능이다. 그러나 기대하고 기도해서 발휘되는 본능이 아니다. 그것을 향한 분명한 전략과 전략을 실현할 역량이 필요하다.

'경제적 이익의 폭주'와 '정치적 권력의 폭주'에 굴하지 않는 다정한 마음과 시민의 권리, 지구 생태계의 생명을 지키려는 노력이 21세기 사회의 자기 보호 운동이다. 그래서 노동의 미래를 위한 전략의 핵심은 정치와 경제로 분할되지 않는 사회에 두어야 한다.

노조는 경제적 실리와 정치적 권력욕으로 분할되지 않는 사회로서 하나의 튼튼한 몸이 되어야 한다. 두 날개로 날아오르려다 추락한 노동운동을 넘어 다정한 사회로서 노동시민 결사체라는 탄탄한 하나의 몸에 집중하는 것이 미래를 위한 전략이다. 이는 오랫동안 산별노조와 함께 정치세력화에 집중해 온 노조를 '사회 확장'을 우선에 두는 운동으로 바꾸는 전략의 전환이다.

적정노조를 위한 개념설계

먼저 생각할 것은 태도다. 노동시민의 결사체인 노조를 경제적 이익도구나 정치적 권력도구로 보는 것을 넘어서 권리를 위한 사회로 보는 것이다. 노조를 이익단체로 보는 시각은 꽤 넓게 퍼져 있다. 노조의 개념을 다시 세워야 한다. 그래서 사용자의 편에 서서 노동자를 대변해야 할 본질적 기능을 잃은 어용노조, 사회성이 약해진 민주노조를 넘어서 '적정노조'를 생각하자.

적정하다는 것은 알맞다는 것이다. 무엇에 알맞다는 것일까. 첫째로 변한 노동시장의 분절된 노동이라는 특성에 잘 맞는 노조여야 한다. 둘째로 다가온 기후위기 속에서 생태계와 어울리는 노조여야 한다. 셋째로 축소경제가 다가온 시대에 적합한 노조여야 한다.

한국비정규노동센터, 청년유니온, 아무나유니온이 일련의 논의를 통해 2023년 9월 22일 열린 '솔라시 포럼'의 일부 행사로 프로그램을 개최했다. '소셜유니온에 관한 세 가지 잡담'이라는 프로그램이었는데, 이때 그동안의 다양한 노동자 인터뷰를 종합해 '소셜유니온(SocialUnion)'이라는 개념을 처음 선보였다. 프로그램은 의도적으로 그것에 대한 덕담, 농담, 악담 팀으로 나누어 자유롭게 의견을 들었다. "우리가 소셜 하지 못한데, 소셜유니온이 성공할 수 있겠냐", "그냥 말장난 아니냐"는 등 다양한 반응이 있었다.

2024년 프리랜서 조직사업을 함께 논의한 청년유니온 간부들과 새로운 주체화 방식으로서 '소셜유니온'에 대한 토론을 진행하고, 10월 26일에는 청년유니온이 개최한 청년 활동가 워크숍에서 관련 교육을 했다. "소셜유니온이라는 개념이 아직 분명하지 않아 영어로 표현한 것이 아니냐", "한국말로 하면 '사회적 노조'인데 그전에도 사회운동노조나 사회운동적 노동운동 같은 개념들이 있었지 않았냐"는 반응을 들었다.

그간의 논의를 고려하여 이 글에서는 좀 더 친숙한 한국어 표현으로 '적정노조'라는 개념을 쓴다. 프리랜서 조직화를 함께 논의해 온 청년 활동가들과 토론, 강연, 청년활동가 워크숍, 노조 교육에서 사용한 '적정노조 개념설계도'는 [그림 14-2]와 같다. 이 설계도는 적정노조를 10개 항목으로 집약해서 그림으로 표현한 것이다.

[그림 14-2] 적정노조 개념설계도

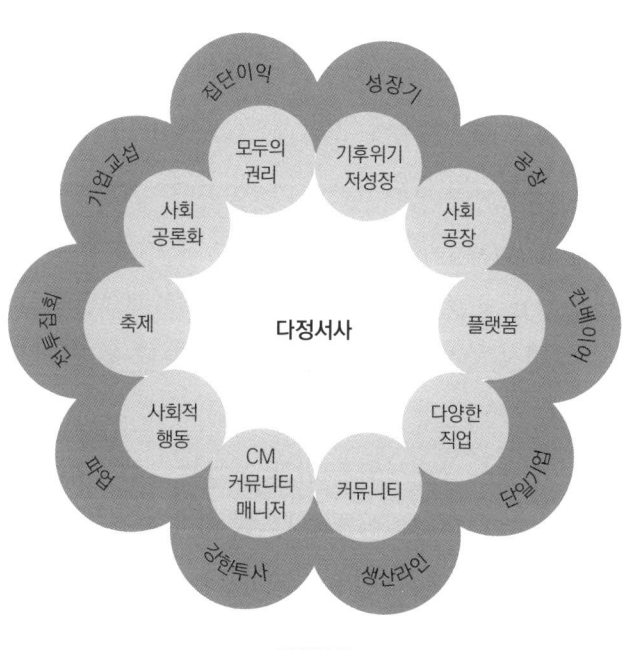

적정노조를 위한 열 가지

첫째로 기성노조가 민주화 시대를 배경으로 확산되어 민주노조 시대를 열었다면 적정노조는 기후위기와 축소경제 시대를 배경으로 한다. 시대적 배경이 다르다는 것은 가져야 할 가치와 조직 원리가 다를 것임을 암시한다.

둘째로 기성노조가 공장을 중심으로 한 산업을 물질적 기반으로 한다면 적정노조는 사회공장이라는 새로운 물질적 기반을 가진다.

셋째로 과거의 공장은 컨베이어 벨트를 중심으로 사람과 물자가 모인 생산라인을 축으로 하는 공간이었다면 사회공장은 플랫폼이 깔려 언제 어디서든 접속할 수 있기에 사회 곳곳에서 분산된 노동이 이뤄진다. 이는 앞에서 설명한 사회공장의 여러 특징을 만든다.

넷째로 기성노조는 생산직이든 사무직이든 단일한 기업에 소속된 노동자를 조합원으로 삼았지만, 사회공장에서 노동자들은 특정 기업에 소속된 직장이 아니라 다양한 협업을 통해 일하는 직업을 가진 노동자를 주체로 한다.

다섯째로 기성노조는 기업의 생산 단위나 사무실의 부서가 기초 조직을 이뤘지만, 사회공장에는 생산라인이나 부서가 없다. 지금까지 프리랜서를 비롯한 독립계약 노동자 인터뷰를 통해서 다양한 커뮤니티를 통해 서로 연결하고 있다는 것을 확인했다. 카페·카톡방·디스코드(Discord) 등 온라인 커뮤니티, 온오프라인 모임을 병행하는 커뮤니티, 직업 정보를 얻기 위한 생계형, 직업능력 개발을 위한 개발형, 친목을 위한 취미형, 일감을 따내고 매개하는 플랫폼형, 부당한 행위에 맞서기 위한 권리형, 가입과 탈퇴가 열려 있지만 활동가 중심으로 운영하는 활동가형, 직업적 정보와 일을 매개하고 클라이언트의 갑질을 거르며 권리를 보호하는 필터링 기능을 하는 종합형 등 다양하다.

여섯째로 기성노조의 기초 단위를 만들고 강화하기 위해 관리통제에 맞서는 투사형 활동가를 필요로 했으며 노조가 점차 안착되면서 대의원이라는 노조의 제도가 되었다. 사회공장은 전통적 공장처럼 과정에 대한 통제보다는 결과에 대한 통제가 강하다. 노동과정에서 관리자와 부딪치는 정도가 다르며 노동 현장에서 관리통제에 맞서는 투사적 간부나 활동가의 필요성도 크지 않은 편이다. 적정노조에 필요한 간부들은 분절되고 고립된 노동을 연결하고 권리를 위한 커뮤니티로 발전시킬 다정한 연결자를 필요로 한다. 프리랜서를 조직하는 청년 활동가들은 그런 연결자를 '커뮤니티 매니저'로 부른다.

일곱째로 기성노조가 파업이라는 단체행동을 요구 관철의 핵심 수단으로 삼았다면, 사회공장에 적합한 노조는 파업을 포함한 다양한 사회적 행동을 필요로 한다. 생산라인을 중단시키는 파업은 컨베이어가 깔린 공장노동에 적합할 수 있어도 플랫폼에 접속해 일하는 노동자들은 온라인 역평판을 만드는 것을 비롯해 다양한 행동 방식이 필요하다. 이들에게 적합한 다양한 사회적 행동을 개발해야 한다.

여덟째로 기성노조가 전투적 집회·시위 문화를 가지고 있다면 적정노조는 그보다 훨씬 다양한 요소들로 구성된 축제로서의 집회 문화를 발전시킬 가능성이 있다. 프리랜서 커뮤니티들은 다양한 파티를 비롯한 다양한 형식의 모임을 가지고 있다. 그것은 공론장이며 사교장인데, 축제 형태의 집회 문화로 발전할 가능성이 있다.

아홉째로 기성노조는 기업 단위의 사용자와 단체교섭을 해왔다. 적정노조는 조합원이 기업에 소속감을 가지고 있지 않기 때문에 표준단가나 표준계약과 같은 노동시장의 규율을 만들기 위해서라도 업종이나 산업적·사회적 차원에서 접근하지 않을 수 없다. 이 때문에 교섭을 포함한 사회적 공론장 개발과 확산에 대한 창조적 접근이 필요하다.

마지막으로 기성노조가 기업 단위의 이기적 집단이라는 비판을 받지만, 적정노조는 자신의 위치를 사회라는 영역에 두고 기업을 넘어 유사한 형태의 노동자 모두의 권리를 위한 가치지향을 발전시킬 가능성이 크다. 무엇보다도 적정노조는 공장이나 직장을 넘어선 사회공장을 기반으로 하기에 기성노조보다 사회성이 풍부할 수 있다. 비록 소수의 유니온이지만 그들의 요구가 해당 직종이나 업종 노동자의 전체 요구를 반영하는 사례에서 보여준다. 특정 직종에서 벌어진 사이버불링(가상공간 따돌림)은 특정 기업이나 당사자를 넘어서 해당 직종 노동자들의 공분으로 이어진다. 사회공장에서 발생하는 이슈는 사회성이 강하다.

이상의 열 가지 요소는 적정노조의 '다정(多情) 서사'를 이룬다. 기존의 민주노조는 전쟁 서사로 출발했다. 군사독재의 폭력에 맞설 군사적 전투성이 필요했던 시대적 배경 때문이다. 이는 아직도 이어진다. 단적인 사례가 "투쟁으로 인사하겠습니다. 투쟁!"으로 시작해 전투적 언어 가득한 투쟁사를 하고 난 다음에 "투쟁으로 마무리하겠습니다. 투쟁!"

으로 끝내는 민주노총 집회의 모습이다. 사회공장의 분절된 노동자들에게 중요한 것은 전투적으로 넘어서야 할 국가 폭력보다 플랫폼이 만든 동료와 단절 상태다. 다정한 소속감을 느낄 수 있는 연결이 중요하다. 이런 측면에서도 적정노조가 만들어 갈 스토리는 '다정서사'다. 물론 투쟁이 필요 없는 것은 아니다. 그러나 애정과 우정과 동료애를 핵심 에너지로 하는 투쟁과 사용자에 대한 적대감과 분노를 핵심 에너지로 하는 투쟁은 다르다.

꼭 노조여야 하는가

앞에서 집단성과 사회성이라는 두 가지 요소를 기준으로 노조의 성격을 얘기했다. 그런데 전통적 공장을 기반으로 하는 기성노조의 다수는 집단성이 높지만, 사회성은 낮은 경향을 보여준다. 그래서 기성노조에 필요한 것은 사회성을 높이려는 노력이다. 기성노조의 사회성을 높이기 위한 어떤 노력이 있었을까. 지금까지 시민결사체이자 하나의 사회로서 노조를 설명함으로써 사회성을 중심에 두는 시각을 찾아보기 어려웠다.

반면에 사회공장에서 탄생한 대부분의 노조는 사회성을 어느 정도 가지고 있다고 해도 집단성이 취약한 경향을 보였다. 사회공장의 노동에 필요한 것은 집단성이다. 노동의 미래를 위한 적정노조 시대로 나아가려면 기성노조에 필요한 사회성 향상 경로와 사회공장 노동에 필요한 집단성 강화 경로를 개척해야 한다.

　이 두 영역에서 두 가지 경로 개척을 촉진하기 위해 필요한 것은 다양한 산업과 부문의 협업이다. 양날개 전략을 위해 산별노조와 진보정당이라는 두 개의 축을 만들려고 했다면, 노동의 미래를 위한 전략에 필요한 것은 다양한 산업과 부문의 협업을 매개하고 촉진하는 노력과 이를 위한 전략적 플랫폼이다.

　노동의 미래를 위해 필요한 결사체가 또 노조여야만 하는가. 요즘 다시 등장해 활동하는 노동공제회, 협동조합이나 직능단체, 노동자 정치조직 등 다양한 결사체가 있을 수 있다. 사회공장의 새로운 노동을 기반으로 노조가 아닌 전혀 다른 결사체가 등장할 수도 있다. 그러나 노동조합이 가장 광범위한 노동시민 결사체라는 점을 부인할 수는 없다. 이를 인정하기 때문에, 그러나 그대로 인정할 수 없기에 기성노조와 다른 유형의 적정노조에 주목할 것을 제안한다.

15

노동권 사각지대의 법적 과제

박귀천
이화여자대학교 법학전문대학원 교수

법의 담장 밖에서 보호받지 못하며 일하는 사람들

1990년대 후반 이후 한국에서는 노동시장의 유연성 확대로 인해 이중노동시장 구조가 더욱 뚜렷해지고, 성별·고용형태·기업규모 등에 따른 불평등과 격차가 커졌다.

중소기업과 대기업 간, 원청업체와 하청업체 간, 유노조 사업장과 무노조 사업장 간의 임금 등 근로조건과 복리후생 수준의 격차는 노동시장 불평등과 격차의 중요한 원인이 된다.

현행 근로기준법상 근로자라도 5명 미만 영세사업장에 근무하고 있는 경우 근로기준법의 적용을 받지 못하게 된다. 또한 특수형태근로종사자(이른바 특고) 내지 노무제공자, 플랫폼 종사자, 프리랜서, 자영업자 등의 형식으로 타인 혹은 타인의 사업을 위해 일하며 생계를 유지하고 있지만 근로기준법상 근로자로 인정받지 못하기 때문에 노동법 및 사회보험법의 적용을 받지 못하는 경우가 문제 된다.

노동법, 특히 근로기준법 적용 대상이 되는 근로자 판단의 핵심적 기준이 되는 종속성 개념은 역사적으로 보면 과거에는 보호 필요성이라는 관점에서 '경제적 종속성' 중심의 개념부터 '인적 종속성' 중심의 개념으로 발전되어 왔다. 생산수단을 소유하지 못한 근로자의 사회경제적 불평등한 지위로 인해 계약체결 단계에서 사용자에 의해 일방적으로 결정된 근로조건을 수용할 수밖에 없어 사용자와 평등한 입장에 설 수 없다는 관점이 '경제적 종속성'이고, 이러한 개념은 노동자 보호의 이론적 근거가 되었다. 이후 '경제적 종속성'이라는 개념만으로는 자영업자와 근로자를 구분하기가 어렵다는 한계에 직면했고, 근로자를 더 강하게 보호하고자 하는 취지에서 '인적 종속성'이라는 개념이 발전하게 되었다.

그렇지만 오늘날 근로자의 사용자에 대한 '인적 종속성'이라는 개념이 오히려 보호가 필요한 노동자들을 배제하는 기재로 작용하고 있는 상황이다. 요컨대 자신의 노동으로 생계를 유지하는 사람이 타인을 위해 노동하는 경우라 하더라도 판례에서 요구하고 있는 여러 판단 요소가 충족되어야 하는 '인적 종속성' 개념에 부합되지 못한 경우에는 노동법 적용 대상에서 배제되어 보호받지 못하게 되는 것이다. 이는 노동법 적용 대상에서 애초에 배제되는 사람들의 문제라고 할 수 있다.

그런가 하면 하나의 기업 내에서도 기간제 및 단시간 근로자, 초단시간 근로자 같은 비정규직 근로자와 정규직 근로자 간의 임금·복리후생 등에서의 차별 또는 격차가 심각한 문제가 된다. 기간제 및 단시간 근로자 보호 등에 관한 법률(기간제법)상 차별시정 제도가 있지만 차별시정 신청 건수는 미미한 실정이다.

차별시정 제도가 현실에서는 비정규직 근로자 보호 제도로써 제대로 작동하지 못하는 것이다. 또한 파견근로자나 하청업체 근로자 등 이른바 간접고용 근로자들에게는 근로기준법, 노동조합 및 노동관계조정법(노조법), 파견근로자 보호 등에 관한 법률(파견법)을 비롯한 여러 노동관계법이 적용되기는 하지만 현실에서는 고용불안과 열악한 근로조건에 시달리고 노조할 권리를 향유하지 못하는 경우가 허다하여 사실상 법의 보호를 제대로 받지 못한다. 비정규직이나 간접고용 근로자들은 형식적으로는 노동법 적용 대상이 되지만 실질적으로는 법적 권리를 제대로 향유하지 못하는 것이다. 이는 법이 있지만 제대로 적용되지 못하는 문제, 법의 실효성 문제라고 할 수 있다.

법 적용의 배제 혹은 법의 실효성 부족으로 인해 노동권 사각지대에서 보호받지 못하며 일하고 있는 사람들을 어떻게 할 것인가. 이는 우리 사회에서 상당 기간 해결하지 못하고 있는 과제로 미래의 노동을 말하기에 앞서 반드시 해결해야 한다.

5명 미만 사업장, 근로기준법이 미치지 못하는 곳

현행 근로기준법 제11조는 "이 법은 상시 5명 이상의 근로자를 사용하는 모든 사업 또는 사업장에 적용한다"고 하면서, 다만 "상시 4명 이하의 근로자를 사용하는 사업 또는 사업장에 대하여는 대통령령으로 정하는 바에 따라 이 법의 일부 규정을 적용할 수 있다"고 규정하여 원칙적으로는 5명 이상 사업장에 적용하되, 예외적으로 몇 개 규정만 4명 이하 사업장에 적용하도록 하고 있다.

노동법 사각지대 축소를 위한 중요하고 시급한 과제 중 하나는 5명 미만 사업장에 대한 근로기준법 적용 확대 문제다. 현재 5명 미만 사업장에는 근로기준법의 일부 규정만 적용된다. 부당해고 금지 규정,

경영상 이유에 의한 해고 관련 규정, 해고의 서면 통지, 부당해고 구제 신청, 휴업수당, 법정 근로시간, 연장근로·휴일근로·야간근로에 대한 수당, 연차휴가, 생리휴가, 18세 이상 여성 근로자가 야간근로할 때의 동의, 유급 수유시간에 관한 규정, 직장 내 괴롭힘 금지 규정 등은 적용되지 않는다. 즉 부당해고 관련 규정 외에 근로시간과 휴가에 관한 규정이 배제되고 있는데 근로시간과 휴가는 임금과 더불어 가장 중요한 기본적 근로조건에 해당된다. 근로시간·휴일·휴가는 노동자 및 그 가족의 삶의 질, 행복과 연결되고, 사실 더 근본적으로는 노동자의 건강 및 안전과 직결된다는 점에서 대단히 중요하다.

근로기준법 전면 적용 대상을 5명 이상 사업장에 한정한 조항이 헌법상 평등원칙에 위반하는지 여부를 다툰 헌법소원심판 사건에서 헌법재판소는 "상시 사용 근로자 수 5인'이라는 기준을 분수령으로 하여 근로기준법의 전면 적용 여부를 달리한 것은 근로기준법의 확대 적용을 위한 지속적인 노력을 기울이는 과정에서, 한편으로 영세사업장의 열악한 현실을 고려하고 다른 한편으로 국가의 근로감독 능력의 한계를 아울러 고려하면서 근로기준법의 법규범성을 실질적으로 관철하기 위한 입법정책적 결정으로서 거기에는 나름대로의 합리적 이유가 있다고 할 것이므로 평등원칙에 위배된다고 할 수 없다"고 밝혔다.

또한 이 사건에서 헌법재판소는 "현실을 무시하고 근로기준법상의 근로기준을 이들 사업장에까지 전면 적용한다면 근로자보호라는 소기의 목적을 달성하지도 못한 채 오히려 영세사업장이 감당하기 어려운 경제적·행정적 부담만을 가중시키는 부작용을 초래할 우려가 있다"

고 판시했다.[47]

근로기준법상 부당해고 제한 규정과 노동위원회의 부당해고 등 구제절차를 5명 미만 사업장에 적용하지 않는 것은 5명 이상 사업장에 비해 합리적 이유 없는 차별로 위헌이라며 제기된 헌법소원 사건에서도 헌법재판소는 위 결정과 마찬가지의 논리, 즉 영세사업장의 부담 문제를 주된 근거로 제시하면서 합헌이라고 판단했다.[48]

결국 20년이 지나도 5명 미만 사업장에 대한 근로기준법 적용 배제는 주로 경제적·행정적 부담이라는 동일한 논거에 의해 변함없이 유지되고 있는 것이다. 5명 미만 사업장은 사업주 역시 경제적으로 열악한 처지인 경우가 많고 근로감독 등 노동행정의 부담이 크다는 점이 근로기준법 적용 확대의 걸림돌로 지적되어 왔고, 이런 점이 정책적으로 고려되어야 할 필요는 있다.

2021년 5명 미만 사업장 임금근로자는 252만7천846명으로 전체 임금근로자의 13.4% 수준이다. 이는 5명 미만 사업장의 전체 고용 규모에서 1인 자영업자와 사업주 1명을 제외한 수치다. 임금근로자로 집계되지 않는 '위장 자영업자'를 포함한다면 규모는 더 늘어날 수 있다.[49]

5명 미만 사업장에 근로기준법 일부 조항만 적용하게 한 현행 법체

---

47) 헌법재판소 1999. 9. 16. 선고 98헌마310 전원재판부 결정.
48) 헌법재판소 2019. 4. 11. 선고 2017헌마820 전원재판부 결정.
49) 경향신문(2024. 5. 2.) "밀려난다, 열악한 곳으로 … 떠나지 못한다, '5인 미만'의 굴레" (https://www.khan.co.kr/article/202404301542001).

계가 만들어진 것은 1989년이고, 5명 미만 사업장에 적용할 조항을 시행령으로 정하게 된 것은 1998년인데 그동안 이루어진 우리 경제와 사회의 발전 정도를 고려할 때 5명 미만 사업장 근로자를 노동법 사각지대에 방치하면서 노동에서 양극화 해소를 말한다는 것은 어불성설이다.

일하는 사람 모두를 위한 법, 왜 필요하고 어떤 내용을 담을까

언제부턴가 일하는 방식과 고용형태가 다양화됨에 따라 용역·도급·프리랜서 등 다양한 명칭으로 일하는 사람들이 노동법적 보호를 받지 못하는 문제가 발생하고 있다. 고용노동부의 프리랜서 실태조사나 한국고용정보원의 플랫폼 종사자 대상 조사 등 공식적인 실태조사를 보면 이들은 노동법 적용 대상자가 아니라는 이유로 부당한 대우, 보수 미지급, 비용이나 손해의 부당한 부담, 사전협의 없는 보수 삭감, 계약 외 업무 부과 등의 문제에 노출되고 있다.

근로기준법, 고용보험법, 산업재해보상보험법(산재보험법) 등 주요 노동관계 법령들은 원칙적으로 '근로자'에게 적용된다. 근로자의 법적 개념은 각 법률의 취지와 목적에 따라 조금씩 차이가 있지만 근로자에 해당되는지 여부는 판례를 통해 형성된 복잡한 법리에 따라 판단된다. 현실에서는 근로자인지 아닌지 불명확한 경우도 많아서 법적 분쟁이 자주 발생한다. 사회적·경제적 약자로서 생계를 유지하기 위해 업무를 맡긴 사람 혹은 보수를 지급하는 사람을 위해 일하는 사람이라도 법적으로 근로자가 아니라고 하여 보호를 받지 못하는 사람들이 많다.

다양한 형태로 일하는 사람들에게도 법적 보호가 필요하다는 점에 대해서는 오래전부터 국제적으로도 공감대가 형성되어 왔다. 국제노동기구(ILO)는 이미 1997년부터 이러한 문제를 논의했고, 2019년 경제협력개발기구(OECD)도 다양한 형태의 일자리가 증가하고 있다는 점을 지적하면서 법적 사각지대에서 일하는 사람들에게 노동법적 보호제도가 적용될 수 있도록 확대할 필요가 있다는 점, 소득의 대부분을 단일한 사업주에게 의존하는 등 종속성이 강한 자영업자 등에 대해 노동법적 보호가 필요하다는 점을 피력했다.

우리나라에서는 주로 2000년대 초부터 특수고용직이라는 개념이 본격적으로 등장했는데, 기존의 특고 개념을 대체하여 최근 산재보험법과 고용보험법 등에 규정된 '노무제공자', 디지털 기술의 발달과 코로나19의 영향 등으로 급격히 증가한 플랫폼 종사자 등이 노동법상 근로자인지 여부가 다퉈지는 대표적인 경우이다.

특고, 노무제공자, 플랫폼 종사자 등이 전통적인 근로자와는 다소 차이가 있는 형태로 일하는 경우라고 하여 이들이 노동법 적용 대상이 아니라고 단정할 것은 아니고, 계약의 형식에 관계없이 실질을 파악하여 근로자성 판단을 해야 한다는 대법원 판례의 일관된 입장에 따라 개별 사례별로 근로자 해당 여부를 판단해야 한다.

그렇지만 노동법상 근로자성 판단기준을 완화하여 근로자의 범위를 확대한다 하더라도 과학기술과 사회 발전에 따라 계속적으로 등장하는 새로운 형태의 일하는 사람들을 신속하게 노동법의 보호범위 내로 포섭하는 데에는 한계가 있다.

그렇다고 하여 이들을 그대로 방치한다면 마치 과거 자본주의 발전 초기 단계에 노동자들의 인간다운 삶이 보장되지 못하던 것과 같은 상황을 야기하게 될 위험이 크다. 따라서 다양한 형태로 일하는 사람들이 인간의 존엄성을 유지하며 일할 수 있도록 법의 보호 범위 내로 들어오게 하는 것이 시급하다. 노동의 개념 정의, 가치평가, 의미 부여 등은 시대와 장소에 따라 조금씩 달라질 수 있겠지만 일하는 사람들이 인간의 존엄성을 보장받아야 한다는 것은 포기할 수 없는 가치이기 때문이다.

현행법 중에서는 산재보험법·고용보험법·산업안전보건법 등에 노무제공자·프리랜서·자영업자 등을 위한 제도가 일부 마련되어 있고, 주로 산재보험 및 고용보험 적용 확대를 중심으로 보호 범위 확대가 이루어져 왔다. 그렇지만 다양한 형태로 일하는 사람들게게 인간으로서 존엄성, 적정한 계약조건 내지 기본적인 노동조건 등을 법적으로 보호하기 위해서는 근로기준법 등 기존 노동관계 법령상 규정되어 있는 내용 중 일하는 사람들에게 공통적으로 반드시 보장되어야 하는 법적 권리와 보호에 관한 내용의 범위를 획정하고, 필요한 경우 타 개별 법령 혹은 행정규칙·지침 등을 통해 구체적인 내용을 정할 때 기본 방향을 제시할 수 있는 포괄적인 형태의 입법이 필요하다.

이와 같은 형식의 새로운 법을 제정하는 경우 현행법상 이미 도입되어 있는 관련 제도들을 아우르면서도 계약 형식에 관계없이 일하는 사람들에게 공통적으로 반드시 필요한 보호 제도 마련을 위한 포괄적인 법적 근거를 제공하는 내용으로 구성해야 할 것이다.

그런데 가능한 많은 대상을 널리 포섭하기 위해서는 우선 법률 내용이 다소 선언적이고 추상적인 수준이 될 수밖에 없다는 한계는 있을 수 있다. 그렇지만 이러한 법률의 제정은 구체적인 개별 법령의 제·개정 및 정부의 정책 마련과 시행을 통해 실질적 보호 수준을 향상시키는 첫걸음이 된다는 의미가 있다.

입법을 통해 보장되어야 할 일하는 사람의 기본 권리의 토대는 헌법상 기본권 보장의 관점에서 출발해야 한다. 일하는 사람의 기본권 보장이라는 관점에서 입법에 포함되어야 할 대표적인 내용으로는 일하는 사람과 그 상대방(노무 이용자 내지 사업자) 간의 교섭력 불균형을 고려한 계약 자유의 실질적 보장을 위한 권리, 인간으로서 일하는 사람의 존엄, 인격권·평등권 보장을 위한 권리, 일하는 사람의 건강권·생존권 보장을 위한 권리, 일하는 사람의 모성보호·가족돌봄과 사생활 보호 등을 위한 권리, 일하는 과정에서 발생되는 분쟁을 신속하고 저렴하게 해결하기 위한 공적 권리구제 제도 내지 분쟁해결 제도 등을 들 수 있을 것이다.

한편 제21대 국회에서는 다양한 고용형태로 일하는 사람 보호를 위한 법안들이 발의되었는바 '일하는 사람의 권리보장에 관한 법률안'(이수진 의원안, 의안번호 2118266), '일하는 사람의 보호 등에 관한 법률안'(장철민 의원안, 의안번호 2118363), '일하는 사람 기본법안'(이은주 의원안, 의안번호 2122540) 등이 그것이다.

이들 법안에는 일하는 사람의 인간다운 생활을 유지·증진하는 국가 및 지방자치단체의 책임, 일하는 사람의 인격과 사생활을 보호에 관한 사업자의 의무와 책임, 일하는 사람에 대한 균등처우, 서면계약의 체결 및 교부, 부당한 계약해지 등의 제한, 보수지급 원칙 등 보수 관련 사항, 휴가 내지 휴무, 임산부 보호, 육아휴직, 성희롱 및 괴롭힘의 금지 및 예방, 고충처리, 분쟁해결, 직업능력 개발, 일하는 사람 보호를 위한 지침의 제정 및 보급, 표준계약서 보급, 정부의 감독 및 시정, 공제회 설립 및 지원 등에 관한 내용이 포함되어 있다. 다만 이러한 법안들은 국회 회기만료로 폐기되었다.

제22대 국회에서도 '일하는 사람 기본법안'(김주영 의원안, 의안번호 2200069), '일하는 사람 기본법안'(이용우 의원안, 의안번호 2205101)이 발의되었는데 주요 내용은 위 법안들과 크게 다르지 않다.

이와 같이 일하는 사람의 권리 보장을 위한 법제 마련 필요성과는 별개로 일하는 사람이 노동법상 '근로자'임을 법적으로 다투게 되는 경우 소송상 증명의 책임은 사용자가 부담하도록 하여 일하는 사람이 자신이 근로자임을 주장해야 하는 어렵고도 무거운 책임을 완화할 필요가 있다. 독일 등 해외에서도 근로자성을 다투는 복잡한 소송이 증가함에 따라 일하는 사람의 증명책임을 완화하고자 하는 논의가 이루어지고 있다.

일회용품 취급받는 용역 노동자들, 고용승계 입법이 필요하다

용역업체 근로자의 고용을 불안하게 하는 가장 큰 요인은 도급인(다른 업체에 일을 맡긴 업체)과 기존 용역업체 사이의 용역계약 종료라고 할 수 있다. 도급인과 기존 용역업체 사이의 용역계약이 종료되면 기존 용역업체로부터 근로자들이 경영상 이유에 의한 해고에 처해질 위험이 높음은 물론, 용역업체가 용역계약의 종료를 이유로 폐업하는 경우에는 판례에 따라 해고가 가능하다고 판단될 수 있기 때문이다.[50]

용역업체는 대부분 영세사업체이거나 특정 사업주에게만 전속된 것처럼 용역서비스를 제공하기 때문에 용역계약 종료는 기존 용역업체의 폐업으로 이어질 수도 있다. 또한 신규 용역업체로 변경되는 과정에서 기존의 근로자가 전원 해고되거나, 기존 용역업체 소속 근로자 중 노동조합 활동에 적극적인 근로자나 기존 근로조건보다 저하된 근로조건을 수용하지 않으려는 근로자의 재고용이 선별적으로 거부되는 등의 사례가 빈번하게 발생한다. 최근 용역업체 변경 시 기존 용역업체 근로자가 신규 용역업체로 승계될 가능성에 대해 유의미한 법원 판결들이 나오기도 했지만,[51] 관련 입법이 없는 상황에서 법해석론의 한계가 존재한다.

---

50) 대법원 2011. 3. 24. 선고 2010다92148 판결, 대법원 2001. 11. 13. 선고 2001다27975 판결, 대법원 1993. 6. 11. 선고 93다7457 판결 등 참조.
51) 대법원 2021. 4. 29. 선고 2016두57045 판결, 대법원 2021. 7. 8. 선고 2020두40945 판결, 대법원 2023. 6. 15. 선고 2021두39034 판결.

법원은 용역업체 변경 시 신규 용역업체가 기존 용역업체 소속 근로자의 재채용을 거부한 사건에서 거의 예외 없이 신구 업체 간에 영업양도 계약이 없었다는 점을 이유로 재채용 거부의 적법성을 인정했다.[52] 용역업체 교체에 대해 영업양도에 관한 판례 법리를 원용하는 방법으로 접근하여 결과적으로는 신구 용역업체 간에 근로관계 승계에 관한 계약이 존재하지 않는 한 구 용역업체 소속 근로자는 새로운 용역업체로 승계되지 않는다는 것을 기본 입장으로 취한 것이다.[53]

종래의 판례는 용역업체 교체 시 근로관계의 승계 문제를 신구 용역업체 간의 합의라는 계약 해석의 관점에서 접근한 것으로 이해된다.[54] 그러나 대부분의 경우 용역업체의 교체와 기존 용역업체 소속 근로자를 계속 사용할 것인지 여부는 도급인(즉, 일을 맡긴 업체)의 의사에 따라 이루어진다.[55] 결국 용역업체가 교체되어 기존 용역업체 사업의 전부 또는 일부가 폐지되는 경우 근로자 보호라는 관점에서는 치명적인 문제가 발생된다.

2021년 대법원은 용역업체 교체 시 용역근로자의 근로관계의 승계를 명시적으로 인정한 첫 번째 판결을 내렸다. 대법원은 이 판결에서 '고용승계에 대한 기대권'이라는 개념을 통해 근로관계 승계를 인정했

---

52) 서울행정법원 2010. 4. 23. 선고 2009구합36453 판결, 대전지방법원 2011. 6. 2. 선고 2011카합206 결정, 서울고등법원 2012. 5. 4. 선고 2011누35622 판결.
53) 권오성, "용역업체의 교체와 근로관계 승계", 「노동법학」 제63호, 2017, 8쪽.
54) 전형배, "외주위탁사업의 이전과 근로관계의 승계: 영국의 입법론과 시사점", 「노동법학」 제41호, 한국노동법학회, 2012, 157쪽.
55) 전형배, 앞의 글, 157쪽.

다.⁵⁶⁾ 이후 이 판결의 취지를 원용한 대법원 판결들이 내려졌다.⁵⁷⁾

이 판결은 용역업체 변경 시 고용승계 거절이 부당한 해고나 다름없는 상황을 발생시키는 것에 제동을 거는 해석을 적극적으로 전개했다는 점에서 의의가 있다. 다만 이 판결에서는 용역업체 변경 시 구 용역업체 소속 근로자를 신 용역업체가 승계하는 고용승계의 관행을 근거로 고용승계 기대권의 법리를 인정하고 있는데, 여기서 '노사관행'이라는 것이 쉽게 인정되는 개념은 아니라는 한계가 있다.

대법원은 기업 내부에 존재하는 특정한 관행이 기업사회⁵⁸⁾에서 일반적으로 근로관계를 규율하는 규범적인 사실로서 명확히 승인되거나 기업 내에서 사실상의 제도로서 확립되어 있어야 근로계약의 내용으로 인정될 수 있다고 하여 그 인정 가능성을 매우 좁게 보고 있다. 또한 노사 당사자의 일방이 노사관행에 따르지 아니한다는 취지를 표시하는 경우에는 노사관행의 구속력이 배제될 수밖에 없다는 점에서 노사관행에 근거하여 근로관계의 승계가 인정된다고 하더라도 이는 예외적으로 인정되는 경우라는 한계가 있다.

이러한 문제에 대해 유럽연합·독일·프랑스 등에서는 입법·판례·지침 등을 통해 용역업체 변경 등 기업 변동 시 근로자 보호를 위한 여러 방안을 마련하고 있다.

---

56) 대법원 2021. 4. 29. 선고 2016두57045 판결.
57) 대법원 2021. 7. 8. 선고 2020두40945 판결, 대법원 2023. 6. 15. 선고 2021두39034 판결.
58) "기업사회"는 대법원 판결에서 사용된 표현인데, 마치 어느 사회 내부에서의 관행이 법처럼 인정되는 경우처럼 기업 내부에서 노사관행이 근로계약의 내용처럼 인정될 수 있는 경우를 설명하기 위한 표현으로 보인다.

용역업체 변경 시 근로관계의 승계에 관한 입법이 없는 현재 상황에서는 도급인과 신규 용역업체 간의 도급계약을 기존 용역업체 소속 근로자에게 근로관계의 승계를 요구할 수 있는 권리를 부여하는 내용으로 해석하는 방법이 있다.

그렇지만 해석에 의한 보호는 그 범위가 매우 제한적일 뿐만 아니라 법적 안정성도 확보하기 어렵다. 결국 용역업체 교체 등 사업이전의 경우 근로관계 승계 등 근로자 보호에 관한 문제는 사업이전 시 근로자 보호에 관한 규율을 목적으로 하는 입법을 통해 해결되어야 한다.

사업이전이란, 사업을 운영하는 주체는 변경되었지만 그 사업 자체는 폐지되지 않고 새로운 사업주에 의하여 계속 영위되고 있는 경우를 의미한다고 볼 수 있을 것이다. 이른바 사업주만 바뀐 채로 동일한 사업이 계속 영위되고 있는지 여부가 중요하며, 신구 용역업체 간에 계약이 없더라도 사업 자체가 폐지되지 않고 계속 운영되는 경우에는 근로계약의 이전 효과가 발생하는 사업이전에 해당된다고 보아야 한다.

사업이전 시 근로자 보호에 관한 법률을 제정하는 경우, 근로관계의 승계, 근로자의 승계 거부 또는 이의 신청, 취업규칙 등 근로조건의 불리한 변경에 대한 제한, 노동조합 및 단체협약 승계 등에 관한 내용이 포함되어야 할 것이다.

하청업체 노동자들의 노동기본권이 실질적으로 보장되어야 한다

그간 사내하청업체 노동자 등 간접고용 노동자 보호를 위한 원청 책임의 강화, 간접고용 노동자의 건강과 생명 보호를 위한 일정 영역에서의 도급 제한 등과 관련한 법제 개선 논의가 있었지만 눈에 띄는 개선은 별로 이루어지지 않고 있다. 근로기준법 등 개별적 노동관계법의 전향적 개정을 통한 보호 방안을 법제화하는 것이 어렵다면 원청업체 사용자, 하청업체 사용자, 하청업체 노동자가 함께 자율적으로 근로조건을 개선할 수 있도록 단체교섭의 주체와 대상을 폭넓게 인정하는 것이 가장 필요하고도 바람직하다.

법리적으로는 대법원이 2010년 판결(현대중공업 사건)[59] 및 2014년 판결(88관광개발주식회사)[60]을 통해 근로자와 근로계약을 체결하고 있는 사용자가 아니라 하더라도 당해 근로자의 기본적인 노동조건을 실질적·구체적으로 지배·결정할 수 있는 지위에 있는 자는 부당노동행위 구제명령의 대상인 사용자가 된다고 판시한 바 있다. 2010년 판결은 원·하청 관계, 2014년 판결은 특고가 문제 된 사안이지만 두 판결 모두 실질적으로 책임을 부담해야 할 주체에게 법적 책임을 묻는 것이 지극히 타당하다는 상식에 기초하고 있다.

---

59) 대법원 2010. 3. 25. 선고 2007두8881 판결.
60) 대법원 2014. 2. 13. 선고 2011다78804 판결.

비교적 최근에는 택배노조가 CJ대한통운에 대하여 단체교섭을 요구한 사건에서 CJ대한통운이 택배노동자들의 단체교섭 요구를 거부한 것은 부당노동행위라는 판단이 1심과 항소심 판결에서 모두 유지되었다.[60] 즉, 사용자의 단체교섭 거부 또는 해태를 부당노동행위로 규정하고 있는 노조법 제81조제1항제3호의 사용자에는 근로자와의 사이에 사용종속관계가 있는 자뿐만 아니라 기본적인 노동조건 등에 관하여 그 근로자를 고용한 사업주로서 권한과 책임을 일정 부분 담당하고 있다고 볼 정도로 실질적이고 구체적으로 지배·결정할 수 있는 지위에 있는 자도 포함된다고 해석함이 타당하다고 판단하여, 원청 회사의 하청 노조에 대한 교섭의무를 인정한 것이다.

오늘날 하청, 재하청 등 노동의 다단계 구조하에서 고용불안과 열악한 근로조건하에서 일하는 비정규직 노동자, 비전형적 고용형태의 노동자들이 개별적으로 사용자와 대등한 지위에서 근로조건을 확보하는 것은 사실상 불가능하다. 결국 노동자가 소속된 사업장이나 기업 단위를 넘어서는 단결을 통해 심각한 힘의 열위를 극복해 갈 수밖에 없다. 이러한 점으로 인해 그 어느 때보다 지금 노조, 특히 초기업 노조의 존재의의가 있고 법을 만들고 해석하고 집행하는 사람들은 이들의 교섭권이 실질적으로 보장되도록, 혹은 적어도 방해는 하지 않도록 그 역할을 해야 한다.

---

61) 서울행정법원 2023. 1. 12. 선고 2021구합71748 판결, 서울고등법원 2024. 1. 24. 선고 2023누34646 판결.

한편 2022년 대우조선 하청근로자들이 그동안 삭감되었던 임금을 삭감 이전 수준으로 되돌려 달라고 요구하면서 목숨을 걸고 장기간 옥쇄농성과 고공농성 등을 단행한 파업을 계기로 우리 사회에서는 하청업체 근로자들의 열악한 현실과 파업권 제한의 현실을 다시 돌아보게 되었다.

오늘날 법치국가에서 헌법이나 법률을 통해 보장되는 노동자들의 파업권은 원래 그 속성이 업무에 대한 저해, 그로 인한 사용자의 손해 발생을 필연적으로 내포하고 있다. 이를 통해 노동자 개인의 힘으로는 도저히 가지기 어려운 사용자와 대등한 교섭력을 실질적으로 확보하여 적정한 근로조건이 보장되도록 하는 것이다. 어떠한 파업이 합법인지, 불법인지에 관한 판단은 노동법적으로 '파업의 정당성'에 관한 판단이다.

다시 말해서 파업은 정당성이 인정되어야 합법적인 파업이 되고, 합법적인 파업이 된다는 것은 민사상 손해배상책임 및 업무방해죄 등의 형사책임에서 벗어날 수 있음을 의미한다. 그런데 파업의 정당성 판단은 법학자나 법조인에게도 쉽지 않은 문제다. 이는 오랫동안 법원 판례를 통해 축적된 법리를 통해 확인할 수 있다.

파업의 정당성을 인정받으려면 첫째, 파업의 주체가 단체교섭의 주체가 될 수 있는 자여야 하는데 이는 보통 노동조합을 의미한다. 둘째, 파업의 목적이 근로조건의 향상을 위한 노사 간의 자치적 교섭을 조성하기 위한 것이어야 한다. 법원은 대체적으로 정리해고나 구조조정에 반대하는 파업에 대해서는 목적의 정당성이 인정되지 않는다고 보고 있다. 그러다 보니 다른 요건들을 합법적으로 준수했어도 정리해고 반대를 외치는 파업의 정당성은 부정되기 쉽다. 셋째, 파업의 시기는 사용자가 근로자의 근로조건 개선에 관한 구체적인 요구에 대하여 단체교섭을 거부하거나 단체교섭의 자리에서 그러한 요구를 거부하는 회답을 했을 때 시작하되 특별한 사정이 없는 한 조합원의 찬성 결정을 법령으로 정하는 절차를 밟아야 한다.

예를 들어 조합원들이 한자리에 모여 만장일치로 손뼉을 쳐 파업에 찬성하더라도 조합원들의 직접·비밀·무기명 투표가 없다면 파업의 정당성은 부정된다. 넷째, 파업의 수단과 방법이 사용자의 재산권과 조화를 이루어야 하고, 폭력 행사에 해당되지 않아야 한다.[62]

유의해야 할 것은 노조의 요구사항이 과도하다는 점만으로 파업의 정당성이 부정되지는 않는다. 판례에 의하면 노조의 요구사항이 과도하더라도 이는 교섭을 통해 조정해야 할 문제이지 파업의 정당성을 좌우하는 요소는 아니라고 보는 것이다. 또한 파업기간이 장기간인지, 단기간인지도 파업의 정당성을 좌우하는 판단 요소는 아니다. 위에서 말한 파업의 정당성 판단을 위한 각각의 요건들은 해석을 필요로 하는 상당히 까다로운 여러 쟁점을 포함하고 있다.

그리고 판례에 따르면 위에서 말한 요건들 중 하나라도 충족하지 못하는 파업은 정당성이 부정되어 노동조합 및 조합원은 민사책임과 형사책임을 지게 된다. 사법부에 의해 합법적인 파업으로 인정받기 위

---

62) 대법원 전원합의체 2001. 10. 25. 99도4837 판결 등.

해서는 법조문과 판례들 곳곳에 자리 잡고 있는 각종 법리를 지뢰밭 피하듯이 잘 피해 가야 한다. 아니면 노동조합과 조합원들은 회사에서 해고를 당함과 동시에 거액의 손해배상청구서를 받고, 업무방해죄를 위반한 전과자가 되는 것을 각오해야 한다.

즉, 한국에서 파업의 정당성이 부정된다는 것은 현실적으로 노조가 감당할 수 없는 금액의 손해배상청구와 형사 판결에 의한 구속 등의 무시무시한 법적 효과로 이어진다. 사용자가 노동조합이나 조합원에 대해 노동자가 평생을 일해서 받는 임금 전액을 모아도 감당할 수 없는 금액의 손해배상을 청구하는 것은 실제 발생된 손해를 보전받기 위해서라기보다는 단지 노조 활동과 파업을 못 하도록 압박하기 위한 수단으로 활용하는 측면이 강하기 때문에 이는 법적으로는 소권남용, 즉 소송을 제기할 수 있는 권리를 남용하는 것이라고 해석할 수도 있다.

그간 수십억 원에서 수백억 원에 달하는 손해배상청구를 받은 조합원들이 압박을 견디지 못하여 스스로 목숨을 끊는 비극이 여러 차례 발생되어 2017년에는 영국 등 외국 사례를 참조하여 일명 '노란봉투법'이라고 불린 법안이 발의되었고, 최근에는 '노조법 2·3조 개정'을 목표로 개정 법안이 다시 발의되었지만 대통령의 거부권 행사로 인해 무력화되었다. 이 법안들은 노조법상 사용자 개념 확대를 통한 하청업체 노조의 원청업체에 대한 교섭권 확보 근거 마련, 노조가 아닌 조합원 개인에 대한 손해배상청구 금지 등에 관한 내용을 담고 있다.

2014년 서울에서 개최되었던 국제학술대회에서 영국의 노동법학자인 유잉(Ewing) 교수는 영국에서 사용자가 노동조합이나 노동자에게 손해배상청구를 거의 하지 않는 이유가 무엇이냐는 질문을 받자, 이에 대해 답을 제공할 수 있는 연구를 누구도 하지 않았지만 아마도 경영자들이 손해배상을 청구하는 것은 어리석다고 판단한 것 같다고 하면서 앞으로 함께 일할 파트너인데 건설적인 관계를 위해서 굳이 과거를 문제 삼기보다 미래를 생각한다는 의미일 것이라고 설명했다.

또한 영국에서 쟁의행위 참여자에 대해 형사처벌을 하는 법은 1875년에 폐지됐고, 현대 유럽 국가가 파업을 다루기 위해 형법을 이용한다는 것은 상상할 수 없다고 밝혔다. 노동자들의 파업권 행사에 대해 그물처럼 촘촘한 정당성 판단 법리에 의해 과도한 손해배상청구와 형사처벌을 가하여 노동자들의 단체교섭권과 단체행동권이 축소되도록 하는 현재의 법적 판단 구조는 반드시 수정이 필요하다.

초기업 교섭 활성화 위한 적극적 입법 필요

원·하청 간 임금 및 근로조건 격차 등의 해소를 위해서는 근로기준법 등 노동 보호 법제를 통해 국가가 직접 개입하는 데에는 한계가 있고, 초기업 교섭 활성화를 위한 정책적, 제도적 기반 마련을 통해 접근하는 것이 바람직하다.

이를 위해 교섭단위 통합제도의 법제화(하청업체나 용역업체의 경우 업종이나 근로조건의 유사성 등을 고려하여 여러 사업 또는 사업장을 대상으로 교섭단위를 통합할 수 있는 근거를 마련), 임금 수준이 열악한 업종을 중심으로 초기업 수준의 교섭 촉진, 단체협약 효력 확대 등을 위한 제도 마련이 필요하다.

참고로 독일에서는 전국적, 전 산업적으로 적용되는 최저임금법이 제정되기 이전에 임금 수준이 열악한 업종을 중심으로 강행근로조건법을 적용한다. 강행근로조건법은 건설업, 폐기물 처리업, 직업교육 분야, 광산업, 지붕수리업, 전기수리업, 건물청소업, 페인트 및 도장업, 간호 분야, 경비업, 세탁업 등에 적용되었다.

이는 주로 인건비가 낮은 동유럽 국가 출신의 근로자들이 많이 유입되어 임금 덤핑 현상과 열악한 근로조건이 문제 되는 일자리의 임금 수준 보장을 위한 조치였다.

이들 부문별로 단체협약이 체결되면 각 단체협약상의 근로조건을 연방노동사회부령(Verordnung)으로 정하여 강행적·통일적으로 해당 부문에 종사하는 전체 근로자에게 적용하도록 하였다. 예컨대 '건물청소업에서의 강행적 근로조건에 관한 시행령' (Verordnung über zwingende Arbeitsbedingungen in der Gebäudereinigung), '경비업에 대한 강행적 근로조건 관한 시행령'(Verordnung über zwingende Arbeitsbedingungen für Sicherheitsleistungen) 등과 같이 부문별로 시행령을 정하여 해당 부문의 단체협약상 임금이 해당 부문에 종사하는 전체 근로자들에게 적용되도록 하는 방식이다. 이는 취약 노동계층 보호를 위한 독일식 직무급의 특성을 보여준다.

동일노동, 유사노동, 동일가치노동에는 동일한 임금 지급을!

우리나라 현행법 중 동일가치노동 동일임금 원칙을 규정하고 있는 법은 남녀고용평등과 일·가정 양립 지원에 관한 법률(남녀고용평등법)이고, 동일가치노동 동일임금 원칙이 처음 등장하게 된 역사적 배경에는 역시 성별 분업에 의한 임금에서의 성차별 문제를 해소하고자 하는 문제의식이 있다.

동일가치노동 동일임금 원칙에서는 동일한 노동에 대한 동일임금뿐만 아니라, 유사한 혹은 실질적으로 유사한 노동에 대한 동일임금 원칙과 함께, 동일한 가치를 갖는 것으로 평가할 수 있는 노동에 대한 동일임금 원칙이 포함된다.

동일노동을 넘어서 동일가치노동에 대한 동일임금 원칙이 요구되는 이유는, 설령 동일한 노동(업무)에 종사하지 않더라도 그것이 동일한 가치를 지니는 경우에는 동일임금을 지급하도록 함으로써 비교대상들 간의 임금 차별을 해소할 수 있는 방안이 필요하기 때문이다.

즉 '동일가치노동'은 임금에서의 차별금지 원칙을 더욱 넓은 범위로 확장한 것이다. 동일가치노동의 문제는 외관상 서로 다른 업무를 수행하더라도 그 가치를 동일하게 평가할 수 있느냐는 문제다. 대표적으로 ILO 전문가위원회는 보고서에서 동일가치노동 동일임금의 사례를 열거하면서 노인요양시설 종사자(대부분이 여성)와 시설보안 경비(대부분이 남성), 학교급식 관리자(대부분이 여성)와 공원 관리자(대부분이 남성)

등을 비교했다.

그런데 그간 남녀고용평등법상 동일가치노동 동일임금 원칙이 문제된 판례에서는 동일노동, 유사한 노동, 동일한 가치의 노동을 '동일한 가치의 노동' 범주에 포섭되는 광의의 개념으로 포괄적으로 이해하고, 동일임금의 대상이 되는 각각의 개념을 이들이 가지는 특성과 경중을 불문하고 동일 내지 유사한 노동과 동일가치노동의 개념상 상이성을 명확하게 반영하지 않은 채 그 동일성 판단은 법상 동일가치노동의 판단기준인 "기술, 노력, 책임 및 작업조건 등"의 기준으로만 각각 대입해서 판단하는 태도를 보였다.

현재 우리나라 비정규직 관련 법에서는 기간제·단시간·파견근로자라는 이유로 동일 또는 유사한 업무를 하는 비정규직 근로자에 대해 임금 차별을 하는 것을 금지하고 있다. 그러나 이는 동일 사업 내에서만 적용되는바, 동일 사업 내에서 비정규직과 동일 또는 유사한 업무를 하는 정규직을 발견하지 못하는 경우 차별시정 제도는 실효성이 없다.

한편 동일가치노동 동일임금 원칙은 특히 직무급제 실시와 관련된다는 점에서 격렬한 논쟁의 대상이 되는데, 동일가치노동 동일임금 원칙이 하나의 사업 내에서만 적용되는 원칙으로 법제화되는 한 정규직·비정규직 간, 원·하청 간 격차 해소에는 별 의미가 없을 것이다. 이러한 문제의식은 다음과 같은 주장에서 잘 드러난다.

"직무급제의 가장 큰 문제는 임금체계가 기업별로 구축된 우리나라에는 직무급제로 전환되더라도 기업 내에서 이루어진다는 사실이다. 기업 내부에서 정규직과 비정규직, 고연차와 저연차 간 임금격차를 줄일 수 있을지는 몰라도 대기업과 중소기업, 원청과 하청 등 '기업 간' 격차, 즉 윤석열 정부에서 주장하는 이중노동시장 구조를 해소할 수 있는지는 의문이다. 직무급제가 이중노동시장 구조를 해소하기 위해서는 사회적으로 100의 가치를 지녔다고 평가되는 직무 A의 노동자는 대기업·중소기업, 원청·하청을 막론하고 어디서든 100에 준하는 임금 수준을 받을 수 있어야 한다."[63]

요컨대 동일노동·유사노동·동일가치노동의 개념 구분을 더욱 명확하게 하고, 특히 동일가치노동의 개념은 외관상 다른 노동이라 하더라도 가치가 동일한 경우는 과연 어떤 경우인지를 판단할 수 있어야 한다는 관점에서 정립되어야 하며, 초기업적 차원에서 동일가치노동을 판단할 기준이 필요하다. 궁극적으로는 초기업 교섭 활성화를 위한 제도적 개선 내지 이에 준하는 초기업적 임금 결정 시스템이 마련되어야 한다.

최저임금 결정, 누가 어떻게 해야 할까

2025년도 최저임금 인상률은 전년도 대비 1.7%로 이는 우리나라에서 최저임금제도가 시행된 이후 두 번째로 낮은 인상률이다. 역대

---

[63] 장진희 '윤석열 정부의 임금체계 개편에 대한 비판적 검토와 향후 과제', 「노동과 희망」, http://news.inochong.org/detail.php?number=5014&thread=14.

가장 낮았던 인상률은 2021년 전년도 대비 1.5%였는데 당시는 코로나19로 인한 비상 상황이었다는 점에서 다른 시기와 비교하기 어려운 측면이 있다. 2025년 최저임금은 시급 1만30원으로 최저시급 1만 원 시대를 열었다는 점에 의미를 두는 시각도 있다.

그렇지만 이미 2017년에 실시되었던 제19대 대통령선거 당시 문재인·유승민·심상정·홍준표·안철수 등 주요 후보들이 최저시급 1만 원을 공약으로 내세웠다. 1만 원 도달 시기를 가장 늦게 설정한 후보도 2022년을 목표로 했었을 정도로 최저시급 1만 원은 마치 우리 사회의 오래된 숙제 같은 수치였다. 그러다 보니 이제 최저시급 1만 원의 의미는 많이 퇴색되었고, 무엇보다도 최저임금 인상률이 물가상승률에도 미치지 못하는 데다 지금 같은 고물가 시대에는 1시간을 일해서 받는 최저임금으로 밥 한 끼 제대로 사 먹기도 쉽지 않은 상황이다.

해마다 최저임금 결정을 위한 논의가 시작되는 시기부터 최저임금이 결정되기까지의 기간 동안 최저임금제도의 문제점과 한계, 개선 필요성 등이 제기된다. 이는 2018년도 최저임금 인상률이 전년 대비 16.4%로 인상 폭이 상당히 높았던 때나, 올해처럼 역대 두 번째로 낮은 수준으로 인상된 때나 마찬가지다.

그리고 2018년 문재인 정부에서 최저임금이 결정된 직후와 2024년 윤석열 정부에서 최저임금이 결정된 직후, 양 정부는 모두 '최저임금 결정구조'를 개선하겠다는 뜻을 밝혔다. 2019년 문재인 정부에서는 최저임금법 일부개정법률안을 통해 최저임금 제도개선안을 발표했는데, 그 주요 내용은 최저임금위원회를 구간설정위원회와 결정위원회로 나누어 이원화하면서 구간설정위원회를 전문가로 구성하겠다는 안이었다. 2025년에 적용되는 최저임금이 결정된 직후에도 정부는 최저임금 결정구조 개선을 위한 연구용역을 실시하고 개선을 추진하겠다고 밝혔다. 사실상 최저임금 인상률 결정을 주도하고 있는 정부는 최저임금 인상률에 노동계가 불만족스러워할 때도, 반대로 경영계에서 불만족스러워할 때도 정부의 성향 문제가 아니라 제도 자체의 문제로 돌리고 싶은 것일지도 모른다는 생각이 든다.

최저임금 결정을 둘러싼 문제들이 단지 결정구조 개선에 의해 획기적으로 개선될 것이라고 말하기는 어렵다. 그렇지만 1986년에 만들어진 최저임금제도가 40년 가까이 되는 지금까지 변화 없이 그대로 유지되고 있는 상황에서 개선이 필요한 부분은 있을 수밖에 없고, 실제 제도개선이 추진된다면 적어도 지금보다는 합리적인 근거와 과정을 통해 최저임금을 정할 수 있는 방향이 모색되어야 할 것이다.

우리나라의 최저임금위원회 제도는 노·사·공익 3자의 직접 참여 원칙과 노사 대표 동수 구성 원칙을 준수하고 있다는 점에서 ILO 최저임금 관련 협약 내용과 국제적 경향에도 부합되는 형식이라고 평가할 수 있을 것이다. 현행 제도와 같은 위원회 결정 방식 대신 완전히 다른 결정 방식을 도입한다면 지나치게 급격한 변화가 되고 그로 인한 장단점을 예단하기 어려우며 새로운 유형의 결정 방식이 반드시 현행 제도의 단점을 보완해 줄 것이라는 근거도 찾기 어렵다.

그렇지만 우리나라에서는 근로자위원·사용자위원·공익위원 간의 합의가 이루어진 경우가 드물고 결국 위원들의 투표를 통해 최저임금액이 결정되는 경우가 대부분이라는 점, 이 과정에서 공익위원의 영향이 크다는 점 등을 고려할 때 현재와 같은 위원회 방식을 유지한다면 결국 신뢰도를 제고할 수 있도록 위원 구성 방식의 개선이 이루어져야 하고, 더욱 깊이 있는 심의가 이루어질 수 있는 방향으로 개선되어야 한다.

우리나라의 공익위원은 모두 고용노동부 제청으로 대통령이 위촉하고 있는데, 공익위원 선정 시 노사정 각각의 추천을 통한 공익위원 구성을 고려할 필요가 있다. 다양한 관점을 가진 공익위원들의 참여를 위해서다. ILO 제131호 협약(개발도상국을 특별히 고려한 최저임금결정에 관한 협약)에 따르면 공익위원은 이들을 사용자단체 및 근로자단체와 협의하여 임명하는 것이 국내법이나 관행에 의한 것이라면 이들 단체와 충분히 협의하여 임명한 자가 참여해야 한다고 규정하고 있다. 대표적으로 독일의 경우 의결권이 없는 자문위원 2명이 최저임금위원회에 참여하고 있는데 이들 자문위원은 노사 추천에 의해 연방정부가 임명한다.

그리고 비정규직 등 최저임금 결정을 통해 임금 수준에 직접적인 영향을 받는 취약계층 근로자들의 이해관계를 대변할 수 있는 대표들이 근로자위원으로 참여할 수 있도록 제도화하는 방안을 고려해야 할 것이다. 이 경우 사용자위원도 이에 대응하는 이해관계자의 참여가 보장되도록 해야 한다.

또한 현재 위원회 내에는 연구위원회가 구성되어 있는데, 최저임금 결정을 위한 기초 자료 수집과 분석 등이 더 깊이 있게 이루어질 수 있도록 연구위원회 구성 및 운영 방식 개선도 모색할 필요가 있을 것이다.

제대로 작동 못 하는 비정규직 차별시정 제도, 입법적 개선이 필요하다

기간제법은 기간제 근로자와 단시간 근로자에 대한 차별적 처우 금지와 노동위원회에 의한 차별시정 절차를 규정하고 있는데, 이와 같은 차별시정 제도는 그다지 실효성 있는 제도로 활용되지 못하는 실정이다. 제도 시행 첫해인 2007년과 이듬해에는 각각 786건, 1천966건의 비정규직 차별시정 신청 사건이 전국의 노동위원회에 접수되었지만 이후 차별시정신청 사건은 급격히 줄어들었다.

2009년부터 2021년까지 전국의 노동위원회에 접수된 차별시정 신청 사건이 연평균 171건(노동위원회별 연평균 접수 건수는 약 12건)에 불과한 것으로 집계되었다.[64]

기간제·단시간 등 불안정한 고용형태로 일하는 근로자들이 재직 중에 정규직의 근로조건과 비교하여 차별받는다고 주장하면서 차별시정 신청을 하는 것은 현실적으로 한계가 있을 수밖에 없다. 현실적 문

---

64) 조용만, '기간제법상 차별시정제도 개선과제', 『법학논총』, 제39집 제2호, 한양대학교 법학연구소, 2022, 277쪽.

제 외에도 법리적으로는 현행법상 차별시정 제도 자체도 문제가 있음이 지적되는데, 가장 대표적인 문제로 차별시정 신청 당사자와 비교 대상자 판단에 관한 문제가 있다.

먼저, 현행법상 차별시정 신청권자를 기간제 근로자나 단시간 근로자 개인으로 한정하고 있는 것과 관련하여, 비정규직 근로자가 재직 중인 상황에서 사용자를 상대로 차별시정을 신청하기 어려운 현실적인 문제가 있다. 따라서 비정규직 근로자가 가입한 노동조합에도 신청권을 인정하는 것으로 법 개정이 이루어져야 한다는 입법론적 개선 방안이 제기되고[65] 이는 타당한 지적이다.

다음으로, 기간제 또는 단시간 근로자가 노동위원회에 차별시정 신청을 한 경우 법리적인 장벽으로 작용하는 법리는 비교 대상자 판단의 문제이다. 현행법상 비정규직에 대한 차별적 처우 여부를 판단하기 위해서는 차별시정 신청 근로자와 비교할 수 있는 근로자가 해당 사업 또는 사업장에 있어야 한다.

기간제법 제8조에 따르면 기간제 근로자의 비교 대상 근로자는 동종 또는 유사한 업무에 종사하는 기간의 정함이 없는 근로계약을 체결한 근로자이고, 단시간 근로자의 비교 대상 근로자는 동종 또는 유사한 업무에 종사하는 통상근로자다. 즉 기간제 또는 단시간 근로자가 수행하는 업무와 동종·유사성이 있는 업무를 수행하는 정규직 근로자

---

65) 박수근·김근주, '자발적 단시간근로 확대를 위한 법제도적 개선 방안', 『법학논총』 제31집 제1호, 한양대학교 법학연구소, 2014, 725쪽.

가 존재해야 하는 것이다.

그런데 기간제 근로자와 동종·유사한 업무에 종사했던 정규직 근로자가 조직개편 등으로 다른 업무에 배치되어 어떤 비교 대상 근로자도 존재하지 않게 되면 그 시점 이후의 차별적 처우를 시정할 수 없게 되는 문제가 생긴다는 점, 비교 대상 근로자가 여러 사람 존재하는 경우 적정한 비교 대상자 선정 기준이 무엇인지, 예컨대 여러 명의 비교 대상 근로자 중 가장 낮은 처우를 받는 근로자를 비교 대상 근로자로 선정하는 것이 타당하다고 보는 법원의 입장[66]이 옳은지 등 여러 문제점이 제기된다.[67] 비정규직 근로자가 어렵게 차별시정 신청을 하더라도 이와 같은 해석상 논쟁 속에서 신청이 기각될 처지에 놓인다.

이에 동종 또는 유사한 업무에 종사하는 근로자뿐만 아니라 '동종 또는 유사한 업무에 종사하였던 근로자', '처우의 성질상 업무의 종류와 무관하게 비교 가능하다고 인정되는 근로자' 및 '기타 평등한 처우의 필요성에 비추어 적정하다고 인정되는 근로자'도 비교 대상자에 포함하는 개선책이 필요하다는 견해가 제시된다.[68]

비교법적으로 독일의 '단시간 및 기간제 근로에 관한 법률'(Gesetz über Teilzeitarbeit und befristete Arbeitsverträge) 제2조 및 제3조에 따르면 비정규직 근로자와 동일하거나 유사한 업무를 수행하는 해당 사업장 내의 정규직 근로자가 비교 대상자가 되지만, 만일 사업장 내에 비

---

66) 서울행정법원 2017. 7. 7. 선고 2016구합53203 판결 등.
67) 조용만, 앞의 글, 281~282쪽.
68) 조용만, 앞의 글, 283쪽.

교 가능한 정규직 근로자가 없는 경우에는 해당 비정규직 근로자에게 적용할 수 있는 단체협약 조항 중 비교 가능한 정규직 근로자를 비교 대상자로 정할 수 있다. 더 나아가 해당 산업 내에서 일반적으로 비교 가능한 정규직 근로자를 비교 대상자로 선정할 수 있도록 규정하고 있다.

물론 독일의 경우에는 산별 단위 등 주로 초기업 단위에서 단체협약이 체결되는 현실이 고려된 규정이라는 점에서 우리의 노사관계 현실과는 차이가 있으나 실효성 있는 비정규직 차별시정 제도 운용을 위해서는 비교 대상자 범위의 확대가 필요하다는 취지만큼은 다르지 않다.

16

노동의 미래

정흥준
서울과학기술대학교 경영학과 부교수

세상 모든 것이 항상 '변화'하지만 이를 충분히 인식하지 못하는 것은 변화가 점진적이기 때문일 수 있다. 어느 정도 시간이 지나면 변화했음을 체감하지만 변화하는 동안에는 잘 모르는 경우도 많다. 이에 비해 '전환(Transformation)'은 완전히 새로운 단계로 달라지는 것을 의미하므로 금방 이를 알아차릴 수 있다.

노동하는 사람이나 노동을 공부하는 사람들이 변화에 적응하는 것은 어렵지 않다. 달라진 상황에 맞춰 충분히 논의하고 조금씩 바꾸면 되기 때문이다. 이에 비해 전환 상황에서는 어떻게 적응해야 할지 난감할 때가 많다. 갑자기 달라진 환경에서는 무엇부터, 어떻게 풀어나가야 할지 결정하기 어렵기 때문이다.

이 책은 전환의 시대에 대응하는 노동의 과제를 다뤘다. 인구 변화, 디지털 변화, 세대 변화, 기술 변화, 탈세계화 등 국제 정세 변화 등이 점진적인 변화로 보이지 않는다. 저자들은 지금 우리가 직면한 세상이 이전 세상과 다른 세상으로 바뀌고 있으며 노동시장에 미치는 영향도 충격적인 수준이라는 데 동의한다.

노동을 고민해 온 저자들은 전환의 시대에 노동하는 사람들에게 닥친 문제가 무엇인지 살펴보고 대안을 제시하고자 하였다. 이 책의 대안들은 실현 가능성도 고려했지만 문제 해결에 적합한 방안인지를 가장 우선시해 제시했다. 실현은 가능하지만 효과가 떨어지는 정책보다 실현이 다소 어렵더라도 정책 도입에 따른 효과가 클 때 사회는 진일보할 수 있기 때문이다.

이 책은 노동의제의 방향을 제시하면서 정부의 역할이나 과제만이 아니라 노동조합도 노동의 주체로 어떤 전략을 추구해야 하는지를 고민하여 제언에 추가하였다. 전환의 시대에 노동정책을 수립하기 위해서는 노동의 주체인 노동조합의 자기 고민과 전략이 중요하기 때문이다.

하청기업 노사의 교섭력 제고와 임금공시제도 도입

2장에서 우리나라 불평등의 추세를 살펴보았다. 1980년부터 현재까지 45년을 돌아본 결과 임금 분위별로 중위-하위 간 임금격차는 줄어들었으나 상위-중위 간 임금격차는 크게 줄어들지 않은 것으로 나타나 상위 10%의 임금인상이 가파르고 최저임금 인상에 따라 저소득층의 임금 추격이 계속 이루어졌음을 확인할 수 있다. 노동시장 불평등을 완화하기 위해서는 최저임금 정책을 적절히 활용하는 가운데 고소득층에 대한 적극적인 과세정책이 필요해 보였다.

한편 부문별로 성별 임금격차는 점진적으로 줄어들고 있으나 선진국과 비교하면 여전히 커서 이를 개선하기 위한 임금공시제도의 도입을 제안하였다. 또한 하청노동자의 경우 저임금 부문에 주로 분포해 있어 하청기업 및 하청노동자의 원청에 대한 교섭력을 제고할 방안이 요구되고 있다.

플랫폼 노동기본권 보장과 5명 미만 사업장 차별 금지

　3장은 사각지대 노동자를 살펴보았다. 대표적으로 플랫폼·프리랜서 노동자와 5명 미만 사업장 노동자들이다. 저소득 1인 자영업자로 전락한 플랫폼 노동자들은 노동력을 제공하지만 전통적인 노동법으로는 보호를 받지 못한다. 사회보장에서도 제외되어 있다. 플랫폼 노동자는 기술 변화와 고용관계의 변화로 인해 계속 증가할 가능성이 크다. 현재대로라면 플랫폼 노동자가 늘어날수록 플랫폼 기업은 공짜 노동을 더 많이 누리게 된다. 플랫폼·프리랜서 노동자들에게 최소한의 사회안전망인 사회보험 적용과 노동기본권을 보장해야 한다.

　우리의 법·제도 가운데 가장 납득하기 어려운 것 중 하나가 5명 미만 사업장의 노동자에게 근로기준법을 온전하게 적용하지 않는 것이다. 소규모 영세사업장은 열악한 노동조건을 가지고 있으므로 노동자에게 최소한의 노동법적 보호를 제공하는 것이 타당하지만 이와는 반대로 자영업자의 지불능력상 한계를 고려하여 근로기준법상 핵심 조항인 해고, 근로시간, 연장근로가산수당, 유급연차휴가 등을 적용하지 않고 있다. 근로기준법은 1953년 제정 이후 꾸준하게 확대 적용되어 왔으나 현행법은 1998년에 멈춰 있다. 27년이 지난 지금 5명 미만 사업장에도 근로기준법의 전면 적용을 추진해야 한다.

산업안전보건청 설립을 통한 예방 활동 강화

4장은 안전하지 못한 대한민국을 살펴보았다. 경제는 성장했고 국가의 위상은 국제적으로 높아졌지만 산업재해 문제는 여전히 선진국 대열에 들어서지 못한 현실을 짚어보았다. 산재사고가 하청노동자에게 발생하는 위험의 외주화에서 더 나아가 고령 노동자에게 집중되는 위험의 고령화와 이주 노동자의 취약한 안전 실태를 분석하였다.

산재사고는 기술과 법으로만 막을 수 없으며 사회구조적 대책이 마련되어야 함을 강조하였다. 근로기준법의 사각지대가 존재하듯이 노동안전보건법의 사각지대도 동일하게 존재했는데, 특수고용·플랫폼 노동자들이다. 5명 미만 사업장은 중대재해처벌법의 예외이기도 하다. 이들 산업안전 사각지대에 법을 적용하거나 정부가 집중적으로 지원하는 방안을 모색해 보고, 체계적인 예방을 위한 산업안전보건청 설립도 검토할 필요가 있음을 제안하였다.

계속 일할 권리 보장

한국은 2025년 12월 65세 이상 인구가 전체 인구의 20%를 넘는 초고령사회에 도달했으며 앞으로 고령인구는 더 늘어날 것으로 예상된다. 반대로 저출생으로 인해 젊은이들은 점점 줄어들 것이며 생산가능인구도 함께 감소할 것이다. 이런 이유로 정년연장 필요성이 사회적 공감을 얻고 있다. 정년연장은 의료 기술의 발달로 건강하게 일할 수 있는 연령이 높아졌으며, 국민연금 수령 시기가 1969년 이후 출생자부터 65세여서 정년과 연금 수령 나이 간 불일치를 해소하기 위해 필요하다는 논리가 설득력을 얻고 있다. 또한 OECD 국가 중 압도적 1위인 노인빈곤을 해결할 대안으로도 정년연장이 거론되고 있다.

5장에서는 구체적으로 단계적인 법정 정년을 연장하되, 고령 노동자에게 시간주권을 부여하고 노동시간을 단축하여 일할 권리를 보장하자고 제안하였다. 또한 정년연장에만 그치는 것이 아니라 대기업에서 중소기업으로 취업하는 출향 제도 모델을 개발하거나 고령자 직업훈련을 활성화하여 양질의 일자리에서 계속 일할 수 있도록 하는 정책을 제시하였다.

출산과 육아 남녀 동등 의무와 동등 기회 부여

저출생의 원인 중 하나로 여성의 노동시장 참여가 주목을 받고 있다. 여성이 고용이 올라가면 합계출산율이 떨어지기 때문인데, 여성이 커리어를 유지하려면 출산과 육아는 방해가 될 수 있는 현실을 보여준다. 여성의 노동시장 참여와 출산 및 육아 간의 반비례 관계는 30대 기혼여성의 낮은 고용률에서도 확인된다.

이른바 M자 커브로 알려진 것인데 여성의 고용은 20대에 증가하다 30대에 떨어진 후 40대 이후에 다시 증가하는 현상이다. 여성들은 출산과 육아를 위해 30대에 노동시장을 떠나 40대에 재진입하는 경우가 있는데 이들 경력단절 여성은 노동시장 재진입 시 본인이 가지고 있던 경력을 인정받지 못하는 경우가 많다.

경력단절을 막아 여성이 본인의 의사에 따라 계속 노동시장에 남아 있을 권리를 보장하기 위해서는 출산과 육아가 여성의 경력에 페널티가 되어서는 곤란하며 반대로 여성의 출산과 육아가 남성 동료에게 기회로 작동해서도 안 된다. 법·제도적으로 출산과 육아를 이유로 여성을 차별해서는 안 되며 관련 휴가 및 근무시간 조정도 희망에 따라 어렵지 않아야 한다. 그러나 현실은 이와 달라 휴직·휴가가 자유롭지 못하며 복직도 약속받지 못하는 경우가 흔하다. 공공기관과 대기업을 제외하면 여성의 출산과 육아에는 제약이 뒤따른다.

6장에서는 여성의 노동시장 참여를 위해 여성과 남성이 동등하게 같은 기간의 육아휴직을 사용할 수 있어야 함을 제안한다. 또한 여성이건 남성이건 육아 과정에서 각종 지원제도를 활용하더라도 근속과 고과평가에 불이익을 받지 않는 사회적 인식이 만들어져야 함을 강조하였다.

정의로운 전환을 위한 노동조합의 적극 대응 모색

기후위기에 대응하기 위한 탄소감축과 이를 실현하기 위한 산업전환은 피하기 어려운 과제가 되었다. 다만 산업전환을 일방적으로 추진하게 되면 때로는 노동자가, 때로는 지역사회가 피해자가 될 수 있어 지역주민과 노동조합 등 이해당사자와 논의를 전제한 정의로운 전환이 주목을 받고 있다.

그동안 정의로운 전환을 위해 정부의 전향적인 자세 변화를 요구해왔으나 이 책의 7장은 정부의 역할보다 노동조합의 태도와 전략에 주목한다. 노동조합의 정의로운 전환 활동이 상대적으로 부진한 상황에 주목하여 관성적인 활동을 경계하자고 제안한다. 노동조합이 조합원들과 정의로운 전환에 대해 소통하고 시민사회와도 전략적 연대를 할 필요성이 있음을 강조한다.

프리랜서 노동에 맞는 조직화와 사회안전망 정책

디지털 사회로의 진화는 필연적으로 노동의 형태를 바꾸고 있다. 임시직과 다를 바 없는 플랫폼·프리랜서 노동은 정규직으로 고용하지 않더라도 사업을 유지·확장하는 데 방해가 되지 않고 오히려 상당한 수준으로 인건비 및 관리 비용을 절감할 수 있어 수요가 꾸준히 늘고 있다. 방송사가 대표적인데 아나운서·방송작가·리포터 등은 우리가 흔히 만나는 프리랜서 노동자들이다. 전통적인 산업만이 아니라 최근 생겨난 산업에서도 프리랜서 형태의 노동이 늘어나고 있다.

예를 들어 유튜브 창작자의 경우 안정적인 콘텐츠 창작을 위해 촬영, 편집, 영상 기획 같은 업무를 개인에게 아웃소싱하고 있다. 전통적인 산업이 플랫폼 산업으로 대체될수록 1인 프리랜서는 더 많이 늘어날 것이다.

비임금 노동자인 프리랜서를 임금노동자로 간주하여 근로기준법을 적용하라는 요구는 설득력을 갖기가 어렵다고 보았다. 일하는 방식이 임금노동자와 다르기 때문이다. 8장은 자신의 노동력을 제공하여 사회적 가치를 재생산하는 프리랜서 노동자에게 고용보험과 상병수당 등 사회안전망을 보장할 필요가 있다고 제안한다. 또한 그들 스스로 권리를 보장받기 위한 활동도 중요하게 다룬다. 프리랜서가 노동조합으로 활동하는 것이 어렵다면 공제조직 등 다양한 방안을 모색할 수 있음을 제안한다.

시간 불평등 해소를 위한 야간노동, 장시간 노동 개선

누구에게나 하루는 24시간으로 같지만 노동하는 시간은 같지 않다. 최근 들어 야간노동과 장시간 노동은 취약한 노동자의 몫이 되고 있다. 온라인 마켓이 급성장하면서 심야배송·새벽배송·로켓배송 등 소비자의 편익을 극대화하는 배송이 등장했고, 그 바람에 무려 10만 명 넘는 노동자들이 물류센터에서 매일 야간노동을 한다.

공짜 노동시간도 정비가 필요하다. 예를 들어 돌봄을 위해 이동하는 노동자나 대리운전 노동자 등은 업무를 위해 이동을 하지만 이동시간은 업무시간으로 인정받지 못하는 실정이다.

시간의 양극화를 줄이기 위해서는 야간노동 규제가 필요하다. 야간노동을 금지할 수 없기 때문에 최소한 건강을 유지하면서 일할 수 있도록 휴게시간을 추가로 부여하거나 연속으로 야간노동을 하는 일수를 규제할 필요가 있다. 9장에서는 시간의 불평등을 줄이는 노력과 함께 총노동시간을 OECD 평균 수준인 1천700시간대로 낮추기 위한 노력도 지속적으로 벌여야 하며 이를 위해 법정 노동시간 단축 지원, 포괄임금제 폐지, 유급병가(상병수당) 도입 등을 제안하였다.

노동자 이해대변 위한 노조 활동의 산업·업종별 확장

개별 노동자의 교섭력은 개별 사용자에 비해 훨씬 미약하기 때문에 헌법은 노동자에 노동3권을 보장하고 있다. 역사적으로 보면 노동자들은 노동조합을 통해 실질적인 노동3권을 행사하기 위해 투쟁해 왔다. 반대로 사용자들은 노동3권 인정하더라도 노동조합의 실질적인 영향력을 무력화하기 위해 개별 노동자에게 동기를 부여하고 이들을 관리하는 전략을 꾸준히 개발해 왔다.

노사의 경쟁은 기업이라는 울타리 안에서는 피할 수 없지만 업종과 산업 차원에서는 다를 수 있다. 업종과 산업 수준의 노동조건 결정은 특정 기업만의 부담이 아닌 동일 업종의 전체 사용자가 공통적으로 부담해야 하는 책임이므로 노동조건에 대한 사용자 간 경쟁이 줄어들 수 있다. 노동자 입장에서도 기업의 지불능력을 넘어 산업과 업종 수준으로 노동조건이 결정되면 노동시장 내 격차가 줄어들 수 있는 장점이 있다. 이러한 문제의식을 바탕으로 10장은 노동자 대표권의 확장을 위해 초기업 수준의 노조 활동과 교섭을 강조하였다. 그동안 노동자 대표권의 확대를 위해 노조할 권리를 강조했다면 10장은 직접적인 조직화와 함께 협약 적용의 관점에서 초기업 교섭을 제안하였다.

사회적 대화를 통한 지역의 노동·일자리 정책

1991년 전국동시지방선거를 시작으로 본격적인 지방자치 시대가 열렸다. 그 후 주민의 손으로 직접 선출된 지방자치단체장들은 지역의 유지·발전에 주목하였고 지역 경제와 일자리 정책을 중요하게 다루었으나 1990대 및 2000년대 후반까지만 하더라도 지역의 노동정책은 전무한 상황이었다.

지역주민의 삶의 질과 긴밀하게 관련돼 있는 노동정책이 지자체 차원에서 본격화한 시기는 2015년 서울시가 노동정책 기본계획을 수립하면서부터다. 당시 서울시가 추진한 공공부문 비정규직 정규직화, 노동권익센터 설립 등의 노동정책이 전국으로 확대되면서 지방자치단체가 실효성 있는 노동정책을 수립할 수 있음을 보여주었다.

이후 지역 상생형 일자리 모델이 광주·군산·부산·대구 등에서 추진되면서 사회적 대화를 통한 지역의 노동정책과 일자리 정책이 주목을 받게 되었다. 11장은 지역의 노동정책과 일자리 정책은 중앙정부가 모두 책임질 수 없으며 지역 내 사회적 대화를 통해 효과적인 정책으로 발현될 수 있음을 강조하고 광주광역시 광산구의 참여형 일자리 개선 사례를 소개하였다.

취약계층 권익 보호를 위한 사회적 대화의 다양화

노사정 사회적 대화가 주목받는 이유는 기업을 넘어 산업과 국가 수준에서 논의해야 할 노동의제가 쌓이고 있기 때문이다. 노동정책은 노사는 물론 정부도 임의대로 결정하기가 어렵다. 노사의 이해관계가 첨예하게 대립할 가능성이 크기 때문이다. 예를 들어 정년연장은 노사의 이해가 달라 정부가 혼자서 결정하기 어렵다. 사회보장 확대의 경우 상대적으로 정부 예산이 들어가는 것이어서 노사가 반대할 가능성이 낮지만 대상을 누구로 할 것인지는 노사 간 의견 차이가 있을 수 있다. 노동유연화는 사용자는 찬성하지만 노동조합이 반대하고, 노동기본권 확대는 노동조합이 찬성하지만 사용자는 반대한다.

사회적 대화를 통해 밀려 있는 노동 현안을 논의하면 좋지만 현실은 녹록지 않다. 정부는 노사의 입장보다 스스로 주도권을 놓지 않으려 하고 양보와 타협이 익숙하지 않은 민주노총은 1998년 노사정위원회 탈퇴 이후 참여를 거부하고 있다.

12장 사회적 대화편에서는 대통령 직속기구인 경제사회노동위원회를 통한 사회적 대화 이외에 영화산업 및 화물연대 사례를 통해 업종별 사회적 대화가 의미 있는 타협을 이뤘음을 보여주고, 다양한 방식의 업종·산업별 사회적 대화가 필요함을 강조하였다. 또한 사회적 대화의 의제도 불안정성과 취약성이 높은 노동계층의 권익 보호와 차별 해소에 초점을 두거나 돌봄노동처럼 사회적 요구가 큰 노동 현안을 중점적으로 다루는 방안을 제안한다.

대체가 아닌 보완으로서의 이주노동

거의 전 산업 분야에서 일할 사람이 부족해지면서 이주노동자의 활용은 선택하지 않을 수 없는 수단이 되었다. 농·어촌, 제조업, 건설업, 조선업, 음식서비스업 등 모든 분야에서 사업주들은 더 많은 이주노동자를 요구하고 있다. 한국 정부는 2004년 산업연수생 제도에서 고용허가제로 전환하면서 이주노동자를 E-1부터 E-10까지 체계화하고, 의사소통이 가능한 동포의 방문취업비자 H-2를 허용하였다.

그동안 한국 정부의 이주노동자 정책은 일손이 부족한 중소기업에 이주노동자의 취업을 보장하고 취업 기간이 만료되면 되돌려 보내 정주를 최소화하는 방향이었다. 그러나 이주노동자에 대한 수요가 급증하면서 정책적 혼란을 겪는 중이다. 기업들은 더 많은 이주노동자를 원하면서도 내국인에 비해 더 낮은 임금, 더 많은 노동시간 등 노동조건을 차별해야 한다고 주장한다. 이주노동력의 활용은 국가경제를 유지·발전하기 위함인데 자칫 외국인 노동자에 대한 인권 침해와 국내 노동시장에 부정적인 영향을 미칠 가능성이 커지는 상황이다.

13장은 이주노동자 대책으로 국제 규범을 준수해 차별을 최소화해야 하며 국내 노동시장에 미칠 양적·질적인 부정적 영향을 최소화하기 위해서는 이주노동자가 내국인 일자리를 대체하는 것이 아니라 보완하는 역할을 하도록 설계하는 것이 바람직하다고 제안한다. 또한 의사소통 능력과 학습 능력이 검증된 외국인 유학생의 국내 취업을 지원하고 이주노동자의 숙련 향상을 위한 교육훈련도 지원할 필요가 있음을 강조하였다.

정의로운 노동이 국가경쟁력이 되는 사회

한국전쟁 이후 경제개발 시기에 노동은 경제 발전을 위한 수단이었다. 저임금 생산이 유일한 경쟁력이었기에 군사독재정권은 노동기본권을 인정하지 않았고 노동착취를 통해 성장을 허용하였다.

잘못된 성장은 민주주의로 막을 내렸다. 1987년 민주화 투쟁과 노동자 대투쟁은 한국 사회의 방향을 바꾸었고 크고 작은 어려움이 있었으나 세계화와 함께 한국 경제는 크게 성장했다. 부족하지만 노동기본권을 신장시키고 양극화를 줄이기 위해서도 노력해 왔다.

2000년대 이후 노동의 가장 큰 과제는 노동시장 불평등을 유발하는 이중구조를 완화하는 것이었다. 보수언론은 노동시장 이중구조의 원인으로 대기업 노동자와 정규직의 과도한 기득권 때문이라고 비판하지만, 실은 중소 영세·하청기업과 비정규직이 누려야 할 권리를 보장하지 않은 것이 진짜 원인임을 왜곡한 논리였다.

노동시장 이중구조가 견고하게 자리를 잡고 있는 사이, 국제적으로는 AI를 앞세운 디지털 혁명과 탈세계화가 진행 중이며 국내적으로는 급격한 고령화와 인구 감소 및 저성장이 눈앞에 닥쳤다. 그야말로 기회는 확실하지 않으며 도전은 계속되는 진퇴양난의 상황이 도래한 것인데 환경적인 어려움은 필연적으로 노동의 위기를 초래할 가능성이 크다.

노동의 위기는 단기적으로는 노동하는 사람들의 위기이지만 장기적으로는 사회의 위기이며 국가의 위기로 이어진다. 값싸게 노동력을 이용하고 기업의 입맛대로 노동자를 활용하면, 기업이 성장하고 경제가 부흥할 것 같지만 실은 그 반대다. 우리 경제는 이미 인건비를 줄여서 경쟁력을 확보하는 단계를 넘어섰고 우리보다 인건비 경쟁력을 가진 나라는 아시아에도 많다.

예를 들어 반도체 위기를 겪고 있는 삼성전자는 2024년 특별연장근로를 15건 신청해 장시간 노동을 했지만 실적은 시원치 않다. 반대로 SK하이닉스는 특별연장근로를 한 건도 신청하지 않았지만 역대 최대의 실적을 만들었다. 한국 기업과 한국 경제가 지속해서 발전할 유일한 방법은 노동을 싸게 많이 쓰는 것이 아니라, 제대로 써서 세계를 선도할 제품을 만드는 것이다.

가까운 미래의 노동시장을 상상해 보자. 인구는 계속 줄고 일자리 창출은 큰 의미가 없어질 것이다. 이주노동자 정책이 성공한다면 상대적으로 저숙련 분야의 부족한 일자리는 이주노동자로 채워질 것이다. 줄어든 인력으로 경쟁력을 갖기 위해서는 인적자원에 이전보다 더 많이 투자해야 한다. 성별 혹은 고용형태와 무관하게 동일한 노동을 제공하면 동일한 임금을 보장하여 노동시장 격차를 줄여야 한다.

출산과 육아를 이유로 한 차별을 없애 여성들이 일하면서 자녀를 돌볼 수 있는 사회적 분위기를 조성해야 한다. 정년을 연장하되, 시간과 임금유연성을 확보하여 개인의 조건에 맞추어 더 일할 기회를 제공해야 한다. 특히 특수고용·플랫폼·프리랜서 등 전통적인 고용관계를 갖지 않지만 타인을 고용하지 않고 노동력을 제공하는 노동자들에게 광범위한 사회안전망을 제공해야 한다. 그래야 기업도 성장하고 경제도 발전할 수 있다. 평등하고 정의로운 노동이 위기의 대한민국을 구할 유력한 방법이다.

평등하고 정의로운 노동은 노동조합이 기업의 울타리를 벗어날 때 가능하다. 이 책은 이를 사회적 노동조합, 적정노조라는 표현으로 대신하였다. 조합원의 권리를 넘어 사회 변화의 주체가 되는 노동조합의 전략이 필요하며 노조에 부여되는 사회적 책임 수행에도 주저함이 없어야 한다. 기업의 의제를 넘어서는 사회적 대화도 산업과 업종을 시작으로 활성화하고 전국적인 사안에도 공동의 책임을 지려는 자세가 필요하다.

평등하고 정의로운 노동은 정치에 의해서도 많은 영향을 받는다. 국가가 노동정책을 수행함에 있어 적정한 방향으로 역할을 해야 하며 입법을 통한 제도화가 공정한 규칙을 만드는 데 중요하기 때문이다.

평등하고 정의로운 노동은 노동에 특혜를 제공하자는 것이 아니라 시장의 원리를 존중하되, 이유 없는 차별이나 불공정한 계약의 희생자가 없는지 살피는 최소한 조건을 의미한다.

대한민국의 미래가 지금의 북유럽처럼 강소국이 될 수 있을까, 아니면 종종 회자되는 것처럼 한때 경제대국이었던 아르헨티나처럼 쇠락할까. 대한민국은 인구가 줄어들지만 오히려 이를 기회로 삼아 공정한 사회 기반 아래 우수한 노동 자원을 확보하고, 기술 발전을 통해 지금의 생산력을 유지하면서 이를 사회 전체에 고르게 분배한다면 지금의 북유럽 모델로 변화할 수 있을 것이다.

반대로 기업은 오로지 자기의 성공만 추구하고 정부는 적절한 개입을 하지 않은 채 노동시장 이중구조를 방치한다면 소수의 시민은 안정적일 수 있지만, 다수는 일해도 가난하며 이주노동자와 일자리를 두고 경쟁해야 하는 양극화 사회가 될 것이다. 소수의 시민만으로 혁신적인 상품과 서비스를 기대할 수 없기에 한국은 저성장의 늪에 잠길 가능성이 있고 그럴 경우 지금보다 훨씬 못한 상황을 마주할 수 있다.

어떤 길을 갈 것인가. 언제나 합리적인 답은 정해져 있으나 종종 사회는 소수의 기득권이 가진 힘의 관계에서 비합리적인 선택을 할 수 있다. 이 책의 대안들이 합리적인 선택에 다다를 수 있는 밑거름이 되길 희망한다.

참고문헌

권순원·정동일·박지순(2017), '원하청 상생협력제도 고용영향평가', 한국노동연구원.
김문정·최한수(2017), '임금격차 원인분석 및 조세·재정 정책적 함의', 한국조세재정연구원.
김유선(2020), '임금 불평등지표 추이와 특징', 윤윤규 외, '노동시장 불평등 현황과 대책', 『경제·인문사회연구회 협동연구총서』, 20-11-01, 제2장, 6-33.
김창오(2020), '노동조합은 근로자의 임금불평등에 어떠한 영향을 미치는가?', 산업노동연구, 26(3), 323-348.
성재민(2018), '임금불평등의 최근 추세와 원인', 『월간 노동리뷰』, 55-74.
성재민·지민웅(2017), '기계산업 원하청 관계 개선 관련 제도의 영향평가', 한국노동연구원.
소득주도성장특별위원회(2021), '문재인 정부 최저임금 정책 평가와 과제'.
이병희(2017), '노동조합이 임금 분배에 미치는 영향', 『경제발전연구』, 23(4), 1-31.
정준호(2020), '한국 제조업 성장의 주요 특성과 발전 방향', 박명준 외, '기계산업 인적경쟁력 강화방안 연구(I): 총론 편', 한국노동연구원, 제2장, 32-80.
정준호·전병유·장지연(2017), '임금 불평등 변화의 요인분해: 2006-2015년', 『산업노동연구』, 23(2), 47-77.
홍장표·김종호(2015), '중소기업 금융지원의 효과분석: 대·중소기업간 거래네트워크의 영향을 중심으로', 『한국경제의 분석』, 21(3), 185-232.
황선웅(2017), '노동조합이 비조합원 임금에 미치는 영향: 지역 수준 분석', 『산업노동연구』, 23(2). 79-108.
황선웅(2020), '기업 간 하도급 거래 구조와 임금 불평등', 홍민기 외, '기업 이윤과 소득 불평등', 한국노동연구원, 제3장, 23-46.
황선웅(2021a), '문재인 정부 최저임금 인상 정책의 효과', 소득주도성장특별위원회·경제사회노동위원회 공동 정책토론회(2021. 11. 18) '최저임금정책에 대한 평가와 향후 과제'.
황선웅(2021b), '제조업 생산-고용 관계 거시통계분석', 조성재 외, '한국 제조업의 노동력 활용 구조와 발전 과제', 한국노동연구원, 제2장, 23-48.
황선웅(2021c), '한국의 임금 불평등 추이와 주요 요인 분석', 이병훈 외, '임금격차 해소를 위한 연대임금정책', 2장, 소득주도성장특별위원회, 11-39.
Acemoglu D. Restrepo P.(2021), 'Tasks, Automation, and the Rise in U.S. Wage Inequality', Econometrica, 90(5), 1973-2016.
김유선(2020), '임금 불평등 지표 추이와 특징', 윤윤규 외, '노동시장 불평등 현황과 대책' 한국보건사회연구원.
김종진·신우진·김영욱(2021), '디지털 플랫폼노동 실태와 특징II - 웹기반, 지역기반 규모와 실태', 『e노동사회』 18호.

김준영 외(2018), '플랫폼경제종사자 규모 측정과 특성 분석' 한국고용정보원.

김준영 외(2021), '플랫폼종사자의 규모와 근무실태', 한국고용정보원.

김준영(2023), '최근 플랫폼종사자 노동시장의 변화와 시사점', 『고용동향브리프』 2023년 1호, 한국고용정보원.

김태완 외(2022), '한국사회 양극화 진단과 사회정책 대응', 한국보건사회연구원.

박보람 외(2023), '플랫폼종사자 직종별 근무실태와 정책 과제', 한국고용정보원.

박용철(2022), '플랫폼 노동자 실태 및 최저임금 적용방안', 한국노동사회연구소.

윤윤규 외(2020), '노동시장 불평등 현황과 대책', 한국보건사회연구원.

윤자호(2023), '디지털 플랫폼 확산과 플랫폼 노동의 쟁점II', 『이슈와 쟁점』 N21, 일하는시민연구소·유니온센터.

이주희(2023), '한국의 플랫폼 노동: 진단, 쟁점, 대안', '플랫폼 노동의 새로운 정책 방향 – 한국과 유럽의 의제·도전·입법과제', 민주연구원·고려대학교 공동 정책토론회.

임완섭(2023), '노동 양극화 현황과 과제: 임금근로자의 종사상 지위와 고용형태를 중심으로', 한국보건사회연구원.

한국노동사회연구소(2024), '비정규직 규모와 실태 – 통계청, 경제활동인구조사 부가조사(2024. 8.) 결과'.

장진희·안종기·이주환(2022), '5인미만 사업장 노동실태 및 개선과제', 한국노총중앙연구원.

고용노동부(2024), '2023년 12월 말 산업재해현황', 지표누리 홈페이지.

관계부처합동(2020), '인구구조변화 대응방향', 2020. 8. 27. 발표.

관계부처합동(2021a), '인구구조 변화 영향과 대응방향', 2021. 7. 7. 발표.

관계부처합동(2021b), '인구절벽에 따른 고용충격 대응방안', 2021. 9. 30. 발표.

관계부처합동(2022), '인구구조의 변화와 대응방안', 2022. 12. 28. 발표.

관계부처합동(2023), '고령층의 숙련과 경험이 미래성장동력으로 이어지기 위한 고용전략', 2023. 1. 27. 발표.

권용재 외(2020), '고령층의 경제활동 참여증가가 청년고용 등에 미치는 영향: 광주·전남지역을 중심으로', 『사회과학연구』, 46(2), 167-205.

남재량 외(2021), '주된 일자리 중장년층 노동시장 연구', 한국노동연구원.

박홍배 외(2024) '고용상 연령차별금지 및 고령자 고용촉진에 관한 법률(고령자고용법) 개정안'.

성재민 외(2022), '인구감소 시대의 고용정책 방향', 『경제인문사회연구회 총서』.

손욱 외(2017), '인구구조 고령화의 영향과 정책과제', 한국은행 경제연구소.

오민홍·강준규(2015), '정년연장이 청년일자리에 미치는 영향에 관한 연구', 한국자료분석학회, 17(4), 2005-2013.

이상호(2024a), '저출산·고령화 등 인구구조 변화에 대응하는 고용 노동 정책', 이창현 외(2024), 『대한민국 대전환을 위한 혁신 아젠다』 1, 푸른나무.

이상호(2024b), '고령노동자의 계속고용과 고용활성화 정책', '초고령사회에 대응하기 위한 포용적 노동시장정책', 안호영 환경노동위원장 주최 제 1차 환경노동정책포럼 자료집(2024. 9. 24.).

이태석 외(2020), '인구구조변화에 대응한 구조개혁방안', 한국개발연구원.

저출산고령사회위원회·관계부처합동(2022), '인구구조 변화와 대응방안', 2022. 12. 28.

지은정 외(2021), '세대간 일자리 대체관계 및 상생을 위한 정책방향', 한국고용정보원.

황덕순(2024), '초고령사회의 노동시장 구조와 고용노동정책', '초고령사회에 대응하기 위한 포용적 노동시장정책', 안호영 환경노동위원장 주최 제1차 환경노동정책포럼 자료집(2024. 9. 24.).

조덕상·한정민(2024), '여성의 경력단절 우려와 출산율 감소', 한국개발연구원.

주익현(2023), '여성의 결혼 임금 페널티, 남성의 결혼 임금 프리미엄', 한국노동연구원.

한국여성정책연구원 성인지 통계(https://gsis.kwdi.re.kr/gsis/kr/stat/StatDetail.html?stat_seq=35&menuId=2003102&rootId=2003000).

OECD 통계(https://stats.oecd.org/).

통계청(2023), '지역별고용조사' 하반기 A형, 원자료 분석.

통계청(2013~2022), '경제활동인구조사'.

통계청(2024), '임금근로 일자리동향'.

경향신문(2023. 2. 24.), "여성 평균임금의 '최정점'은 28~30세 남성이 이미 도달한 임금".

Barca, Stefania(2017), 'Labour and the ecological crisis: the eco-modernist dilemma in western Marxism(s) (1970s-2000s)', Geoforum Volume 98.

Burke, Matthew J.(2022), 'Post-growth policies for the future of just transitions in an era of uncertainty', Futures, Volume 136.

J Mijin, Cha et al(2021), 'Workers and Communities in Transition: Report of the Just Transition Listening Project', Labor Network for Sustainability.

Harry, Steven J., Tomas Maltby, Kacper Szulecki(2024), 'Contesting just transitions: Climate delay and the contradictions of labour environmentalism', Political Geography, Volume 112.

Just Transition Research Collaborative(JTRC)(2018), 'Mapping Just Transition(s) to a Low-Carbon World', UNRISD Research Report.

McCauley, Darren(2023), 'Just Transitions, in Theorising Justice: A Primer for Social Scientists', Bristol University Press.

김현우(2014), 『정의로운 전환』, 나름북스.

김현우(2020), '정의로운 전환과 녹색 일자리-기후변화와 산업 재편에 관한 네 가지 물음', 『노동, 운동, 미래, 전략』, 이매진.
김현우(2021), '정의로운 전환의 유용성과 딜레마', 생태적 지혜 웹사이트, 2021년 3월 10일자.
김현우(2022a), '정의로운 전환의 조건 분석과 전략 개발', 『한국의 정의로운 전환 : 전환, 전략 그리고 과제』, 정의로운 전환 연구단.
김현우(2022b), 「'정의로운 전환'의 전환」, 『황해문화』, 통권 제114호.
노라 래첼 외(2019), 『녹색 노동조합은 가능하다』, 김현우 역, 이매진.
다린 스넬, 피터 페어브러더(2019), '오스트레일리아의 정의로운 전환과 노동자 환경주의', 노라 래첼 외(2019), 『녹색 노동조합은 가능하다』, 이매진.
박태주(2023), '기후운동, 자기만족적 엘리트 운동에 머물 것인가', 민들레 광장, 2023년 8월 12일자.
여형범·차정우(2021), '정의로운 전환을 위한 스무 가지 목소리', 충남연구원.
정의로운 전환 연구단(2022), '한국의 정의로운 전환: 전환, 전략 그리고 과제' 보고서.
IMF(2024), 'World Economic Outlook'.
고용노동부고시 제2017-22호(2017. 4. 3.), '국내유료직업소개요금 등 고시'.
김종진(2024), '온라인 플랫폼노동·프리랜서 노동 사각지대 현실과 과제', 일하는시민연구소, 『이슈와쟁점』 N.37.
노가빈(2024), '기계에 가려진 노동자, 콘텐츠 모더레이터에 관하여', 『격월간 비정규노동』 169호.
마틴 울프(2023), 『민주주의적 자본주의의 위기』
박영삼(2024), '비임금노동자 현황과 쟁점-비임금노동자 증가 추세 통계를 중심으로', 한국비정규노동센터 2024년 10월 노동에디션.
일하는시민연구소(2023), '나홀로 플랫폼노동·프리랜서 실태와 과제 – 프리랜서 확대와 노동상황, 그리고 과제'.
한빛미디어노동인권센터(2023), '유튜브 영상편집자 노동환경 실태조사 결과 발표 토론회 – 유튜브 시대의 이면, 영상 편집자의 노동실태'.
김종진(2021), '주4일제와 노동시간 단축의 다양한 모델들: 시간의 정치를 향한 실험', 『KLSI 이슈페이퍼』, 제160호, 한국노동사회연구소.
김종진(2022), '윤석열 정부의 장시간·유연노동시간 정책 문제점과 대응 과제', 『윤석열 정부 노동시간 유연화 정책 비판과 대안』, 한국노총·민주노총.
김종진(2023a), '주4일제 도입 인식과 지향: 직장인 주4일제 의견조사 결과 분석', 제18호, 시간의 정치1, 일하는시민연구소·유니온센터.
김종진(2023b), '주4일제 실제 사례에서 배우기, 세브란스 실험: 교대제 병동 간호사 근무형태 시행 전후 변화와 효과성', 『이슈와쟁점』, 제19호, 시간의 정치1 , 일하는시민연구소·유니온센터.

김종진(2023c), '장시간노동과 연차휴가 활용 실태: 장시간노동, 프리젠티즘, 휴가 활용 실태 조사결과', 『이슈와쟁점』, 제20호, 시간의 정치3, 일하는시민연구소·유니온센터.

김종진(2024a), '주4일제 법제도화 비판과 대안의 궤적 사이', 『이슈와쟁점』, 제42호, 주4일제 기획1, 일하는시민연구소·유니온센터.

김종진(2024b), '해외 주4일제 실험, 법제도 추진 과정의 교훈: 노동시간 단축 실험, 법률, 지원의 함의', 『이슈와쟁점』, 제46호, 주4일제 기획5, 일하는시민연구소·유니온센터.

김종진·김상배(2024), '해외 지방정부 주4일제 실험 경험과 특징: 스페인, 프랑스, 영국 경험', 『이슈와쟁점』, 제43호, 주4일제 기획2, 일하는시민연구소·유니온센터.

김종진·김상배·윤태영·인정(2024), '해외 다양한 주4일제 실험 사례와 추진 과정: 대규모 프로젝트와 개별 사업장 사례', 『이슈와쟁점』, 제44호, 주4일제 기획3, 일하는시민연구소·유니온센터.

김종진·신재열·양호경(2024), '해외 공무원 주4일제 경험과 추진 과정: 미국, 일본의 주4일제 시행 방식의 차이와 특징', 『이슈와쟁점』, 제45호, 주4일제 기획4, 일하는시민연구소·유니온센터.

노혜진(2017), '시간빈곤과 시간불평등의 의미와 실태', 『복지동향』, 2017년 7월호, 참여연대.

노혜진·박나리(2022), '20년간 한국사회의 노동시간 변화: 노동시간, 시간빈곤, 시간불평등을 중심으로', 『사회보장연구』, 제38권 제3호. 한국사회보장학회, 291~326쪽.

ILO(2008), 'ReportⅡ: Measurement of Working Time-18th International Conference of Labour Statistics', ILO: Geneva.

ILO(2017), 'Working anytime, anywhere: The effects on the world of work', Eurofound·ILO.

ILO(2018), 'Working Time and the future of work', Geneva: International Labour Office.

ILO(2019a), 'work for a brighter future', Geneva: International Labour Office.

ILO(2019b), 'Guide to developing balanced working time arrangements', Geneva: International Labour Office.

ILO(2022), 'Working Time and Work-Life Balance Around the World', Geneva: International Labour Office.

OECD(2020), 'How's Life? 2020: MEASURING WELL-BEING', OECD Publishing, Paris(https://doi.org/10.1787/9870c393-en).

OECD(2023), 'Government at a Glance 2023', OECD Publishing, Paris, https://doi.org/10.1787/3d5c5d31-en.

강성태(2015), '노동조합의 근로자 대표성에 관한 단상', 『월간 노동리뷰』 2015년 3월호.

고용노동부(2024), '2023년 전국 노동조합 조직현황'.

김유선(2024), '비정규직 규모와 실태 - 통계청, 경제활동인구조사 부가조사(2024. 8.) 결과', 『KLSI 이슈페이퍼』 제202호.

김종인(2020), 『영원한 권력은 없다 - 대통령들의 지략가 김종인 회고록』, 시공사, p120.
노성철·이정희(2021), 「왜 노동자들은 '온라인'에서 목소리를 내는가?」, 『월간 노동리뷰』 2021년 11월호.
박미경(2024), "소액대출이 필요한 노동자들" 매일노동뉴스(2024. 11. 6.) 기고글.
박제성(2023), '진정으로 인간적인 노동체제에 관하여', 노회찬재단, 노회찬 5주기 추모 심포지엄 - 복합위기의 시대, 우리가 마주한 질문'들'.
박태주·이정희·주미옥(2023), 『2023 국가 공공기관 노동이사제 실태조사』, 양대노총 공공부문노동조합 공동대책위.
손창완(2017), 『진보 회사법 시론: 회사법의 경제민주주의적 해석』, 한울, p268.
이정희·박귀천·송태수·이상준·최홍기·김수정(2019), 『노동이사제 평가·분석 및 노동이사 역량강화를 위한 교육프로그램 개발』, 서울특별시투자출연기관노사정협의회.
Dufour, C. and Hege, A.(1992), 'Conclusion. In IRES, Syndicalismes: dynamique des relations professionelles', Paris: Dunod, p. 407.
Hyman, R.(1994), 'Changing Trade Union Identities and Strategies', In R. Hyman and A. Ferner (eds), New Frontiers in European Industrial Relations.
경향신문(2024. 11 .4.), "국내 첫 '온라인노조' 떴다…누구나 쉽게 가입해 활동하는 노조".
연합뉴스(2024. 3. 4.), "직장인 71% '노조 필요'…중소기업에선 불이익 우려로 가입못해".
한겨레(2024. 3. 3.), "급전 필요한 노동자 위해 어깨걸는 노동공제연합 '풀빵' 운영합니다".
BBC(2024. 2. 8.), "World's first year-long breach of key 1.5C warming limit" https://www.bbc.com/news/science-environment-68110310.
김종진(2016), '국내 지자체 노동정책 현황과 과제', 『노동사회』 190.
김호균·박태주·채준호·이지연(2016), 『서울시 일자리 정책 성과 평가』, 서울특별시.
박명준 외(2015), 『광주형 일자리 창출 모델』, 한국노동연구원.
박병규(2024), 『이재명에 없는 것들』, 해피스토리.
이규용 외(2017), 『제주특별자치도 고용정책 기본계획 수립』, 제주특별자치도.
이상민·노광표·김주일·채준호·박용철(2019), 『지역일자리와 사회적 대화 연구』, 경제사회노동위원회
전남일보(2024년 9월 11일), "광주 광산구, 전국 최초 '지속가능 일자리 지원 조례' 제정", https://www.jnilbo.com/74836187215.
채준호·김주일·이호창(2023a), 『2023년 지역 노사민정 협력 활성화 추진실적 평가 및 주체 역량 강화 교육 개발을 통한 개선방안 도출 연구』, 노사발전재단.
채준호·박명준·백경호·권성주(2024), 『지속가능 일자리특구 조성을 위한 연구』, 광주광역시 광산구.
채준호·주민규·김초롱·조용화·권성주(2023), 『전라북도 노동정책 기본계획』, 전라북도.
경제사회노동위원회(2024), 『한국의 사회적 합의: 1993.-2024.3』, 경제사회노동위원회.

권혜원·권순원(2016), '문화예술인들의 집단적 이해대변 가능성 탐색: 작업장 노동조합주의를 넘어서', 『한국사회』, 17(2), 77-116.

박귀란(2024), '안전운임제 일몰, 화물노동자의 현실과 도전', 한국산업노동학회 2024년 가을학술대회 발제문.

손영우(2018), '한국형 사회적 대화기구의 특징과 발전 방향에 관한 연구: 경제사회노동위원회를 중심으로', 『시민사회와 NGO』, 16(2), pp. 105-140.

이창근·권혜원·김미영·박주영·정경은·정흥준(2021), 『초기업교섭과 단체협약 효력확장제도 재조명』, 민주노동연구원.

장홍근·박명준·박성국(2023a), 『한국형 사회적 대화모델연구』, 한국노동연구원.

장홍근·박명준·강민형·박성국·정흥준(2023b), 『한국 사회적 대화의 유형별 사례와 경험』, 한국노동연구원.

De Stefano(2016), 'The Rise of the Just-in-time Workforce: On-demand Work, Crowdwork and Labour Protection in the Gig Economy', Conditions of Work and Employment Series, No. 71, International Labour Office.

Ghai, D.(2003), 'Decent work: Concept and indicators', International Labour Review, Vol. 142, No. 2, pp.113-145.

Heery, E., Conley, H., Delbridge, R. and P. Stewart(2004), 'Beyond the Enterprise: Trade Union Representation of Freelances in the UK', Human Resource Management Journal, 14(2), pp.20-35.

International Labour Office(2002), 'Social Dialogue: Finding a Common Voice, Social Dialogue Sector', International Labour Office.

International Labour Office(2013), 'Decent Work Indicators: Guidelindes for Producers and Users of Statistical and Legal Framework Indicators', ILO Manual Second version.

가윤한·최영준(2024), '한국 노동시장에서 외국인 노동자 유입이 연령별 고용에 미치는 영향', 국제지역연구, 28(4), 99-118.

강동관(2020), '중소기업의 외국인노동자의 고용과 기업성과: 기업이익을 중심으로', 중소기업정책연구, (3), 3-29.

김기태·곽윤경·이주미·주유선·정기선·김석호·김보미(2020), '사회배제 대응을 위한 새로운 복지국가 체제 개발: 이주노동자 연구', 세종: 한국보건사회연구원.

이규용(2017), '외국인력 노동시장 영향과 정책과제', 『월간 복지동향』, (221), 37-44.

한진희·최용석(2006), '국제 노동이동의 경제적 영향 분석: 외국인 근로자 문제를 중심으로', 『한국개발 연구』, 제28권, 제1호, pp.1-22.

김성은(2009), 『사회란 무엇인가-새로운 세대를 위한 질문』, 책세상.
다론 아제모을루, 제임스 A 로빈슨, 장경덕 번역(2020), 『좁은 회랑』, 시공사.
박태웅(2024), 『AI강의 2025』, 한빛비즈.
브라이언 헤어, 버네사 우즈, 이민아 번역(2021), 『다정한 것이 살아남는다』, 디플롯.
서울대학교 공과대학(2015), 『축적의 시간』, 지식노마드.
우석훈(2024), 『천만국가』, 레디앙.
정혜윤(2023), 『삶의 발명』, 위고.
조너선 하이트, 이충호 번역(2024), 『불안세대』, 웅진지식하우스.
조건준(2018), 『노멀 레볼루션』, 매일노동뉴스.
칼 폴라니·홍기빈 번역(2009), 『거대한 전환-우리 시대의 정치·경제적 기원』, 도서출판 길.
한국노동사회연구소(2024), '다중위기 속의 노동운동의 길', 김금수 선생 2주기 추모 토론회 자료집.
한빛노동센터(2024), '유튜브 뒤의 프리랜서 노동, 미디어 플랫폼 뒤의 청년 노동', 유튜브 영상 편집자 심층인터뷰 결과 발표 토론회 자료집.
권오성(2017), '용역업체의 교체와 근로관계 승계', 『노동법학』 제63호.
박귀천(2018), '최저임금 결정구조에 관한 검토', 『노동법학』 제66호.
박귀천·박은정(2018), '단시간근로 법제의 현황과 과제', 『산업관계연구』, 제28권 제2호, 한국고용노사관계학회.
박수근·김근주(2014), '자발적 단시간근로 확대를 위한 법제도적 개선 방안', 『법학논총』 제31집 제1호, 한양대학교 법학연구소.
장진희, '윤석열 정부의 임금체계 개편에 대한 비판적 검토와 향후 과제', 『노동과 희망』, http://news.inochong.org/detail.php?number=5014&thread=14.
전형배(2012), '외주위탁사업의 이전과 근로관계의 승계: 영국의 입법론과 시사점', 『노동법학』 제41호.
조용만(2022), '기간제법상 차별시정제도 개선과제', 『법학논총』, 제39집 제2호, 한양대학교 법학연구소, 2022.
경향신문(2024. 5. 2.), "밀려난다, 열악한 곳으로…떠나지 못한다, '5인 미만'의 굴레", https://www.khan.co.kr/article/202404301542001.

정의로운 노동
대전환기 노동의 재구성

초판 1쇄 인쇄 2025년 5월 15일

글쓴이 권혜원·김영민·김종진·김형우·박귀천·유성규·이상호
          이정희·정흥준·조건준·조현민·주진우·채준호·황선웅 (가나다 순)
펴낸이 한계희
펴낸곳 ㈜매일노동뉴스
디자인 김선영

등록   제2008-62호
주소   서울시 마포구 동교로16길 15, 3층(서교동, 동호빌딩)
전화   02-364-6900
팩스   02-364-6901
홈페이지 www.labortoday.co.kr
이메일 book@labortoday.co.kr

ISBN 978-89-97205-61-5
값   20,000원

이 책의 판권은 ㈜매일노동뉴스에 있습니다.
내용의 일부와 전부를 무단 게재하거나 복제하는 것을 금합니다.